Bethge/von Coelln
Grundriss Verfassungsrecht

Grundriss Verfassungsrecht

von

Prof. Dr. iur. Herbert Bethge

Universität Passau

und

Prof. Dr. iur. Christian von Coelln

Universität zu Köln

4., erweiterte und ergänzte Auflage

Verlag Franz Vahlen München

ISBN 978-3-8006-3892-5

© 2011 Franz Vahlen GmbH
Wilhelmstraße 9, 80801 München
Satz: Textservice Zink
Neue Steige 33, 74869 Schwarzach
Druck und Bindung: Druckhaus Nomos
In den Lissen 12, 76547 Sinzheim

Gedruckt auf säurefreiem, alterungsbeständigem Papier
(hergestellt aus chlorfrei gebleichtem Zellstoff)

Vorwort zur 4. Auflage

Dieses Lehrbuch war ursprünglich konzipiert für Studenten der Wirtschaftswissenschaften und der Informatik, zu deren Studium als interdisziplinärer Bestandteil auch das Verfassungsrecht gehörte. Juristische Anleitungsbücher dazu gab es seinerzeit nur sehr wenige.

Heute ist das Verfassungsrecht Pflichtfach in etlichen Bachelor- und Master-Studiengängen verschiedener Fakultäten. Daneben gehört es selbstverständlich auch zum Kern der Ausbildung angehender Juristen. An beide Gruppen richtet sich dieses Studienbuch. Sein Anliegen ist die Vermittlung der juristischen Grundlagen des Verfassungsrechts nach rechtswissenschaftlichen Kriterien und Maßstäben. Für Juristen eignet es sich als Einstiegs- und Begleitlektüre zu den klassischen Vorlesungen; für das interdisziplinäre Studium deckt es in vollem Umfang die Anforderungen des Stoffs und der anschließenden Prüfungen ab. Beispiele für derartige Prüfungen finden sich am Ende des Buches.

Die 4. Auflage wurde gründlich aktualisiert. Als zweiter Autor konnte Herr Professor Dr. Christian von Coelln gewonnen werden. Er hat schon als Passauer Assistent, Doktorand und Privatdozent aktiv die ersten Auflagen begleitet. Dank gebührt Herrn Lars Janßen für die inhaltliche und technische Unterstützung sowie Frau Mirjam Müller für die akribische Durchsicht der Druckfahnen, beide wissenschaftliche Mitarbeiter an der Universität zu Köln.

Herbert Bethge
Passau, August 2011

Christian von Coelln
Köln, August 2011

Vorwort zur 3. Auflage

Das Lehrbuch ist in erster Linie für Studierende angelegt, die im Rahmen von Bachelor- und Master-Studiengängen außerhalb der juristischen Fakultäten Verfassungsrecht bzw. Staatsrecht als Nebenfach studieren und Abschlussleistungen erbringen müssen. Auch die Teilnehmer(innen) meiner letzten beiden Grundkurse im Staatsrecht an der Juristischen Fakultät Passau haben von dem Lehrbuch profitiert. Die jeweiligen Prüfungen fielen jedenfalls positiv aus.

Die 3. Auflage berücksichtigt die zwischenzeitlichen Verfassungsänderungen, namentlich die Föderalismusreform des Jahres 2006, sowie die neueste Rechtsprechung des Bundesverfassungsgerichts.

Meine Lehrstuhl-Mitarbeiter haben mich auch diesmal tatkräftig unterstützt. Dank schulde ich vor allem meinen wissenschaftlichen Assistentinnen und Assistenten, Johanna Dittmann, Eva Schimpfhauser, Dr. Christoph Schultes, Christian Hümmer, Christoph van Lier und Hans Reichhart. Umsichtig Korrektur gelesen hat meine studentische Mitarbeiterin Michaela Weigl. Sachverständigen Rat lieferte mein Fakultätskollege, Herr Priv.-Doz. Dr. Christian von Coelln. Meine Sekretärin, Frau Renate Sarembe, hat sich mit großem Einsatz um das Manuskript gekümmert.

Passau, August 2007 *Prof. Dr. iur. Herbert Bethge*

Inhaltsverzeichnis

1. Teil
Organisationsrechtliche Grundlagen und Staatsziele

2. Teil
Die Grundrechte

3. Teil
Übungsklausuren mit Lösungshinweisen

Abkürzungsverzeichnis

a.A. .... anderer Auffassung
a.a.O. .... am angegebenen Ort
a.F. .... alte Fassung
a.M. .... anderer Meinung
Abs. .... Absatz
AEUV .... Vertrag über die Arbeitsweise der Europäischen Union
AöR .... Archiv des öffentlichen Rechts
arg.e. .... Argument aus
Art. .... Artikel
Aufl. .... Auflage

BayVBl. .... Bayerische Verwaltungsblätter
BayVerfGHE ...... Entscheidungen des Bayerischen Verfassungsgerichtshofs
Bd. .... Band
bestr. .... bestritten
BGB .... Bürgerliches Gesetzbuch
BGHZ .... Entscheidungen des Bundesgerichtshofs in Zivilsachen
BVerfGG .... Bundesverfassungsgerichtsgesetz
BVerwGE .... Entscheidungen des Bundesverwaltungsgerichts

d.h. .... das heißt
DÖV .... Die Öffentliche Verwaltung
DtZ .... Deutsch Deutsche Rechts Zeitschrift
DVBl. .... Deutsches Verwaltungsblatt

ebda .... ebenda
EGV .... Vertrag zur Gründung der Europäischen Gemeinschaft
EMRK .... Europäische Menschenrechtskonvention
etc. .... et cetera
EUGH .... Europäischer Gerichtshof
EUGHE .... Entscheidungen des Europäischen Gerichtshofs
EuGRZ .... Europäische Grundrechte-Zeitschrift
EUV .... Vertrag über die Europäische Union

f. .... folgende
ff. .... fortfolgende
FGO .... Finanzgerichtsordnung
Fn. .... Fußnote
gem. .... gemäß
GG .... Grundgesetz
ggf. .... gegebenenfalls

HGR .... Handbuch der Grundrechte
Hrsg. .... Herausgeber
HStR .... Handbuch des Staatsrechts

i.d.R.	in der Regel
i.e.	id est (= das heißt)
i.e.S.	im engeren Sinne
i.S.v.	im Sinne von
i.V.m.	in Verbindung mit
JA	Juristische Arbeitsblätter
Jura	Juristische Ausbildung
Jus	Juristische Schulung
JZ	Juristenzeitung
lt.	laut
m.w.N.	mit weiteren Nachweisen
NJW	Neue Juristische Wochenschrift
NVwZ	Neue Zeitschrift für Verwaltungsrecht
o.g.	oben genannt
Rdnr.	Randnummer
Rdnrn.	Randnummern
RGZ	Entscheidungen des Reichsgerichts in Zivilsachen
S.	Seite
s.a.	siehe auch
s.o.	siehe oben
SchwbG	Schwerbehindertengesetz
SGG	Sozialgerichtsgesetz
st.Rspr.	ständige Rechtsprechung
str.	streitig
u.a.	unter anderem
u.ä.	und ähnliches
Var.	Variante
VerwArch	Verwaltungsarchiv
vgl.	vergleiche
Vorb.	Vorbemerkung
VVDStRL	Veröffentlichungen der Vereinigung der Deutschen Staatsrechtslehrer
VwGO	Verwaltungsgerichtsordnung
WRV	Die Verfassung des Deutschen Reichs vom 11.08.1919 (Weimarer Reichsverfassung)
z.B.	zum Beispiel
ZBR	Zeitschrift für Beamtenrecht
ZRP	Zeitschrift für Rechtspolitik

1. Teil
Organisationsrechtliche Grundlagen und Staatsziele

A. Das Grundgesetz als die Verfassung des Staates

I. Staat und Verfassung

1. Das Wesen des Staates

Das Grundgesetz ist die Verfassung der Bundesrepublik Deutschland. Deutschland ist ein Staat. Verfassung und Staat stehen in einer spezifischen Wechselbezüglichkeit[1]. Der Staat ist hoheitlicher Personal- und Gebietsverband[2], dessen Merkmale nach der klassischen Drei-Elemente-Lehre[3] Staatsgebiet, Staatsvolk und Staatsgewalt sind.

> Für das fiktive Phänomen Staat gibt es noch weitere Definitions- und Beschreibungsversuche. Eine eher formale, statische Sicht kategorisiert den Staat als juristische Person des öffentlichen Rechts. Eine stärker dynamisch geprägte Sichtweise qualifiziert den Staat als prozesshaften Wirkungszusammenhang. Mehr soziologisch-emotional ausgerichtet ist eine Beschreibung des Staates durch das Bundesverfassungsgericht als Heimstatt aller Bürger[4]. Andererseits ist der Staat nicht „Sachwalter" des Einzelnen[5].

Ein überaus komplexes Problem stellt das Verhältnis von Staat und Gesellschaft dar. Identität zwischen beiden Phänomenen besteht nicht; sie darf nicht bestehen, weil das Ergebnis eine völlige Etatisierung des gesellschaftlichen Bereichs und der privaten Sphäre wäre. Die Unterscheidung von Staat und Gesellschaft ist eine Bedingung der individuellen Freiheit[6]. Totale Abschottung oder ein polemischer Affront der Gesellschaft gegenüber dem Staat sind andererseits auch nicht möglich. Das Grundgesetz ist schließlich keine antistaatliche Veranstaltung der Gesellschaft. Der Staat des Grundgesetzes ist kein „Nachtwächterstaat". *Roman Herzog* begreift Staat und Gesellschaft als unterschiedliche Aggregatzustände.

---

[1] *Isensee*, HStR II, 3. Aufl., 2004, § 15 Rdnrn. 1 ff.
[2] BVerfGE 72, 330 (392).
[3] *Georg Jellinek*, Allgemeine Staatslehre, 1914, S. 174 ff., 394 ff.
[4] Vgl. BVerfGE 19, 206 (216).
[5] Vgl. BVerfGE 61, 82 (103 f.); 81, 310 (334).
[6] Vgl. *Böckenförde*, Die verfassungstheoretische Unterscheidung von Staat und Gesellschaft als Bedingung der individuellen Freiheit, 1973.

Die klassischen Staatszwecke[7] sind die Wahrung von Freiheit, Frieden, Sicherheit und – jedenfalls als Signatur des modernen Verfassungsstaates – die Gewährleistung demokratischer Selbstbestimmung[8].

Als besondere **Staatstypen** oder **Staatsstrukturprinzipien/verfassungsgestaltende Grundentscheidungen** figurieren Rechtsstaat, Demokratie, Republik und Bundesstaat.

Auch der Sozialstaat (Art. 20 Abs. 1 GG) kann als Staatsstrukturprinzip verstanden werden. Zugleich gehört er freilich zu den Staatszielbestimmungen. Zu diesen zählen weiter der Umweltschutz und der Tierschutz (Art. 20a GG), die den Staat als Verfassungsaufträge in die Pflicht nehmen.

2. Die Funktion der Verfassung

Die Verfassung ist die rechtliche Grundordnung des Staates[9], d.h. sein normatives Fundament. Der Staat erhält durch die Verfassung sein besonderes Gepräge, seine charakteristische Eigenart. Erst die Verfassung macht den Staat zum modernen Verfassungsstaat. Dessen Eigentümlichkeit ist, dass die Verfassung nicht mehr nur eine äußere Begrenzung einer im Übrigen vorausgesetzten und nicht eigens mehr rechtfertigungsbedürftigen Staatsgewalt ist. Die Staatsgewalt wird nicht mehr nur rechtlich eingeschränkt. Erst die Verfassung konstituiert und legitimiert den Staat. Der Staat wird zugleich durch die Verfassung begrenzt. Er wird endgültig zum **Rechtsstaat** und in dessen Vollendung zum **Verfassungsstaat**[10].

> Der Verfassungsbegriff ist allerdings nicht allein auf den Nationalstaat und dessen Legitimation bezogen. Auch supranationale Organisationen wie die Europäische Union, die nach deutschem Rechtsverständnis ein Staatenverbund[11] ist, können eine Verfassung haben. Sie wird durch Verfassungsvertrag der Mitgliedstaaten vereinbart.

II. Die Verfassungsstaatlichkeit

Die Idee der Verfassungsstaatlichkeit beruht nicht auf beliebigen Prinzipien[12]. Sie basiert auf besonderen Grundsätzen, die den Typus des westeuropäischen Verfassungsstaates ausmachen, dem sich nicht nur die osteuropäischen Reformstaaten annähern. Bestimmende Faktoren sind das Prinzip der Volkssouveränität, das im Demokratiegrundsatz seine Ausprägung erhält, des Weiteren der

---

[7] BVerfGE 42, 312 (332).
[8] *Bethge*, DVBl. 1989, 841 ff.; *Isensee*, JZ 1999, 271.
[9] *Werner Kägi*, Die Verfassung als rechtliche Grundlage des Staates, 1945.
[10] *Isensee*, HStR II, 3. Aufl., 2004, § 15 Rdnrn. 1 ff.
[11] BVerfGE 89, 155 (190).
[12] *Grimm*, HStR I, 3. Aufl., 2003, § 1 Rdnrn. 37 ff.

Rechtsstaatsgedanke im Verein mit dem Grundsatz der Gewaltenteilung. Vor allem und zuvörderst ist es aber die mit diesem teilweise verwandte Vorstellung staatsgerichteter Freiheitsrechte und Grundrechte des Einzelnen. Die Erklärung der Menschen- und Bürgerrechte von 1789 enthielt den Satz: Ein Gemeinwesen, das keine grundrechtlichen Gewährleistungen und keine Verbürgung der Gewaltenteilung enthält, hat **überhaupt keine** Verfassung[13]. Grundrechtslose Verfassungen sind mittlerweile freilich anerkannt. Man bezeichnet sie – in Abgrenzung zu sog. Vollverfassungen, die auch Grundrechte enthalten – als bloße Organisationsstatute[14]. Ein Beispiel hierfür stellt die deutsche Reichsverfassung von 1871 dar. Sie regelte vornehmlich die kompetenz- und organisationsrechtlichen Strukturen des Staates, die für den inneren Staatsaufbau und die Beziehungen des Reiches zu den Gliedstaaten wichtig waren. Freiheitsrechte fehlten. Ihre Regelung blieb den Gliedstaaten überlassen. Eine Vollverfassung stellte hingegen die Weimarer Reichsverfassung von 1919 dar. Ihr zweiter Hauptteil behandelte ausgiebig die Grundrechte und die Grundpflichten der Deutschen. Heute finden sich Organisationsstatute in den Verfassungen einiger „alter" (Bundes-) Länder, die erst nach Inkrafttreten des Grundgesetzes erlassen wurden, so dass separate Grundrechtsverbürgungen wegen der ohnehin geltenden Grundrechte des Grundgesetzes entbehrlich schienen.

III. Das Grundgesetz als vollwertige Verfassung

Das Grundgesetz aus dem Jahre 1949 war immer schon eine Vollverfassung, weil es von Beginn an die wesentlichen Bestandteile einer Konstitution (= Verfassung) enthielt, ja prononciert und demonstrativ einen umfangreichen Grundrechtskatalog an seinen Anfang setzte[15]. Auch die Präambel, der Vorspruch des Grundgesetzes also, signalisierte den Anspruch des Grundgesetzes, Verfassung zu sein.

> Die Präambel nimmt zwar nicht teil an der strikten Normativität des Grundgesetzes (dazu im Anschluss sub IV.). Doch ist sie nicht von bloß dekorativer oder politischer Bedeutung. Als „soft constitutional law" kann der Vorspruch zur Interpretation grundgesetzlicher Einzelaussagen herangezogen werden. So verhielt es sich mit dem (mittlerweile erledigten) Wiedervereinigungsgebot[16].

Die 1949 gewählte Bezeichnung Grundgesetz selbst apostrophierte beileibe kein terminologisches Leichtgewicht. Fremdsprachliche Entsprechungen des Begriffs „Grundgesetz" wie lex fundamentalis oder Basic Law bringen den durchaus grundlegenden Charakter dieser Grundordnung des (west-)deutschen Teilstaates besser zum Ausdruck. Der vermeintlich schlichtere Begriff Grundgesetz an-

---

[13] *Carl Schmitt*, Verfassungslehre, 1. Aufl., 1928 (Nachdruck 5. Aufl., 1970), S. 127.
[14] BVerfGE 36, 342 (349).
[15] Zu Entstehung und Werdegang *Ziekow*, JuS 1999, 417 ff.
[16] Vgl. dazu BVerfGE 5, 85 (127 f.); 36, 1 (16).

stelle der ambitionierten Bezeichnung Verfassung sollte seinerzeit den provisorischen Charakter der Bundesrepublik Deutschland als des deutschen (Teil-) Staates signalisieren und die Option für die deutsche Wiedervereinigung dokumentieren (Art. 23, 146 GG a.F.). Die Grundsubstanz des Provisoriums erwies sich ungeachtet einer Reihe von bedeutsamen Verfassungsänderungen über die Jahre als stabil. Aus dem Provisorium wurde bald ein Transitorium und 1990 – mit der deutschen Vereinigung – ein Kontinuum. Am Grundgesetz hielt man qualitativ und terminologisch fest. Verfassungsrechtstechnisch vollzog sich die Einigung Deutschlands als Beitritt der reföderalisierten Länder der vormaligen DDR zum Grundgesetz (Art. 23 Satz 2 GG a.F.)[17]. Die bewährte Bezeichnung Grundgesetz blieb. Nur einige wiedervereinigungsbedingte Verfassungsänderungen waren zu verzeichnen. Art. 5 des Einigungsvertrages zwischen der Bundesrepublik Deutschland und der DDR vom 31.8.1990 sah vor, die Notwendigkeit von Verfassungsänderungen zu prüfen. Darauf wurde 1991 die „Gemeinsame Verfassungskommission" aus Mitgliedern des Bundestages und des Bundesrates eingesetzt, auf deren Empfehlungen[18] die umfangreiche Änderung des Grundgesetzes im Oktober 1994[19] beruht[20].

IV. Die Normativität der Verfassung

Mit dem Begriff Grundgesetz verbindet sich nicht nur der prinzipielle Charakter der Verfassung als Grundlage der Staatsordnung. Er belegt auch, dass die Verfassung Gesetz geworden ist[21]. Das Grundgesetz ist die oberste geschriebene Rechtsnorm. Die Verfassung entfaltet verbindliche Wirkung.

Die Bedeutung des Grundgesetzes als Verfassung erschöpft sich also nicht in deren nicht zu unterschätzendem symbolisch-integrierenden Charakter; noch weniger lässt sie sich auf eine festtägliche Appellfunktion reduzieren[22]. Das Grundgesetz nimmt den Staat in Pflicht. Es beansprucht Verbindlichkeit. Diese Normativität der Verfassung drückt sich in mehreren handfesten Konsequenzen aus:

- Das Grundgesetz kann nur unter qualifizierten, d.h. erschwerten Voraussetzungen geändert werden (Art. 79 Abs. 1 und 2 GG – die von Art. 79 Abs. 2 GG geforderte 2/3-Mehrheit macht Verfassungsänderungen in der Regel von der Zustimmung der Opposition im Bundestag abhängig). Essenzielle Prinzipien der Verfassung (Bundesstaatlichkeit!) stehen überhaupt nicht zur Disposition des verfassungsändernden Gesetzgebers (Art. 79 Abs. 3 GG). Allenfalls bei einer völlig neuen Verfassungsgebung (Art. 146 GG) wäre eine andere Betrachtung vorstellbar.

---

[17] *Degenhart*, Staatsrecht I, 26. Aufl., 2010, § 1 Rdnr. 17.

[18] BT-Drucks. 12/6000, S. 15 ff.

[19] Gesetz zur Änderung des Grundgesetzes (Artikel 3, 20a, 28, 29, 72, 74, 75, 76, 77, 80, 87, 93, 118a und 125a) v. 27.10.1994, BGBl. I S. 3146.

[20] S. dazu die Entwurfsbegründung, BT-Drucks. 12/6633.

[21] *Wahl*, NVwZ 1984, 401 ff.; *Ossenbühl*, HGR I, 2004, § 15 Rdnr. 6.

[22] *Hans H. Klein*, DVBl. 1991, 736.

– Das Grundgesetz bindet alle staatliche Gewalt (Art. 20 Abs. 3 GG). Verbindlichkeit beanspruchen vor allem die Grundrechte (Art. 1 Abs. 3 GG). Diesen
Vorrang der Verfassung sichert äußerstenfalls das Bundesverfassungsgericht
als **Hüter der Verfassung**[23].
– Auch der demokratisch legitimierte, parlamentarische Gesetzgeber unter-
steht der Direktionskraft der Verfassung. Aufgrund des normenhierarchischen Vorrangs der Verfassung als Vorschrift, die über dem sog. einfachen
Gesetz steht, müssen Gesetzgebungsakte des Parlaments mit dem Grundgesetz übereinstimmen (Art. 1 Abs. 3, 20 Abs. 3 GG). Ein Gesetz, das gegen das
Grundgesetz verstößt, ist verfassungswidrig und damit – im Regelfall – von
Anfang an nichtig[24]. Die Autorität des demokratisch legitimierten Gesetzgebers und die Würde des Parlamentsgesetzes schließen es jedoch aus, jedem
Gericht die Verwerfungskompetenz zuzuerkennen[25], also die Befugnis, ein
als verfassungswidrig erkanntes Gesetz nicht anzuwenden. Die aus der Verfassungswidrigkeit regelmäßig resultierende Nichtigkeit stellt allein das
Bundesverfassungsgericht nach Maßgabe bestimmter Verfahrensvorschrif-
ten mit Gesetzeskraft (§ 31 Abs. 2 BVerfGG), d.h. mit Verbindlichkeit gegenüber jedermann, fest.

> Eine Nichtigerklärung erfolgt freilich nur, wenn sich das Gesetz unter
> keinem Gesichtspunkt mit dem Grundgesetz vereinbaren lässt. Lässt ein
> Gesetz mehrere Normauslegungen zu, dann ist diejenige Normdeutung
> vorzuziehen, die mit dem Grundgesetz vereinbar ist. Das ist eine Konse-
> quenz des Gebots der **verfassungskonformen Auslegung**[26], die den Be-
> stand der Norm sichern soll[27].

Andere Richter, also z.B. solche am Amts-, Land- oder Verwaltungsgericht, müssen Parlamentsgesetze, die sie für verfassungswidrig halten und auf die es für die
Entscheidung im konkreten Fall ankommt, gem. Art. 100 Abs. 1 GG dem Bundesverfassungsgericht im Verfahren der konkreten Normenkontrolle vorlegen.

V. Die Verfassung als Rahmenprogramm

Das Grundgesetz stellt kein ausgefeiltes Regelungswerk mit dem Perfektionsan-
spruch einer Kodifikation nach Art des Bürgerlichen Gesetzbuchs (BGB) dar[28].
Es ist in Teilen lückenhaft. Den von unterschiedlichen (partei-)politischen Vorstellungen geleiteten Autoren des Grundgesetzes konnte nicht daran gelegen

---

[23] BVerfGE 6, 300 (304); 40, 88 (93).
[24] BVerfGE 90, 60 (104); 103, 332 (390); 112, 255 (268); siehe aber auch BVerfGE 115, 276
(317).
[25] BVerfGE 86, 71 (77).
[26] Vgl. BVerfGE 32, 373 (383 f.); 86, 71 (77); 112, 255 (268).
[27] BVerfGE 2, 266 (282).
[28] *Böckenförde*, NJW 1976, 2089 ff.; *Scherzberg*, DVBl. 1999, 363.

sein, jedes für das Gemeinwesen relevante Detail zu regeln. Hinzu kam die Zeitnot des Parlamentarischen Rates 1948/49, die den letzten redaktionellen Feinschliff nicht zuließ. Mitunter wurden Kontroversen ausgeklammert oder in sog. dilatorischen[29] Formelkompromissen verpackt.

> Das komplexe Verhältnis von Staat und Kirche wurde durch die Übernahme der einschlägigen Bestimmungen der Weimarer Reichsverfassung geregelt (Art. 140 GG). Diese waren 1919 ihrerseits eine Kompromisslösung, so dass die Regelung des Art. 140 GG auf einen **doppelten** dilatorischen Formelkompromiss hinausläuft.

ausgedehnt

Das bedeutet auf der anderen Seite nicht, dass das Grundgesetz dem – wahlweise *Napoleon* oder *Talleyrand* zugeschriebenen – Satz folgt, Verfassungen müssten kurz und dunkel sein. Die Abgrenzung der Kompetenzen zwischen Bund und Ländern ist stringent und minutiös geordnet (Art. 30 GG; Art. 70 ff. GG; Art. 83 ff. GG). Demgegenüber zeichnen sich die Grundrechte vielfach durch eine lapidare[30] und lakonische bzw. fragmentarische[31] Wortfassung aus.

kurz u. knapp   *unvollständig*

> Vgl. z. B. Art. 5 Abs. 3 Satz 1 GG: „Kunst und Wissenschaft, Forschung und Lehre sind frei." Oder Art. 13 Abs. 1 GG: „Die Wohnung ist unverletzlich."

Bei den Freiheitsrechten tritt zuweilen die juristische Präzision zu Gunsten des feierlichen Pathos einer Kurzformel zurück[32].

> Im Unterschied dazu sind andere Grundrechtsvorschriften durch zwischenzeitliche Verfassungsänderungen nachgerade zu Selbstkommentaren des Gesetzgebers aufgebläht worden, die das Verfassungsrecht mit zu vielen Details überfrachten; vgl. Art. 16a GG (Asylrecht) und Art. 13 Abs. 3–5 GG („Lauschangriff")[33].

Der offene Charakter der Grundrechte ist einer der Gründe, warum sie auf Konkretisierung durch den Gesetzgeber angewiesen sind. Daneben haben die Freiheitsrechte nicht zuletzt aufgrund einer ausgiebigen Rechtsprechung des Bundesverfassungsgerichts eine ungemein dichte Präzisierung und Aufwertung erfahren. Sie sind keine punktuellen Gewährleistungen, sondern flächendeckende Garantien[34]. Vor allen Dingen stellen die Grundrechte keine bloßen programmatischen Absichtserklärungen und/oder Deklarationen dar. Sie binden,

---

[29] Abgeleitet vom lateinischen diferre (= aufschieben), „dilatorisch" bedeutet also „aufschiebend".
[30] BVerfGE 79, 127 (143).
[31] *Ossenbühl*, HGR I, 2004, § 15 Rdnr. 4.
[32] BVerfGE 32, 54 (72).
[33] Zur „akustischen Wohnraumüberwachung" BVerfGE 109, 279 ff.
[34] *Bethge*, Der Staat, Bd. 24 (1985), S. 360 f.

wie zuvor unter dem Gesichtspunkt der Normativität der Verfassung erläutert, die Staatsgewalt (Art. 1 Abs. 3 GG) einschließlich des Gesetzgebers. Sie sind **aktuelles**, d.h. unmittelbar verbindliches Recht.

Der Rahmencharakter des Grundgesetzes[35] folgt schließlich daraus, dass die Verfassung auch in der Demokratie nur Staatsverfassung, aber keine umfassende Gesellschaftsverfassung sein kann.

VI. Die Einheit der Verfassung

Mitunter kann es **Spannungen** zwischen verschiedenen Verfassungsgrundsätzen geben. Solche Antinomien treten dann auf, wenn Prinzipien unterschiedlichen ideologischen Strömungen entstammen. Gegenläufigkeiten gibt es zum Beispiel zwischen dem freien Mandat des nur seinem Gewissen verantwortlichen Abgeordneten (Art. 38 Abs. 1 Satz 2 GG) und dem Mitwirkungsanspruch der politischen Parteien (Art. 21 Abs. 1 Satz 1 GG) beim Stichwort „Fraktionszwang"[36]. Ebenso kann es zu einem Konflikt zwischen Art. 33 Abs. 5 GG und Art. 21 Abs. 2 GG kommen, wenn einem Bewerber um eine Beamtenstelle seine Mitgliedschaft in einer möglicherweise verfassungsfeindlichen, aber noch nicht vom Bundesverfassungsgericht verbotenen politischen Partei angelastet wird. Solche Spannungen müssen entsprechend dem idealtypischen Ziel der Einheit der Verfassung[37], d.h. der Widerspruchsfreiheit der Verfassung, zum Ausgleich gebracht werden. Es muss **praktische Konkordanz** zwischen den widerstreitenden Bestimmungen hergestellt werden[38]. Keine Verfassungsbestimmung kann in derartigen Fällen strikten Vorrang beanspruchen, keine darf isoliert ausgelegt werden.

> Die Lösung beim Fraktionszwang ist, dass ein Zuwiderhandeln des Abgeordneten zwar mit dem Fraktionsausschluss, nicht aber mit dem Mandatsverlust bei laufender Wahlperiode geahndet werden kann.
>
> Die Harmonisierung zwischen Art. 33 Abs. 5 GG – der Garantie des Berufsbeamtentums – und Art. 21 Abs. 2 GG – dem Parteienprivileg – wird folgendermaßen bewerkstelligt: Dem Beamten obliegt eine besondere Treuepflicht. Er muss die geltende Verfassungsordnung bejahen und sich von Gruppen, die sie ablehnen, distanzieren. Daher kann die Mitgliedschaft in einer extremistischen Partei, auch wenn diese noch nicht verboten ist, eine Ernennung als Beamter ausschließen[39]. Ergebnis: Der Bewerber darf abgelehnt werden.

---

[35] *Isensee*, HStR II, 3. Aufl., 2004, § 15 Rdnr. 190.

[36] Vgl. BVerfGE 2, 1 (74).

[37] Vgl. BVerfGE 99, 1 (12).

[38] *Konrad Hesse*, Grundzüge des Verfassungsrechts der Bundesrepublik Deutschland, 20. Aufl., 1995, Rdnrn. 317 ff.

[39] Vgl. dazu im Einzelnen BVerfGE 39, 334 ff.

VII. Einzelaspekte der Verfassungsauslegung

Zu den Standardthemen des Verfassungsrechts gehört die auf den ersten Blick erstaunlich wirkende Frage, ob es **verfassungswidrige Verfassungsnormen** geben kann. Sie ist zu bejahen. Zu einer verfassungswidrigen Verfassungsnorm kann es vor allem dann kommen, wenn Änderungen des Grundgesetzes nicht mit den formellen Voraussetzungen des Art. 79 Abs. 1 und 2 GG übereinstimmen oder gegen die sog. Ewigkeitsgarantie des Art. 79 Abs. 3 GG verstoßen, nach der bestimmte Elemente des Grundgesetzes dem Zugriff sogar des verfassungsändernden Gesetzgebers entzogen sind.

> Zu einer Prüfung in letzterer Hinsicht kam es, als sich nach der Einführung der Notstandsverfassung im Jahre 1969 die Frage stellte, ob der Ausschluss der gerichtlichen Kontrolle von Telefonabhörmaßnahmen (Art. 10 Abs. 2 Satz 2 GG) gegen die Rechtsweggarantie des Art. 19 Abs. 4 GG verstieß[40]. Auch beim Großen Lauschangriff wurde die Frage relevant[41].

Von einem **Verfassungswandel** wird dann gesprochen, wenn Verfassungsbestimmungen trotz gleichbleibenden Textes eine inhaltliche Veränderung aufgrund eines Bedeutungswandels[42] oder aufgrund eines Wechsels der gesellschaftlichen Auffassungen oder der faktischen Gegebenheiten erfahren: Die Gemeindeversammlung als Zusammentritt aller aktiven Gemeindebürger, die nach Art. 28 Abs. 1 Satz 4 GG an die Stelle einer gewählten Körperschaft (des Gemeinderats) treten kann, gibt es wegen des Rückgangs von Kleinstgemeinden kaum noch.

> Anders liegt es, wenn die politischen Kräfte von grundgesetzlich gewährten Möglichkeiten keinen Gebrauch machen. Fast unbekannt ist es (geworden), dass Art. 15 GG die Sozialisierung (Vergesellschaftung) von Grund und Boden, Naturschätzen und Produktionsmitteln erlaubt. Um einen bindenden Auftrag handelt es sich aber nicht[43]. Darum besteht kein Anlass, mit Blick auf diese Vorschrift von einem „nichterfüllten Grundgesetz" zu sprechen.

Allerdings enthält das Grundgesetz **Verfassungsaufträge**[44]. In Betracht kommen vor allem an die Adresse des Gesetzgebers gerichtete Gleichstellungsverpflichtungen[45].

---

[40] Vgl. dazu BVerfGE 30, 1 ff.
[41] Vgl. BVerfGE 109, 279 (310 ff.).
[42] BVerfGE 62, 1 (67 f.). Vgl. zum Phänomen des „Verfassungswandels" auch *Konrad Hesse*, Grundzüge des Verfassungsrechts der Bundesrepublik Deutschland, 20. Aufl., 1995, Rdnr. 46 m.w.N. in Fn. 45.
[43] Vgl. BVerfGE 12, 354 (363 f.).
[44] Zum Verfassungsauftrag des Gesetzgebers aus der Finanzverfassung BVerfGE 101, 158 (214 ff.).
[45] BVerfGE 94, 241 (259 f.).

Schon älteren Datums und weitgehend verwirklicht ist Art. 6 Abs. 5 GG: Den unehelichen Kindern sind durch die Gesetzgebung die gleichen Bedingungen für ihre leibliche und seelische Entwicklung und ihre Stellung in der Gesellschaft zu schaffen wie den ehelichen Kindern.

Neueren Datums ist Art. 3 Abs. 2 Satz 2 GG: Der Staat fördert die tatsächliche Durchsetzung der Gleichberechtigung von Frauen und Männern und wirkt auf die Beseitigung bestehender Nachteile hin.

Den Verfassungsaufträgen ähnlich sind Staatszielbestimmungen wie das Sozialstaatsprinzip (Art. 20 Abs. 1 GG), der Umweltschutz und der Tierschutz (Art. 20a GG). Auch sie enthalten in erster Linie objektive Verpflichtungen des Staates und richten sich vornehmlich an den Gesetzgeber, der zu ihrer Realisierung durch konkrete Regelungen aufgerufen ist. Ebenso verhält es sich mit Schutzpflichten, die in den Grundrechten enthalten sind und den Gesetzgeber zum aktiven Tätigwerden anhalten[46]. Grundrechtliche Schutzpflichten bedürfen der „Gesetzesmediatisierung"[47]. Der Gesetzgeber muss in Befolgung seiner verfassungsrechtlichen Pflichten Regelungen erlassen.

Vgl. BVerfGE 39, 1 ff. und 88, 203 ff.: Art. 2 Abs. 2 Satz 1 GG enthält eine Pflicht des Staates zum Schutz des ungeborenen Lebens. Der Gesetzgeber muss ggf. mit den Mitteln des Strafrechts das Lebensrecht schützen.

VIII. Die Bestandteile des Grundgesetzes

Das Grundgesetz besteht aus einer Reihe, wenn nicht aus einer Vielzahl von Regelungen und Bauteilen von sehr unterschiedlicher Thematik und verschiedenartigem Gehalt, die sich nicht auf einen einheitlichen systematischen Nenner bringen lassen. Doch können ungeachtet dessen Schwerpunkte und Besonderheiten ausgemacht werden, die das Erscheinungsbild dieser Verfassung prägen. Primärer Bezugspunkt ist der Staat als Ordnungsgefüge und Inhaber von Gewalt, den es zu mäßigen, zu binden und zu legitimieren gilt, der aber auch eine spezifische Gestaltungs-, Ordnungs- und Schutzfunktion hat.

1. Staatsorganisationsrecht

Die staatsorganisationsrechtlichen Bestimmungen befassen sich mit dem Funktionieren des Staates. Auf der Ebene des Bundes, des Gesamtstaates, geht es um die verschiedenen Verfassungs- oder Staatsorgane, denen im Interesse der Aufteilung der Staatsgewalt bestimmte Aufgaben und Kompetenzen zugewiesen

---

[46] Vgl. *Badura*, HGR I, 2004, § 20 Rdnrn. 20 ff.
[47] BVerfGE 114, 1 (33 f.); *Oliver Klein*, JuS 2006, 960 ff.

sind (Staatsoberhaupt, Regierung, Volksvertretung, Verfassungsgericht)[48]. Das Grundgesetz enthält Bestimmungen über die Kreation der Organe (Beispiele: Die Wahl des Bundestages, Art. 38 GG, oder des Bundespräsidenten, Art. 54 GG) sowie über ihre Tätigkeit. Der öffentliche Dienst (namentlich das Beamtentum) ist das Instrument staatlicher Aufgabenerfüllung (Art. 33 GG)[49]. Zum staatsorganisationsrechtlichen Teil gehört auch die Rechtsprechung mit ihren spezifischen Garantien unter besonderer Betonung der Institution des Bundesverfassungsgerichts, dem als Hüter der Verfassung[50] wichtige Kontrollbefugnisse zugeordnet sind (Art. 92, 93 GG).

Hinter dieser **horizontalen** Funktionentrennung zwischen den verschiedenen Institutionen steht ein Gutteil an Ideen der klassischen Gewaltenteilung im Sinne des verfassungstheoretischen Modells *Montesquieus*. Sie betrifft die Aufteilung der Staatsgewalt in Gesetzgebung (Legislative), Verwaltung (Exekutive) und Rechtsprechung (Judikative). Das Grundgesetz bekennt sich mehrfach zu diesem freiheitssichernden Prinzip (Art. 1 Abs. 3; 20 Abs. 2 Satz 2 und Abs. 3 GG), ohne es jedoch in lupenreiner Form zu verwirklichen. Dass Mitglieder der Bundesregierung, die zur Exekutive zählt, zugleich Mitglieder des Bundestages und damit der gesetzgebenden Gewalt sein dürfen (und in der Realität meistens auch sind), ist nur ein Beispiel dafür, dass das Grundgesetz keine strikte Gewaltenteilung realisiert, sondern eher eine Gewaltenverschränkung.

Weiter rechnet zu den Regularien der Staatsorganisation – als **vertikale** Variante der Gewaltenteilung in einem Bundesstaat – die Aufteilung der Staatsgewalt zwischen Bund und Ländern (Art. 30 GG). Sie wird vor allem auf den Gebieten der Gesetzgebung (Art. 70 ff. GG) und der Verwaltung (Art. 83 ff. GG), aber auch der Rechtsprechung relevant. Einen besonders wichtigen Eckstein der bundesstaatlichen Ordnung stellt die durch die „Föderalismusreform II" aus dem Jahr 2009[51] umgestaltete Finanzverfassung (Art. 104a ff. GG) dar[52]. Zu einem zusätzlichen innerstaatlichen Dezentralisierungseffekt – über die Kompetenzaufteilung zwischen Bund und Ländern hinaus – führt die kommunale Selbstverwaltung (Art. 28 Abs. 2 GG)[53]: Die Gemeinden und Gemeindeverbände (vornehmlich die Landkreise) regeln die Angelegenheiten der örtlichen Selbstverwaltung in eigener Regie, d.h. in Autonomie[54].

2. Die Grundrechte: Freiheits- und Gleichheitsrechte

Einen anderen großen, wenn nicht den wichtigsten Komplex des Grundgesetzes, stellen die Grundrechte dar. Sie lassen sich in Freiheits- und Gleichheitsrechte unterteilen. Das Grundgesetz regelt den Schutz durch die Freiheitsrechte

---

[48] *Maurer*, Staatsrecht I, 6. Aufl., 2010, § 12.
[49] *Paul Kirchhof*, HStR V, 3. Aufl., 2007, § 99 Rdnrn. 92 ff.
[50] BVerfGE 40, 88 (93).
[51] Als „Föderalismusreform I" wird im aktuellen Sprachgebrauch die umfassende Änderung des Grundgesetzes aus dem Jahr 2006 bezeichnet.
[52] BVerfGE 55, 274 (302); 67, 256 (275); 105, 185 (194); 108, 1 (15 ff.).
[53] BVerfGE 79, 127 (148 f.); 107, 1 (11 ff.).
[54] BVerfGE 86, 148 (220).

umfassend und lückenlos[55]. Der Gleichheitssatz (in erster Linie: Art. 3 GG) in seinen unterschiedlichen Nuancierungen tritt hinzu.

Die Grundrechte binden alle Staatsgewalt (Art. 1 Abs. 3 GG). Inhaltlich stellen sie in der Hauptsache – damit sind die Freiheitsrechte angesprochen – Abwehrrechte gegen den Staat dar. Eine beträchtliche Zahl von zusätzlichen Vorkehrungen (Schranken-Schranken) sichert die Freiheitsrechte vor Leerlauf und Aushöhlung (z.B. Art. 19 Abs. 1 und 2 GG). Systematisch bedient sich das Grundgesetz schwerpunktmäßig eines Katalogs, d.h. einer enumerativen Darstellung der Grundrechte (Art. 1–19 GG). Die besonderen Kategorien der aktiven Statusrechte des (Wahl-)Bürgers (Art. 33, 38 GG) und der Justizgrundrechte (Art. 101–104 GG) treten ergänzend hinzu. Scheinbare Krönung ist das Widerstandsrecht (Art. 20 Abs. 4 GG). Die Verfassungsbeschwerde (Art. 93 Abs. 1 Nr. 4a GG) ist der spezifische Rechtsbehelf, mit dem „jedermann", also jeder Träger von Grundrechten, eine Verletzung dieser Rechte durch die öffentliche Gewalt (des Staates) beim Bundesverfassungsgericht rügen kann[56].

3. Die verfassungsgestaltenden Grundentscheidungen

In den Bestimmungen über die Staatsorganisation und in den Freiheitsgarantien der Menschen gegenüber dem Staat erschöpfen sich die großen Leitlinien des Grundgesetzes nicht. Hinzu kommen Grundsätze über die Struktur, die Legitimation, die Form und die Aufgaben bzw. Ziele des Staates. Solche verfassungsgestaltenden Grundentscheidungen oder Staatsstrukturbestimmungen finden sich im Bekenntnis zum Rechtsstaat, zur Demokratie, zur Republik, zum Bundesstaat und zum Sozialstaat (Art. 20, 28 Abs. 1 GG). Ihre Bedeutung ist groß.

Das Rechtsstaatsprinzip ergänzt die Sicherung von Freiheit und Gleichheit. Mit dem Demokratieprinzip ist die Legitimation der Staatsgewalt durch die Volkssouveränität verbunden. Es wird komplettiert durch die Wahlrechtsgrundsätze, die namentlich in Gestalt der Allgemeinheit und Gleichheit der Wahl die Egalität der Staatsbürger gewährleisten[57], und durch Regelungen über die Freiheit des Abgeordnetenmandats (Art. 38 Abs. 1 Satz 2 GG).

Das Sozialstaatsprinzip ist das Staatsstrukturprinzip, das zugleich dynamische Staatszielbestimmung[58] ist. Ihm zur Seite stehen die jüngeren Staatsziele des Umwelt- und Tierschutzes (Art. 20a GG). Beiden ist gemeinsam, dass sie vornehmlich Gestaltungsaufträge an den Gesetzgeber sind. Den Charakter eines Staatsziels teilt auch die in Art. 23 GG ins Auge gefasste Schaffung der Europäischen Union mitsamt der Abkehr von der Idee des geschlossenen Nationalstaats[59].

---

[55] Instruktiv und umfassend *Manssen*, Staatsrecht II, 8. Aufl., 2011; *Horst Dreier*, in: Dreier (Hrsg.), GG, Bd. 1, 2. Aufl., 2004, Vorb.

[56] BVerfGE 4, 27 (30); 96, 231 (239); 116, 24 (59).

[57] BVerfGE 41, 399 (413); 85, 148 (158).

[58] *Hans H. Klein*, DVBl. 1991, 733.

[59] *Breuer*, NVwZ 1994, 417 m.w.N.; *Lerche*, Festschrift für Herbert Schambeck, 1994, S. 754.

Die den Gesamtstaat in Pflicht nehmenden Staatsstrukturbestimmungen sind auch für die Länder verbindlich, deren Verfassungsautonomie[60] zwar anerkannt, aber zugleich durch die Verpflichtung zur Einhaltung der Homogenität beschränkt ist (Art. 28 Abs. 1 Satz 1 GG)[61].

4. Weitere Regelungen

Das Grundgesetz greift darüber hinaus weitere wichtige Einzelfragen auf: Es institutionalisiert die zuvor nicht ins Verfassungsrecht integrierten politischen Parteien (Art. 21 GG)[62]. Es ordnet die prinzipielle Staatshaftung für hoheitliches Unrecht des Staates an (Art. 34 GG). Das Verhältnis von Staat und Kirche wird rechtstechnisch durch die Rezeption[63] der Staatskirchenrechtsartikel der Weimarer Reichsverfassung von 1919 (Art. 140 GG) geregelt. Die internationale Dimension (die offene Staatlichkeit) wird in Gestalt der Option für die Europäische Union (Art. 23 GG) mitsamt dem kommunalen Wahlrecht für EU-Bürger (Art. 28 Abs. 1 Satz 3 GG) und durch die Inkorporation der allgemeinen Regeln des Völkerrechts (Art. 25 GG) aufgegriffen. Art. 59 Abs. 2 GG verlangt für die Umsetzung[64] völkerrechtlicher Verträge die Zustimmung der parlamentarischen Körperschaften. Das Grundgesetz enthält schließlich Vorkehrungen über den Schutz der Verfassung (Art. 18 und 21 Abs. 2 GG). Es müht sich – als eine der Beigaben der 1968/69 durch Grundgesetzänderung eingefügten Notstandsverfassung – um die verfassungsrechtliche Absicherung des Widerstandsrechts (Art. 20 Abs. 4 GG). Es äußert sich zur Verfassungsänderung (Art. 79 GG) und zur Verfassungsneugebung (Art. 146 GG). Es regelt die Voraussetzungen und Konsequenzen der Fortgeltung alten (vorkonstitutionellen) Rechts (Art. 123 ff. GG).

IX. Sonstiges Verfassungsrecht

Das Grundgesetz kennt auch ungeschriebenes Verfassungsrecht wie den Grundsatz der Bundestreue[65], der die am Bundesstaatsleben beteiligten Länder sowie den Bund zu gegenseitiger Rücksichtnahme verpflichtet, sowie Verfassungsgewohnheitsrecht[66].

> Zu Letzterem dürfte der Grundsatz gehören, dass die stärkste Fraktion den Präsidenten des Deutschen Bundestages stellt.

---

[60] BVerfGE 60, 175 (207); 96, 345 (368 f.); 103, 332 (347).
[61] BVerfGE 90, 60 (84 f.); 103, 332 (350).
[62] BVerfGE 107, 339 (358).
[63] Rechtstechnisch auch als Inkorporation zu bezeichnen.
[64] Rechtstechnisch: Transformation.
[65] BVerfGE 6, 309 (328); 42, 103 (117).
[66] Vgl. *Tomuschat*, Verfassungsgewohnheitsrecht?, 1972.

Im Übrigen ist aber bei der Annahme ungeschriebenen Verfassungsrechts Vorsicht geboten, weil Art. 79 Abs. 1 GG von der **Transparenz**, **Konsistenz** und **Stringenz** des Verfassungsrechts ausgeht.

> Das Verfassungsrecht soll kompakt und überschaubar sein. Darum darf das Grundgesetz nur **ausdrücklich** geändert werden (sog. Textänderungsgebot, Art. 79 Abs. 1 Satz 1 GG). Damit sollen (stillschweigende) Verfassungsdurchbrechungen, wie sie Weimar kannte, vermieden werden[67].

Dennoch gibt es außerhalb des Grundgesetzes **materielles** Verfassungsrecht, das denselben normenhierarchischen Rang wie das Grundgesetz selbst hat. Dazu rechnet der Einigungsvertrag zwischen der (alten) Bundesrepublik Deutschland und der DDR[68].

Als materielles Verfassungsrecht wird in nicht unbedenklicher Weise auch dasjenige einfache Gesetzesrecht kategorisiert, welches das in Teilen defizitäre Grundgesetz ergänzt (Parteienrecht, Parlaments-Wahlrecht, Abgeordneten- und Ministerrecht). Als **sekundäres** Verfassungsrecht werden die Geschäftsordnungen der obersten Verfassungsorgane bezeichnet; diese Geschäftsordnungen stehen aber dem Grundgesetz im formellen Rang nach[69].

> Bedenklich sind solche Formulierungen, Einschätzungen und Bewertungen deshalb, weil sie geeignet sind, den Rangunterschied zwischen dem qualifizierten Verfassungsrecht und dem einfachen Gesetzesrecht bzw. Satzungsrecht zu verwischen.

X. Verfassungsänderung

1. Der Grundsatz

Das Grundgesetz kann geändert werden[70]. Doch ist eine Reihe von Kautelen zu beachten (Art. 79 GG). Das Grundgesetz kann nur durch ein Gesetz geändert werden, das den Wortlaut des Grundgesetzes ausdrücklich ändert oder ergänzt (Art. 79 Abs. 1 Satz 1 GG). Dieses **Textänderungsgebot** soll Verfassungsdurchbrechungen verhindern, die zur Weimarer Verfassungspraxis gehörten. Es sichert die Einheitlichkeit und Geschlossenheit des Verfassungsrechts. Das Textänderungsgebot gilt nicht, soweit Verfassungsänderungen im Zusammenhang mit

---

[67] Vgl. *Rupp*, JZ 1998, 217.

[68] BVerfGE 82, 316 (320 f.); 84, 90 (118 ff.); 94, 297 (310).

[69] BVerfGE 44, 308 (315).

[70] Die bislang umfangreichste Grundgesetzänderung stellt die Föderalismusreform vom 1.9. 2006 („Föderalismusreform I") dar, die insbesondere die Gesetzgebungskompetenzen zwischen Bund und Ländern neu verteilte.

der Konsolidierung der Europäischen Union erfolgen (Art. 23 Abs. 1 Satz 3 GG)[71]. Eine Verfassungsänderung bedarf der Zustimmung von zwei Dritteln der Mitglieder des Bundestages und von zwei Dritteln der Stimmen des Bundesrates (Art. 79 Abs. 2 GG). Das Grundgesetz steht also nicht zur Disposition einfacher Mehrheiten, die für das politische Alltagsgeschäft und die gewöhnliche Gesetzgebungstätigkeit ausreichen.

2. Die Ewigkeitsgarantie und andere Sperren

Aber auch der verfassungsändernde Gesetzgeber mit seinen qualifizierten Mehrheiten ist nicht frei von allen Bindungen. Die identitätsbestimmenden Strukturen des Grundgesetzes können auch nicht durch eine noch so qualifizierte Mehrheit außer Kraft gesetzt werden. Die Ewigkeitsgarantie des Art. 79 Abs. 3 GG erklärt die Gliederung des Bundes in Länder, die grundsätzliche Mitwirkung der Länder bei der Gesetzgebung und die Würde des Menschen (Art. 1 GG) sowie die in Art. 20 GG niedergelegten Grundsätze (Rechtsstaat, Demokratie) für änderungsresistent. Die speziellen Freiheitsrechte als solche stehen wohlgemerkt nicht unter dem Schirm der Ewigkeitsgarantie.

> Art. 79 Abs. 3 GG muss richtig gelesen werden. Er erklärt **nicht** die Grundsätze der Art. 1 **bis** 20 GG (also auch den Grundrechtskatalog) für unantastbar, sondern nur die Grundsätze der Art. 1 **und** 20 GG.

Im Fall des Gesetzgebungsnotstandes (Art. 81 Abs. 4 GG) und im Verteidigungsfall (Art. 115e Abs. 2 Satz 1 GG) sind Grundgesetzänderungen ausgeschlossen.

Im Übrigen aber ist Art. 79 Abs. 3 GG eine eng auszulegende Ausnahmevorschrift[72].

3. Ergänzungen

Von der Grundgesetzänderung (Partialrevision) des Art. 79 GG zu unterscheiden ist die Verfassungsneugebung (Totalrevision) nach Art. 146 GG. Art. 79 GG bezieht sich nur auf Änderungen des Verfassungsrechts des Grundgesetzes. Das einfache, d.h. das mit einfachen Mehrheiten zustandegekommene Gesetzesrecht, auch wenn es wegen seines Ergänzungscharakters als materielles Verfassungsrecht bezeichnet wird, und das bloß sekundäre Verfassungsrecht (Geschäftsordnungen der obersten Verfassungsorgane) fallen nicht darunter. Für eine Änderung des Bundeswahlgesetzes beispielsweise reicht im Bundestag die Mehrheit der abgegebenen Stimmen (Art. 42 Abs. 2 S. 1 GG) aus.

---

[71] Kritisch *Bethge*, in: Maunz/Schmidt-Bleibtreu/Klein/Bethge (Hrsg.), BVerfGG, Vorb. Rdnr. 333 m.w.N. in Fn 5.
[72] BVerfGE 94, 49 (102 f.); 109, 279 (310).

B. Verfassungsrechtliche Grundstrukturen

I. Die Grundentscheidung für die Demokratie

1. Demokratie und Volkssouveränität

Das Demokratieprinzip ist Legitimationsgrundlage für die Ausübung der Staatsmacht. Das Grundgesetz formuliert zum Grundsatz der Volkssouveränität[73] lapidar: Alle Staatsgewalt geht vom Volke aus (Art. 20 Abs. 2 Satz 1 GG). Der demokratischen Legitimation bedürfen nicht nur staatliche Zwangsmaßnahmen. Als Ausübung von Staatsgewalt, die demokratischer Legitimation bedarf, stellt sich alles amtliche Handeln mit Entscheidungscharakter dar[74]. Jede Wahrnehmung hoheitlicher Befugnisse muss vom Volke legitimiert sein. Jede Ordnung eines Lebensbereichs durch Sätze objektiven Rechts muss auf eine Willensentschließung der vom Volk bestellten Gesetzgebungsorgane zurückgeführt werden können[75]. Eine Unterbrechung dieser Legitimationskette ist nicht statthaft[76]. Der demokratische Ursprung aller Staatsgewalt macht das staatliche Gewaltmonopol[77] erträglich, bei dessen Ausübung die Exekutive vom Parlament kontrolliert wird und zusätzlich rechtsstaatlich – durch Grundrechte und Gerichtsschutz – gezügelt wird.

Die demokratische Absicherung der Staatsgewalt wird in Wahlen und Abstimmungen realisiert. Die Staatsgewalt selbst wird durch besondere Organe der gesetzgebenden, vollziehenden und rechtsprechenden Gewalt ausgeübt (Art. 20 Abs. 2 Satz 2 GG). Darin liegt das Bekenntnis des Grundgesetzes zur repräsentativen[78] Demokratie, deren zumindest optisch wichtigste Erscheinung die **parlamentarische** Demokratie ist.

2. Die repräsentative Demokratie

Das Volk übt die Staatsgewalt mittelbar durch das von ihm gewählte Parlament aus[79]. Dem Grundgesetz liegt die prinzipielle Entscheidung für die repräsentative Demokratie zu Grunde (Art. 20 Abs. 2 Satz 2 GG). Erscheinungsformen der direkten Demokratie sind ihm auf Bundesebene grundsätzlich fremd. Plebiszi-

---

[73] BVerfGE 93, 37 (66).
[74] BVerfGE 83, 60 (73); 93, 37 (68).
[75] BVerfGE 33, 125 (158).
[76] BVerfGE 83, 60 (73); 107, 59 (87).
[77] *Isensee*, HStR IV, 3. Aufl., 2006, § 71 Rdnr. 76; *Herzog*, ebda, § 72 Rdnr. 38.
[78] *Maurer*, Staatsrecht I, 6. Aufl., 2010, § 7 Rdnr. 31.
[79] BVerfGE 33, 125 (159).

täre Züge weist das Grundgesetz insoweit nur bei der Neugliederung des Bundesgebietes (Art. 29 und 118a GG) sowie bei der Möglichkeit auf, in Gemeinden an die Stelle der Gemeindevertretung, also des Gemeinde- bzw. Stadtrates, die Gemeindeversammlung treten zu lassen, also die Versammlung aller Aktivbürger (Art. 28 Abs. 1 Satz 4 GG). Dabei handelt es sich um wenig praxisrelevante Fälle. Jedoch wären Formen der unmittelbaren Demokratie wie Volksbegehren und Volksentscheide auch auf Bundesebene möglich. Sie müssten aber durch eine Verfassungsänderung unter Beachtung der hierfür maßgeblichen Anforderungen (Art. 79 Abs. 1 und 2 GG) eingeführt werden.

3. Demokratie als indisponible Verfassungssubstanz

Die demokratische Legitimation aller Staatsgewalt steht unter dem Schirm der Ewigkeitsgarantie des Art. 79 Abs. 3 GG, da es sich um einen der in Art. 20 GG niedergelegten Grundsätze handelt. Sie ist insofern gegenüber Verfassungsänderungen geschützt. Als Kernsubstanz moderner Verfassungsstaatlichkeit bindet sie auch jede neue Verfassungsgebung (Art. 146 GG). Das Demokratieprinzip gehört darum auch zu jener nationalstaatlichen Verfassungssubstanz, die nicht zur Disposition der Europäischen Union steht[80]. Ein unbegrenzter Kompetenztransfer deutscher Staatsgewalt auf die EU ist durch Art. 23 Abs. 1 Satz 3 i. V. m. Art. 79 Abs. 3 GG ausgeschlossen[81]. Zugleich verlangt die Struktursicherungsklausel des Art. 23 Abs. 1 Satz 1 GG, dass die Europäische Union selbst demokratischen Prinzipien verpflichtet ist und dass ihr demokratisches Legitimationsniveau mit dem Gewicht der ihr übertragenen Herrschaftsmacht Schritt hält[82].

4. Demokratie und Bundesstaatsstruktur

a) Die Länderverfassungen

Der Demokratiegrundsatz ist eine verfassungsgestaltende Grundentscheidung oder ein Staatsstrukturprinzip, das auch für die Länder verbindlich ist[83].

aa) Art. 28 Abs. 1 Satz 1 GG verpflichtet die Länder bei der Ausgestaltung ihrer verfassungsmäßigen Ordnung auf die Realisierung demokratischer Strukturen. Diese müssen jedoch nicht deckungsgleich mit dem grundgesetzlichen Modell für die Legitimation der Staatsgewalt sein. Zwar gilt die Grundsatzentscheidung für die parlamentarische Demokratie auch für die Landesverfassungen. Doch fordert Art. 28 Abs. 1 GG nicht, dass das parlamentarische Regierungssystem in einem Bundesland in allen Einzelheiten so ausgestaltet ist wie auf Bundesebene. Verlangt ist nur eine gewisse Homogenität[84], die der Eigenstaatlichkeit der Länder Rechnung trägt.

---

[80] BVerfGE 89, 155 (172).
[81] BVerfGE 123, 267 (349 ff.).
[82] BVerfGE 123, 267 (363 ff.).
[83] BVerfGE 9, 268 (281); 83, 60 (71); 93, 37 (66).
[84] BVerfGE 27, 44 (56); 41, 88 (119); 103, 332 (350 f.).

> Das Amt des Ministerpräsidenten muss beispielsweise nicht – wie es Art. 69 Abs. 2 GG für den Bundeskanzler vorsieht – mit dem Zusammentritt des neu gewählten Landesparlaments enden; es genügt, dass eine neue Mehrheit den Regierungschef durch konstruktives Misstrauensvotum abwählen kann[85].

Ebenso gestatten die Homogenitätsvorgaben des Art. 28 Abs. 1 GG stärkere plebiszitäre Mitwirkungsformen z.B. in Gestalt einer Volksgesetzgebung (Volksentscheid, Volksbegehren) in den Ländern, die es in vielen Ländern auch gibt. Bekannte aktuelle Beispiele sind die Volksentscheide in Bayern über das strikte Rauchverbot in Gaststätten und in Hamburg über die Gemeinschaftsschule. Eine völlige Referendumsdemokratie etwa nach Schweizer Muster wäre allerdings auch in den Ländern unzulässig. Deren Installierung bedürfte einer Änderung des Grundgesetzes.

bb) Die Inanspruchnahme plebiszitärer Instrumente in den Ländern hat sich auch an der Kompetenzverteilung der Art. 30, 70 Abs. 1 GG zu orientieren. Eine Regelung oder Behandlung von Aufgabenbereichen, die in die Zuständigkeit des Bundes fallen, ist auf Landesebene nicht nur den Landesparlamenten, sondern auch der Aktivbürgerschaft nicht gestattet. Die Volksgesetzgebung kann nicht die Strukturen der bundesstaatlichen Kompetenzverteilung überspielen[86]. Volksabstimmungen über Gegenstände, die nicht in die Zuständigkeit der Länder fallen, sind daher unzulässig.

> Das gilt auch für rein konsultative Volksbefragungen, die unverbindlich sind, mit denen also nur die Auffassung der Bevölkerung erfragt werden soll. Sie dürfen in den Ländern staatlicherseits nicht über Themen organisiert werden, die Materien der ausschließlichen Kompetenz des Bundes betreffen (auswärtige Angelegenheiten, Verteidigung; vgl. Art. 73 Nr. 1 GG)[87]. Dagegen sind bloße Meinungsumfragen und Unterschriftenaktionen der Parteien (z.B. zur doppelten Staatsbürgerschaft) oder durch Meinungsforscher zulässig.

b) Kommunale Selbstverwaltung

Das Staatsstrukturprinzip der Demokratie gilt auch für die kommunalen Gebietskörperschaften, die zur mittelbaren Staatsverwaltung[88] der Länder gehören. Selbstverwaltung und Autonomie wurzeln ebenfalls im demokratischen Prinzip[89]. Gegenüber einer zentralistisch organisierten Verwaltung kommt dem politisch-demokratischen Gesichtspunkt der Teilnahme der örtlichen Bürgerschaft

---

[85] Vgl. BVerfGE 27, 44 (55 f.).
[86] BayVerfGHE 43, 35 (55 f.); *Isensee*, Verfassungsreferendum mit einfacher Mehrheit, 1999, S. 37.
[87] Dazu BVerfGE 8, 104 ff.; 8, 122 ff.
[88] BVerfGE 61, 82 (106 f.); 83, 238 (330); vgl. auch BVerfGE 107, 59 (87).
[89] BVerfGE 33, 125 (159).

an der Erledigung ihrer öffentlichen Aufgaben der Vorrang zu[90]. Dem demokratischen Element dient am ehesten die duale Rat-Bürgermeister-Verfassung[91]. Die Einheit der Staatsgewalt wird durch die Staatsaufsicht als Korrelat der kommunalen Selbstverwaltungsgarantie gesichert[92].

5. Demokratie und Gesellschaft

Der Demokratiegrundsatz ist hingegen nicht zwingend für die Legitimation nichtstaatlicher Bereiche und Verbände.

> Das grundgesetzlich abgesicherte Selbstverwaltungsrecht der Kirchen, die nicht mit dem Staat identisch sind (Art. 140 GG i.V.m. Art. 137 WRV), schließt im Gegenteil den staatlichen Oktroi demokratischer Strukturen für die Kirchen – nach dem Selbstverständnis der katholischen Kirche z.B. – aus.
>
> Auch die Presse bedarf trotz ihrer Bedeutung für die Demokratie[92] keiner zusätzlichen demokratischen Legitimation durch Arbeitnehmermitbestimmung (z.B. durch Redaktionsbeiräte).

Eine Ausnahme besteht für die politischen Parteien. Obwohl es keine Staatsparteien geben darf[94] und die politischen Parteien im gesellschaftlichen Bereich verhaftet sind, ordnet das Grundgesetz in Art. 21 Abs. 2 GG an, dass die innere Struktur der Partei demokratischen Grundsätzen zu entsprechen hat.

> Die Ausnahme rechtfertigt sich daraus, dass die politischen Parteien die dem Staat am nächsten stehenden Intermediärgewalten sind und namentlich bei Wahlen als Legitimationsstränge und politische Handlungseinheiten[95] zwischen dem Einzelnen und der organisierten Staatsgewalt agieren. Trotz ihrer besonderen Staatsnähe verbleibt es aber dabei, dass die Parteien nicht Teil der organisierten Staatlichkeit sind. Es handelt sich um Gruppen, die im gesellschaftlichen Bereich wurzeln und diesem angehören[96].

6. Wahlrecht

a) Wahlrechtsgrundsätze

Die repräsentative Demokratie beruht auf Wahlen. Die Abgeordneten des Deutschen Bundestages werden in allgemeiner, unmittelbarer, freier, gleicher und ge-

---

[90] BVerfGE 79, 127 (153).
[91] *Knemeyer*, BayVBl. 1999, 193.
[92] Vgl. BVerfGE 6, 104 (118).
[93] BVerfGE 10, 118 (121).
[94] BVerfGE 20, 56 (101 f.); 52, 63 (82 f.); 85, 264 (285).
[95] BVerfGE 107, 339 (358).
[96] BVerfGE 121, 30 (53 f.).

heimer Wahl gewählt (Art. 38 Abs. 1 Satz 1 GG). Die fünf Wahlrechtsgrundsätze stellen grundlegende Anforderungen an demokratische Wahlen[97]. Ihnen kommt die Funktion zu, bei politischen Wahlen und Abstimmungen das Prinzip der Volkssouveränität wirksam zur Geltung zu bringen. Das Bundesverfassungsgericht folgert sogar aus dem aktiven Statusrecht des Wahlbürgers dessen Recht auf Aufrechterhaltung demokratischer Verfassungsstaatlichkeit gegenüber **unbegrenzten** Übertragungen von Kompetenzen auf die Europäische Union[98].

Das Gebot der freien Wahl untersagt es staatlichen und gemeindlichen Organen, sich in amtlicher Funktion vor Wahlen mit politischen Parteien oder Wahlbewerbern zu identifizieren und sie als Amtsträger zu unterstützen oder zu bekämpfen[99]. Nur Wahlen, die ohne Verstoß gegen das Gebot strikter staatlicher und gemeindlicher Neutralität und ohne Verletzung der Integrität der Willensbildung des Volkes und der Wahlbürger erfolgt sind, können demokratische Legitimation verleihen[100].

Allgemeinheit und Gleichheit sichern die vom Demokratieprinzip vorausgesetzte Egalität der Staatsbürger[101]. Die Geheimheit der Wahl ist der wichtigste institutionelle Schutz der Wahlfreiheit[102]. Die Unmittelbarkeit der Wahl ohne das Medium von Wahlmännern (wie sie namentlich bei der Wahl des US-amerikanischen Präsidenten zum Einsatz kommen) lässt den Wählerwillen am sinnvollsten zum Ausdruck bringen. Die Wahlrechtsgrundsätze gelten auch in den Ländern (Art. 28 Abs. 1 Satz 2 GG)[103].

Als sechsten Wahlrechtsgrundsatz hat das Bundesverfassungsgericht den Grundsatz der Öffentlichkeit der Wahl herausgearbeitet. Der Wahlvorgang muss nachvollziehbar und kontrollierbar sein[104]. Das setzt insbesondere dem Einsatz von Wahlcomputern enge Grenzen, da sie dazu führen können, dass die Wahlhandlung und die Ermittlung des Wahlergebnisses nicht mehr nachvollziehbar sind[105].

b) Die politischen Parteien

Entscheidende Bedeutung als Wahlkampforganisationen kommt den politischen Parteien zu. Sie wirken bei der politischen Willensbildung des Volkes mit (Art. 21 Abs. 1 Satz 1 GG). Die politischen Parteien haben entscheidenden Anteil an der Vorformung des politischen Willens des Volkes. Das Grundgesetz statuiert nicht nur die verbandsimprägnierte Demokratie. Es bekennt sich auch zur modernen **Parteiendemokratie**. Früher noch „extrakonstitutionell", d.h. vom

---

[97] BVerfGE 99, 1 (7).
[98] BVerfGE 89, 155 (172).
[99] BVerfGE 44, 125 (141, 145); 63, 230 (243).
[100] BVerfGE 44, 125 (139).
[101] BVerfGE 41, 399 (413).
[102] BVerfGE 99, 1 (13).
[103] BVerfGE 99, 1 ff.
[104] BVerfGE 121, 266 (291).
[105] BVerfGE 123, 39 (68 ff.).

Verfassungsrecht nicht zur Kenntnis genommen[106], sind die politischen Parteien durch das Grundgesetz in prononcierter Weise zu verfassungsrechtlichen Integrationsfaktoren[107] erhoben worden. Das Grundgesetz gewährleistet durch Art. 3, Art. 21 und Art. 38 GG die Chancengleichheit der Parteien[108].

Ein radikal-egalitärer Parteienstaat ist allerdings unzulässig. Die Parteienstaatlichkeit findet ihre Grenze im freien Status des Abgeordneten (Art. 38 Abs. 1 Satz 2 GG) und in der kommunalen Selbstverwaltung (Art. 28 Abs. 2 Satz 1 GG), die auch Wählervereinigungen (sog. Rathausparteien) Raum zur Entfaltung gibt[109], die nicht bei Landtags- oder Bundestagswahlen antreten und die daher nicht zu den politischen Parteien im Sinne des Grundgesetzes gehören.

7. Der Status des Abgeordneten

Herausragende Bedeutung kommt dem Status der Abgeordneten zu, die frei von Weisungen und nur ihrem Gewissen unterworfen sind (Art. 38 Abs. 1 Satz 2 GG)[110]. Eine berufliche Tätigkeit der Abgeordneten darf sie nicht an der Wahrnehmung ihres Mandats hindern (Art. 48 Abs. 2 GG)[111]. Der Gesetzgeber darf anordnen, dass das Mandat den Mittelpunkt der Tätigkeit darstellt[112]. Die Diäten sichern die Unabhängigkeit der Abgeordneten (Art. 48 Abs. 3 GG)[113]. Durch die Pflicht zur Offenlegung von Tätigkeiten neben dem Mandat und der daraus erzielten Einkünfte sorgt der Gesetzgeber für Transparenz hinsichtlich weiterer Verpflichtungen[114]. Die Abgeordneten genießen Indemnität und Immunität[115] (Art. 46 GG). Sie verfügen über ein besonderes Zeugnisverweigerungsrecht[116].

> Zu den Einzelbefugnissen des Abgeordneten zählen das Rederecht, das Stimmrecht, die Beteiligung an der Ausübung des Frage- und Informationsrechts des Parlaments, das Recht, sich an den vom Parlament vorzunehmenden Wahlen zu beteiligen, und das Recht, sich mit anderen Abgeordneten zu einer Fraktion zusammenzuschließen[117].

Beschränkungen der Wählbarkeit ergeben sich aus dem Grundsatz der Trennung von Amt und Mandat (Art. 137 Abs. 1 GG)[118]. Die unmittelbare Teilhabe

---

[106] Eine nur scheinbare Ausnahme bildete Art. 130 WRV: Die Beamten sind Vertreter des ganzen Volkes, nicht einer einzelnen Partei. Die in sich richtige Aussage behandelt die politischen Parteien eher negativ.
[107] BVerfGE 12, 296 (306); 107, 339 (358).
[108] BVerfGE 104, 14 (19 f.).
[109] BVerfGE 11, 266 (273).
[110] BVerfGE 40, 296 (310 ff.).
[111] S. dazu BVerfGE 42, 313 (326).
[112] BVerfGE 118, 277 (323 ff.).
[113] S. dazu BVerfGE 40, 296 ff.
[114] Dazu BVerfGE 118, 277 (352 ff.).
[115] BVerfGE 104, 310 (325 ff.).
[116] BVerfGE 108, 251 (268 ff.).
[117] Vgl. BVerfGE 80, 188 (218).
[118] BVerfGE 98, 145 (160 f.).

der Abgeordneten am Verfassungsleben bedingt, dass sie die mit diesem Status verbundenen Rechte nur im Organstreit vor dem Bundesverfassungsgericht (Art. 93 Abs. 1 Nr. 1 GG) geltend machen können[119]. Dagegen scheidet die Verfassungsbeschwerde (Art. 93 Abs. 1 Nr. 4a GG) aus[120]. Rechte, die die Abgeordnete als solche haben, sind organschaftliche Rechte, keine Grundrechte.

8. Die Regierung

a) Verantwortlichkeit der Regierung

Wichtige Elemente des Demokratieprinzips sind die parlamentarische Verantwortlichkeit der Regierung[121], die sich in einer Reihe von Befugnissen der Volksvertretung (Zitier-, Anfrage- und Untersuchungsrecht) niederschlägt, weiter die Rechte der Opposition[122], das Mehrparteiensystem[123] und die Chancengleichheit der Parteien sowie das Mandat auf Zeit. Der Regierung ist es auch versagt, über das Instrument der Öffentlichkeitsarbeit parteiergreifend in den Wahlkampf hineinzuwirken[124].

b) Mitbestimmung im öffentlichen Dienst

Die vom Demokratieprinzip geforderte parlamentarische Verantwortlichkeit der Regierung begrenzt auch die Mitbestimmung im öffentlichen Dienst. Die Partizipation des öffentlichen Dienstes (Beamte, Angestellte, Arbeiter) hat ihre verfassungsrechtliche Legitimation im Sozialstaatsprinzip[125]. Doch ist der öffentliche Dienst Treuhänder der demokratisch legitimierten Staatsgewalt, die er vollzieht, ohne jedoch ihr Herr zu sein.

> Die Mitbestimmung der öffentlichen Dienstnehmer (namentlich der Beamten) über die Personalräte darf nicht die letztverbindliche Entscheidungsbefugnis der Regierung tangieren. Zuviel Mitbestimmung ist also **undemokratisch**, weil die Dienstnehmer dann die Letztentscheidungskompetenz der ihrerseits demokratisch legitimierten, weil parlamentarisch kontrollierten Regierung überspielen würden[126].

---

[119] BVerfGE 6, 445 (449); 108, 251 (270 ff.); 114, 121 (146).
[120] Siehe allerdings BVerfGE 108, 251 (266 ff.).
[121] BVerfGE 9, 268 (281 f.); 93, 37 (67); 114, 121 (149).
[122] BVerfGE 2, 1 (13); 44, 308 (321); 114, 121 (149 f.).
[123] BVerfGE 5, 85 (133 ff.).
[124] BVerfGE 44, 125 (168 ff.).
[125] Vgl. *Schmitt Glaeser*, HStR III, 3. Aufl., 2005, § 38 Rdnrn. 13 ff.
[126] Vgl. BVerfGE 9, 268 (281 f.); 93, 37 (81).

9. Grundrechte und Demokratie

a) Gemeinsamkeiten

Mit dem Demokratieprinzip eng verbunden sind die Kommunikationsgrundrechte (Meinungs- und Informationsfreiheit), zu denen auch Medienfreiheiten rechnen (Art. 5 Abs. 1 GG). Namentlich die Pressefreiheit und die Rundfunkfreiheit sind von schlechthin konstituierender Bedeutung für die freiheitlich-demokratische Grundordnung[127]. Eine der Kernfunktionen betrifft die freie individuelle und öffentliche Meinungsbildung. Presse und Rundfunk sind Medien und Faktoren dieser öffentlichen Meinungsbildung[128]. Sie sichern die für die freiheitliche Demokratie konstitutive Meinungsvielfalt[129]. Die Freiheit der Meinungsbildung ist Voraussetzung sowohl der Persönlichkeitsentfaltung als auch der demokratischen Ordnung[130]. Gefährdungen der Meinungsfreiheit einschließlich der Meinungsbildungsfreiheit (Informationsfreiheit) verpflichten den Gesetzgeber zum Handeln, z.B. im Falle übermäßiger Pressekonzentration[131]. Die Versammlungsfreiheit, die auch Spontandemonstrationen schützt[132], ist ebenfalls unentbehrliches Funktionselement eines demokratischen Gemeinwesens, besonders in Demokratien mit parlamentarischem Repräsentativsystem und geringen plebiszitären Mitwirkungsrechten[133]. Allerdings dürfen die für die Demokratie konstituierenden Freiheitsrechte nicht zum fundamental-demokratischen Widerlager gegen die parlamentarische Demokratie umfunktioniert werden[134]. Gewalt gar ist verpönt.

Art. 8 Abs. 1 GG schützt schon ausweislich seines Wortlauts nur die friedliche, also gewaltfreie, und waffenlose Demonstration.

Auch die Vereinigungsfreiheit (Art. 9 Abs. 1 GG) ist konstituierend für die demokratische Grundordnung[135].

b) Gegenläufigkeiten

Umgekehrt ist jedoch eine ausschließliche Funktionalisierung der Freiheit(en) für die Demokratie bedenklich.

aa) Die Freiheitsrechte dürfen nicht durchgängig vom Staat zum Dienst an der Demokratie in Pflicht genommen werden. Der einzelne Grundrechtsträger ist nicht Funktionär oder gar Kommissar der demokratischen Staatsordnung.

---

[127] BVerfGE 20, 56 (97).
[128] BVerfGE 12, 205 (260); 83, 238 (296); 101, 361 (389).
[129] BVerfGE 57, 295 (323).
[130] BVerfGE 90, 60 (87); 114, 371 (387).
[131] BVerfGE 20, 162 (175).
[132] BVerfGE 85, 69 (74 f.).
[133] BVerfGE 69, 315 (347).
[134] Zur Kritik *Götz*, DVBl. 1985, 1347 ff.; *Schmitt Glaeser*, HStR III, 3. Aufl., 2005, § 38 Rdnrn. 19 f.
[135] BVerfGE 50, 290 (353); 100, 214 (223).

> Nicht unbedenklich ist darum die Bezeichnung der Presse als „vierte Ge-
> walt" oder ihre Auszeichnung mit einer „öffentlichen Aufgabe". Die
> Presse erfüllt keine staatlichen Aufgaben[136]. Ob die Rundfunkfreiheit
> eine „dienende" Freiheit ist, wie das Bundesverfassungsgericht
> annimmt[137], wird bezweifelt[138]. Auch die öffentlich-rechtlichen Rund-
> funkanstalten sind staatsfreie Grundrechtsträger, nicht Teile der mittel-
> baren Staatsverwaltung[139].

Die Freiheitsrechte schützen auch den apolitischen, desinteressierten oder passi-
ven Privatmann. Verbürgt ist neben der politisch-demokratischen auch die bür-
gerlich-individuelle Freiheit[140]. Sie verhindert, dass der Mensch völlig im Bürger
aufgeht. Nicht nur der **citoyen**, auch der **bourgeois** ist von der Verfassung angesprochen[141].

bb) Das Verhältnis zwischen Grundrechten und Demokratie ist auch im Übrigen ambivalent. Die Freiheitsrechte sind zwar großenteils Funktionsvorausset-
zungen der Demokratie. Doch besteht keine naturrechtliche Einheit zwischen
Demokratie und Grundrechten. Die Freiheitsrechte entfalten ihren Abwehr-
charakter auch gegenüber dem demokratisch legitimierten Gesetzgeber (Art. 1
Abs. 3 GG). Sowohl das Parlament als Volksvertretung als auch das Volk selbst,
wenn es plebiszitär als Gesetzgeber in Erscheinung tritt, können also „irren";
sie können u.U. gegen Grundrechte verstoßen. Die volonté générale *(Rousseau)*
deckt nicht alles. Die „Volkssouveränität" erhebt Volk und/oder Parlament
nicht über die Verfassung und die dort verbürgten Freiheitsrechte. Art. 1
Abs. 3 GG ist die Versicherung dagegen, dass der **populus** den **civis** überspielt[142]. Die Legitimität der Mehrheitsentscheidung rechtfertigt allein noch
keine Grundrechtseingriffe, zumal Grundrechte (auch und gerade) Minderheitenrechte sind.

10. Grundrechte und Gesetzgeber

Janusköpfig ist auch die Rolle des Gesetzgebers.

a) Abwehrfunktion

Die Freiheitsrechte in ihrer primären Funktion als Abwehrrechte schützen auch
vor unzulässigen Eingriffen des Gesetzgebers (s. dazu bereits Art. 1 Abs. 3 GG).

---

[136] Vgl. BVerfGE 20, 162 (175).
[137] Vgl. BVerfGE 87, 181 (197); 90, 60 (87); 119, 181 (214).
[138] Kritisch *Hans H. Klein*, DVBl. 1994, 494.
[139] Vgl. BVerfGE 31, 314 (329); BVerwGE 70, 310 (316).
[140] Vgl. *Bethge*, in: Sachs (Hrsg.), GG, 5. Aufl., 2009, Art. 5 Rdnrn. 19–21.
[141] *Isensee*, Festschrift für Martin Kriele, 1997, S. 38, gegen *Rudolf Smend*, Staatsrechtliche
Abhandlungen, 1968, S. 311 ff.
[142] So zutreffend *Mahrenholz*, in: Badura/Scholz (Hrsg.), Verfassungsgerichtsbarkeit und
Gesetzgebung, 1998, S. 26.

> Der Gesetzgeber darf z. B. die Berufsfreiheit (Art. 12 Abs. 1 GG) nicht übermäßig einschränken.

Die Grundrechte erfordern auch, dass der Gesetzgeber die notwendigen Ermächtigungsgrundlagen für Grundrechtseingriffe der Exekutive bereitstellt. Dabei müssen allerdings die grundrechtlichen Wertentscheidungen, u. a. der Wesensgehalt der Grundrechte (Art. 19 Abs. 2 GG), beachtet werden.

b) Normprägung der Grundrechte

Der Gesetzgeber formt, gestaltet und prägt eine Reihe von Grundrechten, die ohne ein normatives Gerüst nicht aktuell werden könnten (Art. 14 Abs. 1 GG: Eigentumsgarantie)[143]. Auch die Rundfunkfreiheit (Art. 5 Abs. 1 Satz 2 GG) ist gesetzesakzessorisch[144]. Doch ist die Tätigkeit des Gesetzgebers nicht auf die Normprägung beschränkt. Er konkretisiert die Freiheitsrechte durch Schaffung von Verfahrensregelungen.

> Die Verwaltungsgerichtsordnung (VwGO) verwirklicht den Justizgewährungsanspruch bzw. die Rechtsschutzgarantie des Art. 19 Abs. 4 GG[145].

c) Die Gesetzesabhängigkeit von Leistungsansprüchen

Die Umsetzung von Staatszielbestimmungen zu Leistungsrechten bedarf der Aktivität der Legislative. Überhaupt ist das Problem der sozialen Grundrechte – Recht auf Arbeit, Recht auf Wohnung – größtenteils eine Aufgabe des Parlaments, d. h. des formellen Gesetzgebers, der die notwendige politische Entscheidung in Gestalt eines Ansprüche begründenden Gesetzes treffen und die Mittel bereitstellen muss. Der Haushaltsgesetzgeber befindet über die Verteilung der finanziellen Ressourcen.

> Das betrifft beispielsweise den sog. Hartz IV-Regelsatz: Aus dem Recht auf Menschenwürde (Art. 1 Abs. 1 GG) i. V. m. dem Sozialstaatsprinzip (Art. 20 Abs. 1 GG) ergibt sich ein Recht auf ein menschenwürdiges Existenzminimum, das durch den Gesetzgeber konkretisiert und aktualisiert werden muss[146].

d) Der Parlamentsvorbehalt

Das Demokratieprinzip verpflichtet (neben dem Rechtsstaatsprinzip) den Gesetzgeber darüber hinaus, alle wesentlichen grundrechtsrelevanten Fragen selbst zu regeln (Parlamentsvorbehalt)[147]. Er darf dies nicht der Exekutive überlassen. So bedarf die Rundfunkfreiheit, die kein urwüchsiges (natürliches) Frei-

---

[143] Umfassend, zum Teil kritisch *Cornils*, Die Ausgestaltung der Grundrechte, 2005.
[144] BVerfGE 57, 295 (319); 95, 220 (237); 114, 371 (387); 119, 181 (214).
[145] Dazu BVerfGE 107, 395 ff.
[146] BVerfGE 125, 175 ff.
[147] BVerfGE 40, 237 (248 ff.); 77, 170 (230 f.); 91, 148 (162); 108, 282 (311).

heitsrecht ist[148], der positiven Ordnung[149] durch gesetzliche Vorkehrungen. Nur auf diese Weise kann die Meinungsvielfalt gewährleistet[150] und können Informationsmonopole verhindert[151] werden.

II. Die Gewaltenteilung

1. Der Grundsatz

Das Grundgesetz bekennt sich dezidiert zur Dreiteilung der Staatsgewalt (Gewaltenteilung). Die in Art. 20 Abs. 2 Satz 2 GG normierte Teilung der Gewalten, die systematisch auch als Bestandteil des Rechtsstaatsprinzips verstanden werden kann, ist tragendes Organisations- und Funktionsprinzip. Sie dient der gegenseitigen Kontrolle der Staatsorgane und damit der Mäßigung der Staatsherrschaft[152]. Die drei Funktionen der Staatsgewalt sind die gesetzgebende, die vollziehende und die rechtsprechende Gewalt. Legislative, Exekutive und Judikative realisieren die **horizontale** Gewaltenteilung zur Verhinderung von staatlicher Machtkonzentration und Machtkumulation.

> Als eine Art **vertikaler** Gewaltenteilung ist demgegenüber das Prinzip der Bundesstaatlichkeit zu werten, das die Staatsgewalt zwischen Bund und Ländern aufteilt[153] (Dezentralisation).

Die in Art. 20 Abs. 2 GG als Grundsatz normierte organisatorische und funktionelle Unterscheidung der Gewalten zielt auch darauf, dass staatliche Entscheidungen möglichst richtig, d.h. von Organen getroffen werden, die dafür nach ihrer Organisation, Zusammensetzung, Funktion und Verfahrensweise über die besten Voraussetzungen verfügen[154]. Dieses Ziel darf nicht durch einen Gewaltenmonismus in Form eines umfassenden Parlamentsvorbehalts unterlaufen werden[155].

> Aber auch die Rechtsprechung darf keine Dominanz erlangen: Ein **Jurisdiktionsstaat** würde drohen, wenn das Bundesverfassungsgericht die ihm zustehende Kontrolle der anderen Staatsfunktionen überzieht und zum politischen Akteur oder gesellschaftlichen Regulator wird[156].

---

[148] BVerfGE 95, 220 (237).
[149] BVerfGE 57, 295 (320 f.); 95, 220 (236).
[150] BVerfGE 83, 238 (320).
[151] BVerfGE 97, 228 (259).
[152] BVerfGE 95, 1 (15).
[153] Vgl. BVerfGE 55, 274 (318).
[154] BVerfGE 98, 218 (251 f.).
[155] BVerfGE 68, 1 (86 f.).
[156] Vgl. *Böckenförde*, Zur Lage der Grundrechtsdogmatik nach 40 Jahren Grundgesetz, 1989, S. 61 f.; siehe auch *Knies*, Festschrift für Klaus Stern, 1997, S. 1157.

2. Die Merkmale der drei Staatsfunktionen

a) Die Gesetzgebung

Gesetzgebung ist Rechtsetzung und/oder Normsetzung. Als materieller Rechtssatz (auch Gesetz im materiellen Sinne genannt) fungiert inhaltlich eine staatliche Sollensanordnung, die – generell – für eine unbestimmte Vielzahl von Personen und – abstrakt – für eine unbestimmte Vielzahl von Fällen gilt und Außenwirkung hat, also nicht nur innerhalb der Staatsorganisation wirkt.

> Beispiel für eine generell-abstrakte Vorschrift: Jeder, der Einkommen hat, muss nach bestimmten Sätzen Steuern zahlen. Das Gegenbeispiel ist der Verwaltungsakt des Finanzamts, der individuell-konkret anordnet: A muss € 1000,– Steuern zahlen. Ebenfalls kein materieller Rechtssatz ist eine Verwaltungsvorschrift, die die Finanzbeamten anweist, Werbungskosten bis zu einer bestimmten Höhe nicht zu beanstanden. In diesem Fall fehlt es an der Außenwirkung.

Um generell-abstrakte Regelungen mit Außenwirkung handelt es sich auch bei Rechtsverordnungen (z.B. der Straßenverkehrsordnung) und Satzungen (z.B. der Studien- und Prüfungsordnung einer Fakultät). Sie werden nicht vom parlamentarischen Gesetzgeber erlassen, sondern von der Exekutive. In Abgrenzung zu diesen Regelungen bezeichnet man als formelle Gesetze (oder auch: Parlamentsgesetze) solche, die vom Parlament im von der Verfassung für die Gesetzgebung vorgesehenen Verfahren erlassen werden.

In den meisten Fällen sind Gesetze im formellen Sinne zugleich solche im materiellen Sinne, weil sie abstrakt-generelle Regelungen enthalten.

> Das Bürgerliche Gesetzbuch (BGB) oder das Strafgesetzbuch (StGB) betreffen eine unbestimmte Zahl von Fällen und Personen.

Doch ist die generell-abstrakte Anordnung nicht das zwingende Wesensmerkmal oder gar Zulässigkeitserfordernis eines Gesetzes[157]. Ein zulässiges Gesetz im (nur) formellen Sinne liegt auch vor, wenn das Parlament nur einen bestimmten – konkreten – Fall regelt.

> Beispiel: Ein Landtag beschließt durch Gesetz die Auflösung einer bestimmten Gemeinde (Stadt).

In diesem Fall handelt es sich um ein zulässiges Einzelfallgesetz, da die Garantie der kommunalen Selbstverwaltung kein Grundrecht oder grundrechtsähnliches Recht ist. Einzelfallgesetze sind nämlich entgegen landläufiger Meinung nicht generell untersagt, sondern nur dann, wenn sie grundrechtsbeschränkender Natur sind (Art. 19 Abs. 1 Satz 1 GG).

---

[157] BVerfGE 95, 1 (17).

Irreales Beispiel: Durch Gesetz wird eine bestimmte Demonstration verboten. Sogar als 1977 durch das „Kontaktsperregesetz" einer bestimmten überschaubaren Zahl von RAF-Häftlingen eine Verbindung zu
Anwälten erschwert wurde, lag kein unzulässiges grundrechtsbeschrän-
kendes Einzelfallgesetz vor. Denn das Gesetz konnte auch auf künftige
Fälle angewandt werden[158].

b) Die Rechtsprechung

Rechtsprechung ist die verbindliche Streitentscheidung am Maßstab von Rechtssätzen durch neutrale Amtswalter (Richter), die persönlich und sachlich unabhängig sind (Art. 97 Abs. 1 GG) und auf Antrag (also nicht ex officio) tätig werden[159]. Der Richter ist an Gesetz und Recht gebunden (Art. 20 Abs. 3 GG)[160].
Rechtsprechung ist Gesetzesanwendung. Doch ist der Richter kein Subsumti-
onsautomat. Ihm kommt auch die Aufgabe der schöpferischen Rechtsfortbildung zu, bei der er freilich die Rechtsetzungsprärogative des parlamentarischen
Gesetzgebers respektieren muss[161].

c) Die Verwaltung

Für die Verwaltung lässt sich keine umfassende positive Definition gewinnen.
Sie ist gesetzesvollziehende bzw. gesetzesanwendende Gewalt (aber gesetzesanwendende Gewalt ist auch die Rechtsprechung). Zudem gibt es auch gesetzesfreie Verwaltung, d.h. die Erfüllung von Aufgaben ohne gesetzliche Vorgaben.
Im Bereich der Leistungsverwaltung braucht die Verwaltung keine gesetzliche
Grundlage. Gesetzesfreie Verwaltung heißt also nicht gesetzwidrige Verwaltung.

Die Verwaltung warnt im informalen Verwaltungsstaat vor Gefahren[162];
sie gewährt Subventionen; sie schließt Verträge ab.

Verwaltung kann umfassend nur in einem negativen Subtraktionsverfahren de-
finiert werden. Oder schlicht formuliert: Verwaltung ist jede Staatätigkeit, die
nicht Gesetzgebung oder Rechtsprechung ist.

d) Gibt es eine vierte Gewalt?

Eine vierte Gewalt gibt es nicht. Die Regierung (Gubernative) ist die Spitze der
Exekutive. Die Presse wie überhaupt die Medien sind entgegen einem juristisch
falschen Sprachgebrauch keine vierte Staatsgewalt. Ihre für die freiheitlich-de-

---

[158] BVerfGE 49, 24 ff. Zur Zulässigkeit sog. „Maßnahmegesetze" vgl. auch unten S. 147.
[159] Zum Begriff *Bethge*, in: Maunz/Schmidt-Bleibtreu/Klein/Bethge (Hrsg.), BVerfGG, § 1
     Rdnrn. 3 ff.
[160] Dazu BVerfGE 111, 307 (325).
[161] BVerfGE 34, 269 (286 ff.); 88, 145 (166 f.); 96, 375 (394 f.).
[162] BVerfGE 105, 252 ff.; 105, 279 ff.

mokratische Grundordnung schlechthin konstituierende[163] Kontrollfunktion wurzelt in den Freiheitsrechten, nicht in einem staatlichen Wächteramt. Auch ansonsten lassen sich die – mehr aus Verlegenheit als vierte Gewalt apostrophierten – Erscheinungen der Staatsgewalt den klassischen Gewalten zuordnen. Die auswärtige Gewalt ist eine Staatsfunktion zur gesamten Hand zwischen Gesetzgebung und Regierung[164]. Ähnliches gilt für die militärische Gewalt (Verteidigung) oder die Planung[165].

3. Die Gewaltenverschränkung

Das lupenreine Gewaltenteilungsmodell einer abstrakten Verfassungslehre ist die eine Seite der Medaille, die Realisierung der Theorie durch eine konkrete Verfassungsrechtsordnung die andere. Das Grundgesetz hat sich nicht für eine Gewaltenteilung in Reinform, sondern für ein System der **Gewaltenverschränkung** entschieden[166].

a) Zulässige Überlagerungen

Überlagerungen zwischen den Staatsfunktionen sind zulässig. Daher ist es tolerabel, dass die Mitglieder der Bundesregierung in der Regel zugleich Abgeordnete des Bundestages sind. Eine totale Trennung von Regierungsamt und Parlamentsmandat findet insoweit nicht statt.

> Es ist im Gegenteil eher die exotische Ausnahme, wenn ein Regierungschef nicht zugleich über einen Sitz im Bundestag verfügt. Historisches Beispiel: Weder Bundeskanzler Kiesinger noch Vizekanzler (und Außenminister) Brandt waren 1966 bei der Bildung der ersten Großen Koalition Mitglieder des Bundestages.

b) Unvereinbarkeiten

Unterhalb der Regierungsebene enthält das Grundgesetz allerdings Vorkehrungen gegen Gefahren, die der organisatorischen Gewaltenteilung durch ein Zusammentreffen von Exekutivamt und Abgeordnetenmandat entstehen können[167]. Nach Art. 137 Abs. 1 GG kann die Wählbarkeit von Beamten, Angestellten des öffentlichen Dienstes und von Richtern im Bund, in den Ländern und in den Gemeinden gesetzlich beschränkt werden. Insbesondere sollen Verwaltungsbeamte nicht derjenigen gewählten Vertretungskörperschaft angehören, der eine Kontrolle über ihre Behörde obliegt[168]. Es gilt zu verhindern, dass durch Personalunion die Parlamentarier als Kontrolleure sich selbst kontrollieren[169].

---

[163] BVerfGE 10, 118 (121).
[164] Zurückhaltend BVerfGE 68, 1 (85); 90, 286 (357 f.).
[165] BVerfGE 95, 1 (16).
[166] BVerfGE 95, 1 (15 f.); 96, 375 (394).
[167] BVerfGE 48, 64 (82).
[168] BVerfGE 98, 145 (160).
[169] BVerfGE 38, 326 (338).

c) Zulässige Verschränkung bei der Rechtsetzung durch die Exekutive

Die Philosophie der für das Grundgesetz charakteristischen Gewaltenverschränkung ist die folgende Konzeption: Im Kernbereich nimmt jede Staatsfunktion die ihr genuine Aufgabe wahr. Doch ist es zulässig, dass die eine Staatsfunktion in einem Teilbereich Aufgaben einer anderen Staatsfunktion erfüllt. Plastisch demonstrieren lässt sich dies im Rechtsetzungsbereich.

aa) Die Rechtsetzung ist vornehmlich dem demokratisch legitimierten Gesetzgeber, dem Parlament, zugewiesen. Die Volksvertretung hat die Normsetzungsprärogative. Doch verfügt sie über kein Rechtsetzungsmonopol[170]. Rechtsnormen setzt auch die Regierung. Nach Art. 80 Abs. 1 GG ist z.B. die Bundesregierung befugt, Rechtsverordnungen zu erlassen. Rechtsverordnungen sind in der Regel Rechtssätze im materiellen Sinne.

> Beispiele älterer Art: Die Straßenverkehrsordnung (StVO) oder die Straßenverkehrszulassungsordnung (StVZO).
>
> Beispiele jüngerer Art aus dem Umweltrecht: Die Verpackungsverordnung (VerpackV) und die Altfahrzeugverordnung (AltfahrzeugV).

Zwar durchbricht diese Verordnungsgebung der Gubernative das klassische Gewaltenteilungsprinzip[171] der reinen Rechtslehre. Doch hält sich das Rechtsetzungsrecht der Regierung im Rahmen des grundgesetzlichen Verschränkungsmodells. Entscheidend ist, dass die Kernsubstanz der Rechtsetzung beim Gesetzgeber verbleibt; dies gilt umso mehr, als die Regierung zur Verordnungsgebung nur auf der Grundlage einer gesetzlichen Ermächtigung befugt ist[172].

> Art. 80 Abs. 1 Satz 1 GG: **Durch Gesetz** (des Bundestages) kann die Regierung ermächtigt werden, Rechtsverordnungen zu erlassen. Beispiel: Rechtsgrundlage der Straßenverkehrsordnung (StVO) ist das Straßenverkehrsgesetz (StVG).

Zudem müssen nach Art. 80 Abs. 1 Satz 2 GG Inhalt, Zweck und Ausmaß der erteilten Ermächtigung im Gesetz (des Parlaments) bestimmt werden. Verordnungsgebung ist mithin **derivative**, d.h. vom Gesetzgeber abgeleitete Rechtsetzung. Bei der Ermächtigung der Exekutive durch den Gesetzgeber, Recht zu setzen, handelt es sich nach alledem um ein Beispiel für ein zulässiges gewaltenverzahnendes Ineinandergreifen[173] der Staatsfunktionen.

---

[170] BVerfGE 34, 269 (286 ff.); 96, 375 (394 f.).
[171] BVerfGE 8, 274 (321); 18, 52 (59).
[172] Zur Hennenhaltungsverordnung BVerfGE 101, 1 ff.
[173] BVerfGE 3, 225 (246); siehe auch BVerfGE 114, 196 (235).

Das Modell der zulässigen Gewaltenverschränkung braucht nicht bemüht zu werden im Falle der **Verwaltungsvorschriften**[174]. Sie stellen zwar auch Rechtsnormen dar. Sie dienen aber allein der internen Organisation der Verwaltung und richten sich an Amtsträger, nicht an den Bürger. Der Erlass dieser Verwaltungsverordnungen ist **originäres** Recht der Verwaltung (vgl. Art. 84 Abs. 2 und Art. 85 Abs. 2 Satz 1 GG). Es handelt sich von vornherein um keinen (wenn auch zulässigen) Übergriff in Funktionsbereiche der Gesetzgebung. Auch Verwaltungsvorschriften rechnen zum Kernbereich exekutivischer Eigenverantwortung[175].

bb) Ebenso unbedenklich ist es, dass Parlamentsinstanzen neben ihren primären Aufgaben Verwaltungsfunktionen wahrnehmen.

Der Präsident des Bundestages ernennt einen Beamten; er weist politischen Parteien Gelder zur Erstattung von Wahlkampfkosten auf der Grundlage des Parteiengesetzes zu oder fordert sie zurück; er übt das Hausrecht aus (Art. 40 Abs. 2 Satz 1 GG).

d) Grundrechtskontrolle der anderen Staatsfunktionen

aa) Hingegen stellt es keinen Aspekt einer (wenn auch zulässigen) Gewaltenverschränkung dar, wenn Verwaltungsgerichte als Institutionen der dritten Gewalt Verwaltungsakte, also Akte der Exekutive, aufheben, weil sie rechtswidrig sind. Die Kassation eines rechtswidrigen Verwaltungsaktes ist eine spezifische Aufgabe der Verwaltungsgerichtsbarkeit, die damit dem Justizgewährungsanspruch des belasteten Bürgers aus Art. 19 Abs. 4 GG Rechnung trägt[176]. Es handelt sich um keine Verwaltungstätigkeit. Das Problem der Gewaltenverzahnung und/oder Gewaltenteilung stellt sich also genau besehen gar nicht.

Das Verwaltungsgericht ist freilich auf eine **Rechtmäßigkeitskontrolle** des Verwaltungsakts beschränkt. Würde es einen Verwaltungsakt auch auf dessen Zweckmäßigkeit (inhaltliche Vernünftigkeit) kontrollieren, würde es gegen den Grundsatz der Gewaltenteilung verstoßen. Es würde sich nicht mehr nur um einen tolerablen gewaltenverzahnenden Übergriff handeln. Zweckmäßigkeitskontrolle dieser Art ist eine Angelegenheit allein der **internen Selbstkontrolle** der Verwaltung. Darum darf die Widerspruchsbehörde – soweit es noch ein Widerspruchsverfahren gibt – als **Verwaltungsinstanz** sehr wohl auch die Zweckmäßigkeit eines Verwaltungsaktes überprüfen (§ 68 Abs. 1 Satz 1 VwGO); das Verwaltungsgericht darf dies nicht. Entsprechendes gilt bei der Ermessensaus-

---

[174] *Maurer*, Allgemeines Verwaltungsrecht, 18. Aufl., 2011, § 24 Rdnrn. 1 ff.
[175] Zum Begriff BVerfGE 67, 100 (139), dort freilich auf den internen Willensbildungsprozess der Regierung bezogen.
[176] Dazu umfassend BVerfGE 107, 395 (403 ff.).

übung der Verwaltung und deren Kontrolle. Das Verwaltungsgericht darf nur Ermessensfehler, also Rechtsfehler der Verwaltung, überprüfen (§ 114 Satz 1 VwGO).

bb) Ähnlich liegt es, wenn das Bundesverfassungsgericht die (formellen) Gesetze des Parlaments auf ihre Verfassungsmäßigkeit überprüft und im Kollisionsfall für nichtig erklärt. Die Nichtig- bzw. Verfassungswidrigerklärung eines Gesetzes durch das Bundesverfassungsgericht ist keine (wenn auch zulässige) negative Gesetzgebung[177], sondern eine spezifische Funktion der Verfassungsrechtsprechung. Das Bundesverfassungsgericht muss allerdings die gesetzgeberische Gestaltungsfreiheit respektieren. Beachtet es diese Grenze nicht, ist die Gewaltenteilung verletzt.

Im Amerikanischen spricht man von der Pflicht eines Gerichts zum judicial self-restraint[177].

Eigene positive Rechtsetzung ist dem Bundesverfassungsgericht prinzipiell untersagt.

Nur in engen Ausnahmefällen hat das Bundesverfassungsgericht mit dem Instrument der einstweiligen Anordnung (§ 35 BVerfGG) vorübergehend gesetzesgleiche Regelungen gesetzt, um bis zum Tätigwerden des eigentlich und endgültig zuständigen Gesetzgebers Schlimmeres zu verhindern[179]. Ähnlich liegt es, wenn das Bundesverfassungsgericht die Weitergeltung eines für verfassungswidrig erklärten Gesetzes anordnet[180]. Aktueller Fall: Die Regelungen über die Höhe des sog. Hartz IV-Regelsatzes wurden vom Bundesverfassungsgericht im Februar 2010 für mit dem Grundgesetz unvereinbar erklärt. Wären sie für nichtig erklärt worden und damit weggefallen, hätte es bis zur Neuregelung, für die das Gericht dem Gesetzgeber eine Frist bis zum Ende des Jahres 2010 gesetzt hatte, keine gesetzliche Grundlage für die Unterstützungszahlungen gegeben. Das wäre von der verfassungsrechtlich gebotenen Lage noch weiter entfernt gewesen als die ursprüngliche Situation, so dass das Bundesverfassungsgericht die Fortgeltung der alten Vorschriften bis zum Erlass einer Neuregelung angeordnet hat[181].

Auf alle Fälle darf das Bundesverfassungsgericht an den Gesetzgeber „appellieren", d.h. ihn zum Handeln auffordern[182].

---

[177] *Bettermann,* DVBl. 1982, 91 ff.
[178] Vgl. BVerfGE 39, 1 (69); siehe auch BVerfGE 36, 1 (14).
[179] Vgl. BVerfGE 88, 203 (336).
[180] BVerfGE 115, 276 (317 ff.).
[181] BVerfGE 125, 175 (255 f.).
[182] Dazu *Bethge,* in: Maunz/Schmidt-Bleibtreu/Klein/Bethge (Hrsg.), BVerfGG, § 31 Rdnrn. 226 ff.

III. Die Bundesstaatlichkeit

1. Allgemeine Grundlagen

Die Bundesstaatlichkeit, die auch mit dem nicht ganz deckungsgleichen Begriff Föderalismus umschrieben wird, kann für Deutschland auf eine lange Tradition zurückblicken. Es kam nicht von ungefähr, dass in der verlöschenden DDR vor deren Beitritt zum Grundgesetz für die Bundesrepublik Deutschland eine „Reföderalisierung" stattfand, die zur Bildung der heutigen „neuen" Länder führte.

a) Vertikale Gewaltenteilung

Die Bundesstaatsidee zielt auf die Verhinderung zentralstaatlicher Machtkumulation. Sie wird realisiert durch die juristische Aktivierung der territorialen bzw. regionalen Vielfalt gegen den Machtanspruch des Gesamtstaates. Ihr praktischer Effekt ist mithin die Dezentralisation staatlicher Herrschaftsstrukturen. Der verfassungstheoretische Überbau der Bundesstaatlichkeit ist die Fortführung der Idee der Gewaltenteilung[183] und damit letztlich auch der Sicherung der politischen Freiheit als Grundlage der modernen Demokratie. Die Bundesstaatlichkeit, wie sie das Grundgesetz verwirklicht, ergänzt die klassische **horizontale** Gewaltenteilung *Montesquieus* mit der für diese typischen Funktionentrennung zwischen Gesetzgebung, Verwaltung und Rechtsprechung um die **vertikale** Komponente: Die Staatsgewalt wird aufgeteilt zwischen dem Zentralstaat und den Gliedstaaten. Durch die Mitwirkung der Gliedstaaten an der Willensbildung des Gesamtstaates eröffnet sich die Möglichkeit, die Opposition, die im Bund selbst in der Minderheit ist, über die Länder in die demokratische Ordnung einzubauen

b) Konkrete Strukturen deutscher Bundesstaatlichkeit

Einen abstrakten, d.h. einen Bundesstaatsbegriff, der jeder Rechtsordnung vorgegeben ist, gibt es nicht. Man kann lediglich einen groben Unterschied zwischen dem Bundesstaat und dem Staatenbund ausmachen: Im Staatenbund bleiben die einzelnen Staaten souverän und Völkerrechtssubjekte, während sie im Bundesstaat diese Qualität verlieren, so dass nur der Bundesstaat selbst Völkerrechtssubjektivität genießt. Im Übrigen ist die Ausgestaltung und Charakterisierung des jeweiligen Bundesstaats von der konkreten (Verfassungs-)Rechtsordnung abhängig. Daher eignet sich das Wesen „des" Bundesstaates auch nicht zur Lösung staatsrechtlicher Probleme. Jeder Bundesstaat ist ein Unikat; mit anderen Worten: Es handelt sich um einen normativen Begriff. Auch der Bundesstaat des Grundgesetzes kann nur nach Maßgabe der konkreten Verfassungsrechtsordnung beurteilt werden.

aa) Der Bundesstaat des Grundgesetzes geht von der Staatsqualität auch der Gliedstaaten, das sind die Länder, aus[184]. Die bundesstaatliche Macht- und Ur-

---

[183] Vgl. BVerfGE 55, 274 (318).
[184] BVerfGE 36, 342 (360 f.).

sprungsfrage wird so beantwortet, dass – neben dem Bund – auch die Länder Staaten mit gegenständlich beschränkter, vom Bund nicht abgeleiteter, aber von ihm anerkannter Staatsgewalt sind[185]. Die Länder sind nicht nur hochpotenzierte Selbstverwaltungskörperschaften nach Art etwa der Gemeinden und Gemeindeverbände.

> Gemeinden und Gemeindeverbände sind als kommunale Gebietskörperschaften keine dritte oder vierte staatliche Ebene. Sie sind unbeschadet der ihnen verfassungsrechtlich gewährleisteten Autonomie (Art. 28 Abs. 2 GG) Teile der Länder[186].

bb) Die Staatseigenschaft der Länder ist keine Frage bloßer Semantik oder Dekoration. Sie hat handfeste Konsequenzen. Aus dem Staatscharakter der Länder folgt ihre Verfassungsautonomie[187], die das Grundgesetz in Art. 28 Abs. 1 Satz 1 GG voraussetzt. Die Länder haben das Recht, sich eine eigene Verfassung zu geben, die nicht das Spiegelbild des Grundgesetzes zu sein braucht. Sie können ihre eigenen Staatsfundamentalnormen schaffen (Statuierung eines Kulturstaates) und selbstständige Grundrechte formulieren (Art. 142 GG), z.B. durch Einführung weiterer Grundrechte[188] wie z.B. in Art. 4 Abs. 2 NRWVerf. (Grundrecht auf Datenschutz). Weiter muss den Ländern ein Kernbereich von Gesetzgebungs- und Regierungsgewalt als ihr **Hausgut** an Kompetenzen verbleiben[189], der nicht zur Disposition des Bundes steht.

> Zu diesem Hausgut dürften die Zuständigkeiten der Länder auf den Gebieten des Polizei- und Sicherheitsrechts, des Kommunalrechts und des Medienrechts (Presserecht, Rundfunkrecht) gehören.

Namentlich die Finanzverfassung ist Eckstein der Bundesstaatlichkeit[190].

Schließlich müssen die Länder an der Gesetzgebung des Bundes beteiligt werden. Alle diese Grundsätze stehen unter dem Schutz der Ewigkeitsgarantie des Art. 79 Abs. 3 GG[191]. Sie können daher auch durch eine Verfassungsänderung nicht abgeschafft werden. Das schließt Modifikationen der konkreten Regelungen – jüngst etwa der Finanzverfassung durch die Föderalismusreform II – nicht aus.

cc) Auch der überkommene Bestand der Länder ist nicht gegenüber Änderungen geschützt[192]. Das einzelne Land hat keine Bestandsgarantie. Das Bundesge-

---

[185] BVerfGE 1, 14 (18).
[186] BVerfGE 79, 127 (148); 86, 148 (215).
[187] BVerfGE 99, 1 (12).
[188] BVerfGE 4, 178 (189); 36, 342 (360 ff.).
[189] BVerfGE 34, 9 ff.
[190] BVerfGE 55, 274 (302); 67, 256 (275).
[191] BVerfGE 92, 203 (237).
[192] BVerfGE 1, 14 (48); 5, 34 (38).

biet kann neugegliedert werden (Art. 29 GG). Insoweit statuiert das Grundgesetz nur den **labilen Bundesstaat**[193].

> Angesichts der komplizierten Prozeduren, die eine Neugliederung nach Art. 29 GG voraussetzt, erweist sich die bestehende Struktur doch als stabil; sogar die unter erleichterten Voraussetzungen (vgl. Art. 118a GG) ins Auge gefasste Fusion von Berlin und Brandenburg ist vorerst am legitimen Willen der Aktivbürgerschaft gescheitert.

dd) Die Länder haben teil an der Staatswillensbildung des Bundes. Das charakteristische, spezifisch föderativ geprägte Verfassungsorgan auf der Ebene des Gesamtstaates ist der **Bundesrat**. Über den Bundesrat wirken die Länder an der Gesetzgebung und an der Verwaltung des Bundes mit (Art. 50 GG). Über die Institution des Bundesrats, in dem die Landesregierungen vertreten sind (vgl. Art. 51 Abs. 1 Satz 1 GG)[194], wird das administrative Element der Länder in die Willens- und Entscheidungsfindung des Gesamtstaats eingebracht. In einer Reihe von Gesetzgebungsbereichen ist die Zustimmung des Bundesrats notwendig, die allerdings die Ausnahme, nicht die Regel ist[195]. Grundgesetzänderungen bedürfen stets der Zweidrittelmehrheit der Stimmen auch des Bundesrats (Art. 79 Abs. 2 GG). Der Präsident des Bundesrats vertritt den Bundespräsidenten (Art. 57 GG). Die Bundesversammlung, die den Bundespräsidenten wählt, besteht zur Hälfte aus Deputierten der Landesparlamente (Art. 54 Abs. 3 GG). Die Mitwirkung der Länder ist auch im Gemeinsamen Ausschuss (Art. 53a GG) und im Richterwahlausschuss (Art. 95 Abs. 2 GG) vorgesehen.

2. Die Verteilung der Staatsgewalt

Das grundlegende Problem jedes Bundesstaats ist die Verteilung der Staatsgewalt zwischen dem Gesamtstaat und den Gliedstaaten. In der Verfassung eines Bundesstaates muss geklärt werden, welche staatliche Ebene jeweils zuständig ist. Das Grundgesetz beantwortet die Frage, indem es prinzipiell die Länder zur Ausübung der staatlichen Funktionen beruft. Der Bund ist nur zuständig, wenn das Grundgesetz ihm ausdrücklich eine Zuständigkeit verleiht. Diese Kernaussage des Art. 30 GG bezieht sich auf alle drei Staatsfunktionen, d.h. auf die Gesetzgebung, die Verwaltung und die Rechtsprechung[196]. Sie wird für jede der drei Staatsfunktionen durch spezielle Bestimmungen präzisiert: durch Art. 70 ff. GG für die Gesetzgebung, durch Art. 83 ff. GG für die Verwaltung und durch Art. 92 GG für die Rechtsprechung. An dieser systematischen Struktur hat die am 1. September 2006 in Kraft getretene Föderalismusreform I[197] nichts geändert, wohl aber an der Verteilung der Gesetzgebungskompetenzen.

---

[193] BVerfGE 5, 34 (38).
[194] BVerfGE 106, 310 (330).
[195] BVerfGE 37, 363 (381); 105, 313 (339).
[196] BVerfGE 8, 174 (176).
[197] Dazu o. Fn. 70 sowie *Jörn Ipsen*, NJW 2006, 2801 ff.; *Papier*, NJW 2007, 2145 ff.

a) Gesetzgebung

Fundamentale Bedeutung kommt der Gesetzgebung zu. Nach Art. 70 Abs. 1 GG haben die Länder das Recht der Gesetzgebung, soweit das Grundgesetz nicht dem Bund Gesetzgebungsbefugnisse verleiht. Nach dieser Konzeption bedarf der Bund im Unterschied zu den Ländern für ein Gesetzgebungsvorhaben einer ihm vom Grundgesetz ausdrücklich zugewiesenen Befugnis. Fehlt sie, sind die Länder zuständig. Für die Frage, ob eine Zuweisung zu Gunsten des Bundes besteht, kommt es auf die Gesetzgebungsmaterien an, wie sie insbesondere in Art. 73, 74 und 105 GG niedergelegt sind. Systematisch besteht mithin eine **generelle Vermutung** für die Kompetenz der Länder. Den Bund trifft eine **besondere Legitimationslast** für die Inanspruchnahme einer eigenen Kompetenz[198]. Diese ist in verschiedenen Kompetenzarten geregelt, für die typisch ist, dass jeweils enumerativ – also aufzählend – einzelne Kompetenzthemen dem Bund zugeordnet sind. Das dadurch suggerierte Regel-Ausnahme-Verhältnis täuscht allerdings. Die Mehrzahl der Kompetenzen steht vom Gewicht und Umfang her in der Summierung doch dem Bund zu. Das ergibt sich aber nicht aus der Systematik der Kompetenzverteilung, sondern aus der großen Zahl von Ausnahmen, die dem Bund Zuständigkeiten zuweisen.

Wenn der Bund nach der Systematik der Art. 30, 70 Abs. 1 GG eine ausdrückliche Kompetenzzuweisung dartun muss, folgt daraus zwangsläufig, dass **ungeschriebene Gesetzgebungskompetenzen** des Bundes allenfalls in äußerst engen Grenzen anerkannt sind. Ein Bedürfnis nach einer bundesgesetzlichen Regelung reicht allein nicht aus[199]. Ganz ausgeschlossen sind solche Fälle allerdings nicht. Eine ungeschriebene Gesetzgebungskompetenz besteht dann, wenn nach der Natur der Sache allein eine Bundesregelung in Betracht kommt[200].

> Ein Beispiel hierfür ist ein Gesetz über die Regelung der Bundesnationalhymne. Dem Bund fehlt eine geschriebene Kompetenz für die Festlegung der Staatssymbole. Nur die Bundesflagge ist bindend durch Art. 22 GG bestimmt. Die genaue Festlegung der Nationalhymne kann trotz des Schweigens des Grundgesetzes nicht durch die Länder (welches Land sollte hier tätig werden?) erfolgen. Darum ist diese Kompetenz – wiewohl dem Bund nicht ausdrücklich zugeordnet – kraft Natur der Sache eine ungeschriebene Bundeszuständigkeit, die von den Ländern auch nicht ersatzweise wahrgenommen werden darf.

In Präzisierung der Art. 30, 70 Abs. 1 GG unterscheidet das Grundgesetz zwischen mehreren Varianten der Kompetenzzuweisung an den Bund.

aa) Bei der **ausschließlichen** Gesetzgebungskompetenz (Art. 71, 73 GG) ist allein der Bund zuständig, die Länder nur, wenn sie vom Bund dazu ausdrücklich ermächtigt werden (Art. 71 Hs. 2 GG). Der Bund muss nicht gesondert dartun,

---

[198] BVerfGE 106, 62 (143); vgl. auch BVerfGE 105, 313 (338 f.).
[199] BVerfGE 98, 265 (299).
[200] BVerfGE 11, 89 (99).

dass die Inanspruchnahme einer Kompetenz erforderlich ist. Auch für die ausschließliche Zuständigkeit ist kennzeichnend, dass es keine Generalklausel etwa nach Wichtigkeit(en) der Aufgaben gibt. Art. 73 GG listet die in Frage kommenden Themen – man spricht auch von Kompetenztiteln – katalogmäßig auf. Man bezeichnet diese Art von Arrangement als **Enumerationsprinzip**. Für einzelne Kompetenzthemen (auswärtige Angelegenheiten, Verteidigung, vgl. dazu Art. 73 Nr. 1 GG) ist die ausschließliche Gesetzgebungskompetenz des Bundes zwar zwangsläufig; aber sie folgt aus dem geschriebenen Text, der allein maßgeblich ist. Eine Natur der Sache darf nicht, braucht allerdings auch nicht bemüht (zu) werden.

Die exklusiven Kompetenzthemen des Art. 73 GG werden ergänzt durch im Grundgesetz verstreut und vereinzelt – sporadisch und punktuell – genannte Bundeszuständigkeiten; z.B. Art. 21 Abs. 3 GG: Parteienrecht; Art. 38 Abs. 3 GG: Bundestagswahl, die – ohne dass dies ausdrücklich im Verfassungstext vermerkt wäre – ausschließliche Bundeskompetenzen begründen.

bb) Die **konkurrierende** Gesetzgebungskompetenz ist dadurch gekennzeichnet, dass der Bund auf den Gebieten, die Art. 74 Abs. 1 GG auflistet, die Zuständigkeit zur Gesetzgebung hat. Die Länder haben die Befugnis, solange und soweit der Bund von seiner Gesetzgebungszuständigkeit nicht durch Gesetz Gebrauch gemacht hat (Art. 72 Abs. 1 GG). Macht der Bund von seinem Zugriffsrecht Gebrauch, tritt für die Ländergesetzgebung insoweit eine Sperrwirkung ein.

> Nicht immer eröffnet eine nur partielle Regelung des Bundes „insoweit" den Ländern ein Regelungsrecht. Es kann auch ein „absichtsvoller Regelungsverzicht" des Bundes gegeben sein, der eine Sperrwirkung zu Lasten der Länder auslöst[201].

aaa) Der Bund hat nach Art. 72 Abs. 2 GG im Bereich der konkurrierenden Gesetzgebung bei einer Reihe von ihrerseits enumerativ genannten Materien – also nicht bei allen! – das Gesetzgebungsrecht allerdings nur, wenn und soweit die Herstellung gleichwertiger Lebensverhältnisse oder die Wahrung der Rechts- oder Wirtschaftseinheit im gesamtstaatlichen Interesse eine bundesgesetzliche Regelung erforderlich macht. Hat der Bund von seinem Gesetzgebungsrecht (noch) keinen Gebrauch gemacht, dürfen die Länder die Materie regeln, ohne ihrerseits eine Erforderlichkeit nachweisen zu müssen. Die **Erforderlichkeitsklausel** ist in hohem Maße anfällig für Fehlverständnisse. Sie setzt bei richtiger Handhabung einen geschriebenen Kompetenztitel des Bundes nach Art. 74 Abs. 1 GG voraus und stellt für dessen Inanspruchnahme eine zusätzliche einschränkende Voraussetzung auf. Mit anderen Worten: Sie begrenzt eine nach Art. 74 Abs. 1 GG zugewiesene Kompetenz. Sie begründet aber keine weitere, nicht schon durch Art. 74 Abs. 1 GG legitimierte Zuständigkeit. Fehlt es an einer Kompetenzzuweisung nach Art. 74 Abs. 1 GG, kommt Art. 72 Abs. 2 GG gar nicht mehr zur Anwendung.

---

[201] Vgl. BVerfGE 98, 265 (300); 113, 348 (371).

> Beispiel: Die bundesweite Einführung der 12-Jahres-Grenze für die allgemeinbildenden Schulen in allen Ländern mag der Rechtseinheit dienen und im gesamtstaatlichen Interesse erforderlich sein. Der Bund darf dies dennoch nicht anordnen, weil Art. 74 Abs. 1 GG ihm keine Zuständigkeit verleiht und die Kultuskompetenz darum nach der Regelvermutung der Art. 30, 70 Abs. 1 GG bei den Ländern liegt.

bbb) Neu und ausgesprochen schwierig ist die folgende Variante:

Hat der Bund in einer Reihe von näher aufgeführten Sachgebieten von seiner Gesetzgebungskompetenz Gebrauch gemacht, können die Länder durch Gesetz hiervon abweichende Regelungen treffen (Art. 72 Abs. 3 Satz 1 GG). Damit ist der Bund jedoch nicht daran gehindert, nun seinerseits wieder eine Neuregelung zu erlassen. Im Verhältnis zwischen Bundes- und Landesrecht geht in diesem Fall nach Art. 72 Abs. 3 Satz 3 GG das jeweils spätere Gesetz vor; auf Art. 31 GG („Bundesrecht bricht Landesrecht") kommt es schon aus diesem Grund nicht an. Um zu verhindern, dass sich durch eine derartige „Ping-Pong-Gesetzgebung" die Rechtslage permanent ändert, sieht Art. 72 Abs. 3 Satz 2 GG vor, dass die betreffenden Bundesgesetze grundsätzlich erst sechs Monate nach ihrer Verkündung in Kraft treten. Damit soll den Ländern Gelegenheit gegeben werden, ihrerseits ein neues Gesetz zu erlassen, das dann dem (älteren) Bundesgesetz vorgeht.

ccc) Ein anderes Problem betrifft die **Justiziabilität** der Erforderlichkeitsklausel, d. h. die Frage ihrer gerichtlichen Überprüfbarkeit[202]. Nimmt der Bund eine Gesetzgebungskompetenz nach Art. 74 Abs. 1 GG in Anspruch, bestreiten aber die Länder die **Erforderlichkeit** ihrer Inanspruchnahme, stellt sich die Frage, wer verbindlich über diesen Maßstab entscheidet.

> Vor der ersten Neufassung des Art. 72 Abs. 2 GG im Jahre 1994 war die Inanspruchnahme der konkurrierenden Gesetzgebungskompetenz durch den Bund an ein **Bedürfnis** gebunden. Die Effektivität dieser Bedürfnisklausel litt an der zurückhaltenden Überprüfung durch das Bundesverfassungsgericht[203]. Sie lief quasi leer.

Im Streitfall kann nunmehr gemäß Art. 93 Abs. 1 Nr. 2a GG das Bundesverfassungsgericht angerufen werden. Daneben steht nach wie vor das Verfahren nach Art. 93 Abs. 1 Nr. 2 GG zur Verfügung. Das Merkmal des „gesamtstaatlichen Interesses" ist kein reiner Rechtsbegriff. Auch der Begriff der Erforderlichkeit setzt politische Wertungen voraus. Der Bund besitzt eine gewisse Einschätzungsprärogative, welche die Länder respektieren müssen und die auch das Bundesverfassungsgericht nicht in vollem Umfang überprüfen darf (bestr.). Ein prinzipieller Vorrang des Bundesgesetzgebers besteht nicht[204].

---

[202] BVerfGE 106, 62 (142 ff.).
[203] Vgl. BVerfGE 2, 213 (224); 78, 249 (270).
[204] BVerfGE 106, 62 (143); 111, 226 (253).

Fällt die Erforderlichkeit für ein Bundesgesetz nach seinem Erlass weg, berührt dies nicht die Geltung des Gesetzes. Nach Art. 72 Abs. 4 GG kann der Bund jedoch gesetzlich bestimmen, dass das nicht mehr erforderliche Gesetz durch Landesrecht ersetzt werden kann. Der Bundesrat, eine Landesregierung oder ein Landesparlament können eine derartige Freigabe durch das 2006 neu eingeführte Verfahren des Bundesverfassungsgerichts nach Art. 93 Abs. 2 GG erzwingen[205].

cc) Eine Rahmengesetzgebungskompetenz, bei der der Bund gemäß Art. 75 a.F. GG nur die äußere Verpackung (eben den Rahmen) eines Sachgebiets normativ abstecken durfte und den Ländern die Auffüllung überlassen blieb, gibt es seit der Föderalismusreform 2006 nicht mehr.

dd) Nur zu einer Art Rahmensetzung ermächtigt den Bund die Kompetenz zur Grundsatzgesetzgebung nach Art. 109 Abs. 3 GG. Einen besonderen Fall von ausschließlicher Gesetzgebungskompetenz des Bundes stellt hingegen die in Art. 91a Abs. 2 GG vorgesehene nähere Bestimmung von Gemeinschaftsaufgaben nach Art. 91a Abs. 1 GG dar.

> Dabei geht es um die Verbesserung der regionalen Wirtschaftsstruktur, der Agrarstruktur und des Küstenschutzes. Durch Bundesgesetz mit Zustimmung des Bundesrates werden die Einzelheiten der Koordinierung näher bestimmt.

ee) Die kürzlich stark überarbeiteten Vorschriften über die Finanzverfassung (Art. 104a ff. GG) enthalten Bestimmungen über die ausschließliche und konkurrierende Gesetzgebung im Bereich der öffentlichen Abgaben (Art. 105 GG)[206].

ff) Komplikationen bereitet nicht selten die **thematische Zuordnung** komplexer Lebenssachverhalte zu einer bestimmten Kompetenzmaterie. Die Vorschriften über die Zuständigkeitsverteilung zwischen Bund und Ländern sind zwar im Bereich der Gesetzgebung konzeptionell auf Lückenlosigkeit angelegt: Was nicht unter die katalogmäßig und inhaltlich minutiös aufgelisteten Zuständigkeitskomplexe des Bundes fällt, wird von der generellen Zuständigkeit der Länder erfasst (Art. 30, 70 Abs. 1 GG). Nicht nur in Ausnahmefällen weisen aber Regelungsgegenstände thematische Bezüge zu verschiedenen Kompetenztiteln auf. Auch in solchen **Grenzgebieten** muss ein Kompetenzträger ermittelt werden. Eine Kompetenzlücke im Sinne eines regelungsfreien Raumes ist ebenso ausgeschlossen wie eine Doppelzuständigkeit[207]. Handelt es sich dabei ausnahmslos um Kompetenztitel des Bundes derselben Kompetenzart, müssen keine praktischen Schwierigkeiten entstehen. Ausgeschlossen ist die Notwendigkeit einer exakten Zuordnung jedoch auch in diesem Fall nicht.

---

[205] Näher *v. Coelln*, in: Maunz/Schmidt-Bleibtreu/Klein/Bethge (Hrsg.), BVerfGG, § 97 Rdnrn. 1 ff.

[206] BVerfGE 108, 186 (212).

[207] Vgl. *Ludwig/Lange*, NVwZ 1999, 139.

> Die Konzentrationskontrolle des Staates im Bereich der Wirtschaft lässt sich sowohl unter das Recht der Wirtschaft (Art. 74 Abs. 1 Nr. 11 GG) als auch unter die Verhütung des Missbrauchs wirtschaftlicher Machtstellung (Art. 74 Abs. 1 Nr. 16 GG) subsumieren. Für beide Themen hat der Bund die konkurrierende Gesetzgebungsbefugnis; beide Materien sprechen also denselben Kompetenzträger, nämlich primär den Bund, an. Gleichwohl kann die Zuordnung nicht mit der Begründung dahinstehen, das Gesetz (des Bundes) gegen Wettbewerbsbeschränkungen – das GWB – sei auf jeden Fall von einer Bundeskompetenz gedeckt. Nur bei der Inanspruchnahme einer Kompetenz aus Art. 74 Abs. 1 Nr. 11 GG müssen zusätzlich die Voraussetzungen des Art. 72 Abs. 2 GG erfüllt sein, während es darauf für ein auf Art. 74 Abs. 1 Nr. 16 GG gestütztes Gesetz (darum handelt es sich beim GWB) nicht ankommt.

Schwierig wird es insbesondere, wenn Regelungsgegenstände thematische Bezüge zu Kompetenzmaterien sowohl des Bundes als auch der Länder aufweisen, wenn also eine eindeutige Zuordnung nicht gelingt, weil sich Bundes- und Landeskompetenzen überschneiden. Eine „Doppelzuständigkeit", auf deren Grundlage Bund und Länder ein und denselben Gegenstand in unterschiedlicher Weise regeln könnten, ist dem System der verfassungsrechtlichen Kompetenznormen fremd und stünde mit ihrer Abgrenzungsfunktion (Art. 70 Abs. 2 GG) nicht im Einklang[208]. In diesem Fall gewinnt das Problem der „kompetenzrechtlichen Qualifikation" eminente praktische Bedeutung.

aaa) Für das **Rundfunkrecht** als solches hat der Bund keine Gesetzgebungskompetenz. Die Ordnung des Rundfunks ist Sache der Länder[209]. Vom Rundfunkrecht als Rundfunkveranstaltungsrecht zu unterscheiden sind das Postwesen und die Telekommunikation, für die der Bund nach Art. 73 Nr. 7 GG die ausschließliche Gesetzgebungskompetenz besitzt; sie beziehen sich nur auf technische Modalitäten. Der Bund darf allerdings auch rundfunkrechtlich relevante Bereiche unter Berufung auf andere ihm zugeordnete Kompetenztitel gesetzgebungstechnisch ordnen[210]. Der Sache nach läuft dies auf eine „punktuelle Inanspruchnahme einer Landeskompetenz" durch den Bund aus Gründen der Wahrnehmung einer ausdrücklich zugewiesenen (Bundes-)Kompetenz hinaus[211]. Seine Zuständigkeit für auswärtige Angelegenheiten (Art. 73 Nr. 1 GG) ermächtigt den Bund zur Errichtung einer Bundesrundfunkanstalt mit ausschließlichem Auslandsbezug (Deutsche Welle); die Normalformen der Rundfunkanstalten beruhen hingegen konsequenterweise auf Gesetzgebungsakten der Länder (ARD, ZDF). Ansonsten bleiben dem Bund nur Zugriffsmöglichkeiten auf Teilaspekte des Rundfunks[212]: Seine Zuständigkeit für das Parteienrecht (Art. 21 Abs. 3 GG) erstreckt sich nicht auf die Regelung der Beteiligung von Parteien an

---

[208] BVerfGE 36, 193 (203); 106, 62 (114).
[209] BVerfGE 12, 205 (225); 97, 228 (251); 97, 332 (342).
[210] BVerfGE 92, 203 (238).
[211] BVerfGE 98, 265 (300).
[212] BVerfGE 12, 205 (240 f.); 92, 203 (238).

privaten Rundfunkunternehmen[213]. Sie erfasst aber Regelungen für die gleichmäßige Berücksichtigung der politischen Parteien durch Zuteilung von Sende-
zeiten durch Rundfunkveranstalter. Die Kompetenz für das Urheberrecht
(Art. 73 Nr. 9 GG) berechtigt den Bund dazu, urheberrechtlichen Leistungs-
schutz auch den Rundfunkveranstaltern aufzuerlegen[214]. In allen Fällen darf der
Bund als Gesetzgeber den Landesrundfunk in Anspruch nehmen, d.h. ihn verpflichten. Das Vorgehen legitimiert sich daraus, dass der Bund von einer ihm
ausdrücklich eingeräumten Kompetenz nicht ohne Zugriff auf die eigentlich den
Ländern zustehende Materie – das Rundfunkrecht – sinnvoll Gebrauch machen
kann (Annexkompetenz und/oder Kompetenz kraft Sachzusammenhangs).

Auf der anderen Seite reicht die wirtschaftliche Dimension des Rundfunks nicht
aus, um dem Bund über Art. 74 Abs. 1 Nr. 11 GG Gesetzgebungszuständigkeiten zu verschaffen. Schwerpunktmäßig verbleibt der gesamte Regelungskomp-
lex bei der Sachmaterie Rundfunk und damit bei den Ländern.

> Der private kommerzielle Rundfunk bleibt in der Gesetzgebungskompe-
> tenz der Länder. Der Bund darf auch nicht die Wirtschaftswerbung der
> öffentlich-rechtlichen Rundfunkanstalten unter Berufung auf Art. 74
> Abs. 1 Nr. 11 GG verbieten. Ein gesetzliches Verbot des Werbefunks
> wäre allein Sache der Länder.

bbb) Ähnliche kompetenzrechtliche Abgrenzungs- bzw. Zuordnungsschwie-
rigkeiten lassen sich am Beispiel des Presserechts demonstrieren. Presserecht
fällt prinzipiell in die Zuständigkeit der Länder (Art. 30, 70 Abs. 1 GG). Das
schließt aber nicht aus, dass der Bund presserechtlich relevante Fragen aufgrund
von besonderen Bundeskompetenzen regeln darf.

> Z.B. die Fusionskontrolle als Mittel zur Verhinderung der Pressekonzen-
> tration, gestützt auf Art. 74 Abs. 1 Nr. 16 GG.

Ebenso ist nicht ausgeschlossen, dass der Bund presserechtlich relevante Fragen
aufgrund von spezifischen Bundeskompetenzen abschließend geregelt hat und
dass die Länder insoweit keine gegenteiligen Anordnungen treffen dürfen. Die
Länder dürfen z.B. über ihre Presserechtskompetenz kein über die vorhandene
Regelung in der Strafprozessordnung des Bundes (StPO) hinausgehendes prozessuales Zeugnisverweigerungsrecht für Journalisten einführen[215], das beispielsweise auch Unterlagen für den nicht-redaktionellen Teil einer Zeitung
erfassen würde[216]. Zeugnisverweigerungsrechte hat der Bund über seine Kompetenz für das (Straf-)Verfahrensrecht (Art. 74 Abs. 1 Nr. 1 GG) geregelt. Diese

---

[213] BVerfGE 121, 30 (46).
[214] BVerfGE 97, 228 (251).
[215] Vgl. dazu BVerfGE 36, 193 (201 ff.).
[216] Das vorhandene Zeugnisverweigerungsrecht für Journalisten in § 53 Abs. 1 Satz 1 Nr. 5
StPO bezieht sich nach § 53 Abs. 1 Satz 3 StPO nur auf Unterlagen etc. für den redaktionellen Teil.

Regelung ist abschließend; infolgedessen dürfen die Länder nicht darüber hinaus tätig werden (Art. 70 Abs. 1 GG).

> Führen die Länder dennoch ein weitergehendes Zeugnisverweigerungsrecht für Pressemitarbeiter ein, werden sie nicht auf dem Gebiet des Presserechts tätig. Sie behandeln vielmehr eine Materie des Strafverfahrensrechts, dessen Ergänzung ihnen wegen der abschließenden Regelung der Materie durch den Bund versagt ist.

Auf der anderen Seite sind strafrechtlich relevante Fragen nicht per se der auf das Presserecht gestützten Landeskompetenz entzogen[217].

> Die Verjährung von Pressedelikten gehört zum Bereich der Presse. Eine Bundeskompetenz lässt sich nicht auf Art. 74 Abs. 1 Nr. 1 GG (Strafrecht) stützen[218].

b) Verwaltung

Es entspricht dem bundesstaatlichen Aufbau, dass neben der Gesetzgebung auch die Verwaltung zwischen Bund und Ländern aufgeteilt ist. Während die Fülle der Gesetzgebung praktisch dem Bund zukommt, liegt das Schwergewicht der Verwaltung bei den Ländern. Die Wahrnehmung von Verwaltungsaufgaben ist gemäß Art. 83 GG im Regelfall den Ländern als eigene Angelegenheit übertragen. Art. 83 GG konkretisiert ähnlich wie Art. 70 GG die auf alle Staatsgewalten bezogene Aussage des Art. 30 GG und statuiert für den Bereich der Verwaltung eine widerlegbare Zuständigkeitsvermutung zugunsten der Länder. Anders als bei den Gesetzgebungskompetenzen entspricht diesem Regel-Ausnahme-Verhältnis auch die tatsächliche Aufteilung der Verwaltungskompetenzen. In den meisten Fällen führen daher die Länder die Gesetze des Bundes aus. Die Verteilung der Verwaltungskompetenzen folgt also nicht dem z.B. in den USA angewandten Prinzip, Gesetzgebungs- und Verwaltungszuständigkeit für dieselbe Materie einheitlich dem Zentralstaat bzw. den Gliedstaaten zuzuweisen. Deshalb kann aus dem Bestehen einer Gesetzgebungskompetenz nicht im gleichen Umfang auf die Zuständigkeit für den Gesetzesvollzug geschlossen werden.

aa) Die Frage, ob neben der ausdrücklichen Kompetenzzuweisung dem Bund aus **ungeschriebenem** Verfassungsrecht Verwaltungsbefugnisse zustehen können, ist umstritten. Es kann – unter strengen Voraussetzungen – eine Bundeszuständigkeit kraft Sachzusammenhangs oder aus der Natur der Sache bestehen (Bundesvermögensverwaltung, Bundeswehrhochschulen). Die Gesetzgebungskompetenz des Bundes bildet jedenfalls die äußerste Grenze seiner Verwaltungszuständigkeit[219]. Das bloße Bedürfnis nach einer bundeseinheitlichen Handhabung reicht für die Begründung einer Bundeszuständigkeit nicht aus.

---

[217] BVerfGE 7, 29 (36 ff.).
[218] BVerfGE 7, 29 (40 f.).
[219] BVerfGE 12, 205 (250).

Wegen des detaillierten Katalogs der Art. 83 ff. GG, die eine abschließende Regelung darstellen, ist bei der Annahme ungeschriebener Bundeszuständigkeiten große Zurückhaltung geboten.

> Eine besondere Situation ergibt sich für das Informationshandeln der Bundesregierung, zu dem die Warnung vor gefährlichen Produkten und Sekten zählt. Diese Informationsarbeit (Öffentlichkeitsarbeit) gründet sich auf die Aufgabe der Bundesregierung zur „Staatsleitung", die ihrerseits Ausdruck ihrer gesamtstaatlichen Verantwortung ist. Das Grundgesetz geht „stillschweigend" (!) von dieser Kompetenz der Bundesregierung aus. Maßgebend sind – jedenfalls nach der alles andere als unbestrittenen Auffassung des Bundesverfassungsgerichts – nicht die Art. 83 ff. GG. Ergebnis: Die Bundesregierung darf ohne gesetzliche Grundlage informieren (warnen und aufklären); sie braucht dies im „informalen Verwaltungsstaat" nicht den Ländern zu überlassen[220].

bb) Unter „Ausführung der Bundesgesetze" ist nicht nur die sog. gesetzesakzessorische Verwaltung zu verstehen, also der Vollzug von Rechtssätzen, sondern auch die Wahrnehmung von öffentlichen Aufgaben im **gesetzesfreien** Raum (sog. gesetzesfreie Verwaltung). Die Regel der Art. 30, 83 GG für die Kompetenzverteilung besteht für jedwede Ausübung der öffentlichen Verwaltung, unabhängig davon, ob sie gesetzesakzessorisch oder gesetzesfrei erfolgt[221]. Auch die Erfüllung öffentlicher Belange im gesetzesfreien Raum ist somit grundsätzlich Sache der Länder.

cc) Die Zuständigkeitsverteilung nach Art. 83 ff. GG ist erschöpfend geregelt und stellt grundsätzlich nicht abdingbares Recht dar. Bund und Länder dürfen von der hier vorgeschriebenen Verwaltungsordnung nicht abweichen; Kompetenzverschiebungen sind auch mit Zustimmung der Beteiligten nicht zulässig. Die Art. 83 ff. GG begrenzen den Spielraum bei der organisatorischen Ausgestaltung der Verwaltung. Eine Mischverwaltung von Bund und Ländern, bei der die Beteiligten gemeinsam agieren, ist daher nur in den grundgesetzlich vorgesehenen Fällen zulässig[222].

dd) Der **Landesvollzug von Bundesgesetzen** ist in der Regel den Ländern als eigene Angelegenheit zugewiesen (Art. 83, 84 GG). Art. 83 GG enthält also genau genommen eine doppelte Regelvermutung: Bundesgesetze werden grundsätzlich von den Ländern ausgeführt, und sie werden als eigene Angelegenheit der Länder ausgeführt. Nur in wenigen, ausdrücklich festgelegten Fällen führen die Länder die Bundesgesetze im Auftrag des Bundes aus (Art. 85 GG). Entsprechend der abgestuften Kontrolle durch den Bund lassen sich die beiden Verwaltungsformen als Bundes**aufsichts**verwaltung (aaa) und als Bundes**auftrags**verwaltung (bbb) bezeichnen.

---

[220] BVerfGE 105, 252 (270 f.); 105, 279 (301 f.); kritisch *Bethge,* Jura 2003, 327 ff.
[221] BVerfGE 12, 205 (247 ff.).
[222] Dazu BVerfGE 119, 331 (364 ff.).

aaa) Bei der Durchführung der Bundesgesetze als eigene Angelegenheit der Länder steht nach Art. 84 GG die Organisationsgewalt den Ländern zu. Sie regeln die Einrichtung der Behörden und das Verwaltungsverfahren. Durch Bundesgesetze kann etwas anderes bestimmt werden (Art. 84 Abs. 1 GG); der Erlass von allgemeinen Verwaltungsvorschriften durch die Bundesregierung ist stets an die Zustimmung des Bundesrats gebunden (Art. 84 Abs. 2 GG). Die Bundesregierung übt die Aufsicht über die Gesetzmäßigkeit des Vollzugs aus (Art. 84 Abs. 3 GG).

> Gesetzmäßigkeit bedeutet Rechtmäßigkeit. Die Kontrolle auch der Zweckmäßigkeit des Verwaltungshandelns ist damit ausgeschlossen.

Die Bundesregierung kann die Beseitigung von Mängeln bei der Ausführung der Gesetze verlangen (sog. **Mängelrüge**). Im Konfliktfall können der Bundesrat und ggf. das Bundesverfassungsgericht angerufen werden (Art. 84 Abs. 4 GG).

bbb) Auch die Bundesauftragsverwaltung (Art. 85 GG) stellt echte Landesverwaltung dar. Der wichtigste Unterschied zur Bundesaufsichtsverwaltung liegt in der größeren Einflussnahme durch den Bund. Es ist eine Landesverwaltung nach **Weisung** des Bundes[223]. Die Verwaltungskompetenz der Länder ist gem. Art. 85 Abs. 2 und 3 GG in personellen Fragen eingeschränkt. Die Landesbehörden unterstehen den Weisungen der zuständigen Bundesbehörden. Die Bundesaufsicht umfasst auch die **Zweckmäßigkeit** des Verwaltungshandelns (Art. 85 Abs. 4 Satz 1 GG).

> Nicht nur die Rechtmäßigkeit, sondern auch die politische Vernünftigkeit wird also kontrolliert. Den politisch spektakulärsten Fall stellte der Verfassungsrechtsstreit zwischen Bund und Ländern über die Reichweite der Aufsicht des (seinerzeit von der Regierung Kohl regierten) Bundes über die SPD-regierten Länder in der Frage der Zulassung von Kernkraftwerken nach dem Atomgesetz dar[224].

ee) Die **bundeseigene Verwaltung** (Art. 86 GG) wird wahrgenommen durch unmittelbar dem Bund eingegliederte, rechtlich unselbstständige Behörden, die entweder als nur zentrale Behörden (oberste und obere Bundesbehörden) bestehen oder die zusätzlich mit eigenem Verwaltungsunterbau (Mittel- und Unterbehörden) versehen sind (sog. **unmittelbare** Bundesverwaltung)[225].

---

[223] Vgl. BVerfGE 81, 310 (331 f.); vgl. auch BVerfGE 104, 249 (264 ff.).
[224] Vgl. dazu BVerfGE 81, 310 ff.; siehe auch BVerfGE 84, 25 ff.; zur umgekehrten parteipolitischen Konstellation BVerfGE 104, 249 ff. Weniger spektakulär, aber juristisch parallel gelagert war der Streit um die Weisung zur Abstufung einer Fernstraße, BVerfGE 102, 167 ff.
[225] BVerfGE 104, 238 (247).

ff) Eine Kooperation der Länder untereinander begegnet keinen Bedenken.

> Die Länder unterhalten eine Reihe von Gemeinschaftseinrichtungen (z.B. ZDF)[226]. Auf einer Vielzahl von Gebieten arbeiten sie zusammen (z.B. bei der Stiftung für Hochschulzulassung [SfH], der Nachfolgerin der früheren ZVS)[227].

Voraussetzung für die Zulässigkeit gemeinschaftlicher Verwaltungseinrichtungen der Länder ist allerdings, dass keine nachhaltigen und irreparablen Einbrüche in die jeweilige Verwaltungszuständigkeit der Länder erfolgen, die deren Eigenstaatlichkeit in Frage stellen.

c) Rechtsprechung

Zum Wesen der bundesstaatlichen Ordnung gehört auch die Zuordnung der Rechtsprechungskompetenzen. Art. 92 ff. GG bestätigt für die dritte Gewalt die Primärkompetenz der Länder, ausgenommen das Bundesverfassungsgericht (Art. 93 GG) und die fünf obersten Gerichtshöfe des Bundes[228].

3. Bundesstaatsrechtliche Prinzipien

Das Grundgesetz enthält für das Verhältnis von Bund und Ländern weitere wichtige Grundsätze.

a) Bundesrecht bricht Landesrecht

An erster Stelle zu nennen ist Art. 31 GG: Bundesrecht bricht Landesrecht. Die Regel ist eine grundlegende Vorschrift des Bundesstaatsprinzips[229]. Sie ist eine Kollisionsnorm, die bestimmt, welches Recht gilt, wenn kompetenzgemäßes und auch sonst verfassungsgemäßes Bundes- und Landesrecht je denselben Sachverhalt ordnen[230]. Die Bestimmung ist wegen ihrer Kürze und Prägnanz populär und überaus anfällig für Fehlverständnisse. Leitmotiv für ihren richtigen Einsatz ist ihre Funktion. Sie sichert im Bundesstaat den Vorrang des Bundesrechts einschließlich des Grundgesetzes als der Bundesverfassung. Ihr Anliegen ist die Widerspruchsfreiheit der bundesstaatlichen Rechtsordnung. Das erleichtert einige Erkenntnisse.

aa) Nur **verfassungsmäßiges** Bundesrecht vermag die Brechungswirkung – den „Derogationseffekt" – des Art. 31 GG auszulösen. Ein Bundesgesetz, das gegen Art. 30, 70 GG verstößt, weil der Bund gar keine Gesetzgebungskompetenz hat, kann kein inhaltlich widersprechendes Landesgesetz brechen.

---

[226] Vgl. BVerwGE 22, 299 ff.

[227] Vgl. BVerfGE 42, 103 ff.

[228] BVerfGE 8, 174 (176 f.); 96, 345 (364).

[229] BVerfGE 96, 345 (364); *März*, in: v. Mangoldt/Klein/Starck (Hrsg.), GG II, 6. Aufl., 2010, Art. 31, Rdnrn. 1 ff.

[230] BVerfGE 98, 145 (159).

> Würde der Bund ein Schulgesetz erlassen, in dem für alle Länder die 12-Jahres-Grenze für die allgemeine Schulausbildung verbindlich gemacht wird, wären entgegenstehende Landesgesetze darum nicht unwirksam. Der Bund hat keine Kompetenz in Schulangelegenheiten. Das in Rede stehende Bundesgesetz wäre verfassungswidrig und damit von vornherein, d.h. von Anfang an (ex tunc) nichtig. Art. 31 GG gelangt nicht zum Einsatz.

bb) Umgekehrt ist Landesrecht, das schon gegen die Vorschriften über die Verteilung der Gesetzgebungszuständigkeiten (Art. 30, 70 GG) verstößt, bereits wegen Verstoßes gegen diese Kompetenzbestimmungen nichtig. Einer Verwerfung über Art. 31 GG bedarf es nicht (mehr).

cc) Nur inhaltlich dem Bundesrecht **widersprechendes** Landesrecht wird durch Art. 31 GG gebrochen, d.h. für unwirksam erklärt. Die Wirksamkeit von Landesrecht, das Aussagen des Bundesrechts wiederholt bzw. bekräftigt, bleibt von Art. 31 GG unberührt[231]. Es liegt kein Kollisionsfall vor. Das betrifft namentlich Vorschriften in Landesverfassungen, die Gewährleistungen enthalten, die auch das Grundgesetz enthält. Art. 142 GG zieht daraus die Konsequenz, wenn er Grundrechte in den Landesverfassungen auch insoweit für (weiter)bestehend erachtet, als sie mit Grundrechten des Grundgesetzes inhaltlich übereinstimmen[232].

dd) Wenn Art. 31 GG den Vorrang des Bundesrechts gegenüber widersprechendem Landesrecht sichern soll, ist es unmaßgeblich, welchen normenhierarchischen Stellenwert, d.h. welchen Rang das Landesrecht hat[233]. Auch Landesverfassungsrecht darf dem Bundesrecht nicht widersprechen[234]. Dieser Kollisionsfall löst folgerichtig ebenfalls den Derogationseffekt des Art. 31 GG aus.

> Schließt eine Landesverfassung die Aussperrung als Arbeitskampfmittel der Arbeitgeber aus (so Art. 29 Abs. 5 der Hessischen Verfassung), ist diese Bestimmung nach Art. 31 GG unwirksam, weil Art. 9 Abs. 3 GG als Teilaussage der Koalitionsfreiheit neben dem Streikrecht auch das Recht der Aussperrung garantiert.

ee) Das Bundesrecht, das (sogar) Landesverfassungsrecht bricht, muss seinerseits kein Verfassungsrecht sein. Auch einfaches Bundesrecht, ja sogar eine Rechtsverordnung der Bundesregierung nach Art. 80 Abs. 1 GG bricht widersprechendes Landes(verfassungs)recht.

---

[231] BVerfGE 36, 342 (366 f.).
[232] BVerfGE 96, 345 (364).
[233] BVerfGE 96, 345 (364).
[234] BVerfGE 26, 116 (135); 96, 345 (364).

b) Verfassungsautonomie der Länder

Das Grundgesetz gewährleistet in den Grenzen föderativer Bindungen Bund und Ländern eigenständige Verfassungsbereiche[235]. Die Verfassungsräume von Bund und Ländern sind getrennt[236]. Mit der Anerkennung der Länder als Staaten ist ihre Verfassungsautonomie verbunden[237]. Die Länder haben die Befugnis, sich eine eigene Verfassung zu geben[238], in der sie eigenständig Staatsfundamentalnormen[239] formulieren. Sie genießen Autonomie nicht nur im staatsorganisatorischen Bereich. Sie dürfen auch zusätzliche Freiheitsrechte gewährleisten. Den Ländern ist es z.B. gestattet, stärkere plebiszitäre Mitwirkungsmöglichkeiten einzuführen und soziale Grundrechte zu verbürgen, die das Grundgesetz für den Bereich der Bundesverfassung in dieser Qualität und Intensität nicht vorsieht. Der Selbstständigkeit der Verfassungsräume von Bund und Ländern entspricht ein Nebeneinander von Bundes- und Landesverfassungsgerichtsbarkeit[240].

aa) Die Verfassungsautonomie der Länder ist freilich nicht unbegrenzt. Sie haben besonders wichtige Staatsstrukturprinzipien, die für den Bund verbindlich sind, bei der Ausgestaltung ihrer Verfassungsordnung zu beachten. Art. 28 Abs. 1 Satz 1 GG verpflichtet die Länder auf die Grundsätze des demokratischen, republikanischen und sozialen Rechtsstaats. Eine monarchische Staatsform würde dem Strukturprinzip der Republik widersprechen. Die Aufhebung der Gewaltenteilung würde dem Rechtsstaatsgrundsatz zuwiderlaufen. Die völlige Beseitigung des parlamentarischen Regierungssystems steht nicht zur Diskussion. Sie wäre undemokratisch.

Weiter fordert Art. 28 Abs. 1 Satz 2 GG, dass die Grundsätze der allgemeinen, unmittelbaren, freien, gleichen und geheimen Wahl auch bei politischen Wahlen in den Ländern gelten. Die Länder haben diesem Verfassungsgebot bei der Regelung des Wahlrechts zu ihren Länderparlamenten und auf kommunaler Ebene zu genügen[241]. Der Grundsatz der gleichen Wahl betrifft gleichermaßen das aktive und das passive Wahlrecht[242].

bb) Das Grundgesetz verlangt allerdings von den Ländern keine **Uniformität** bzw. **Konformität** zwischen der Bundesverfassung und der Landesverfassungsordnung[243]. Gefordert wird nur **Homogenität**[244]. Die Länder sind nicht darauf angelegt, die Institutionen und Regularien, die das Grundgesetz für den Gesamtstaat vorsieht, für den Bereich der Landesverfassung zu kopieren. Systemimmanente Modifikationen der Staatsstrukturprinzipien sind erlaubt. Intensi-

---

[235] BVerfGE 98, 145 (157 f.); 102, 224 (234).
[236] BVerfGE 60, 175 (209); 107, 1 (10).
[237] BVerfGE 99, 1 (12).
[238] BVerfGE 96, 345 (368 f.).
[239] BVerfGE 36, 342 (361).
[240] BVerfGE 3, 376 (382); 96, 231 (244); 107, 1 (10).
[241] BVerfGE 99, 1 (8).
[242] BVerfGE 98, 145 (159).
[243] BVerfGE 9, 268 (279); 27, 44 (56).
[244] BVerfGE 36, 342 (361); 103, 332 (350).

vere Formen der Volksgesetzgebung (Volksentscheid, Volksbegehren) sind darum zugelassen, wenn und weil es sich nur um Variationen des Staatsstrukturprinzips der demokratischen Legitimation handelt.

> Eine Reihe von Landesverfassungen kennt die Ministeranklage vor dem Staatsgerichtshof, die dem Grundgesetz (gegen Bundesminister) unbekannt ist. Oder: Während der Bundestag kein Selbstauflösungsrecht hat, räumen einige Landesverfassungen diese Befugnis dem Landesparlament ein. Schließlich: Das Amt des Regierungschefs des Landes muss nicht unbedingt mit dem Zusammentritt des neugewählten Landtags enden (anders Art. 69 Abs. 2 GG für den Bundeskanzler)[245].

cc) Auch ein weiterer Ausbau der Freiheitsrechte bleibt den Ländern unbenommen (vgl. auch Art. 142 GG). Die Verfassungsautonomie der Länder drückt sich auch in ihrer Grundrechtsautonomie aus[246]. Das Grundgesetz statuiert nur Mindestgarantien. Die stärkere Akzentuierung von sozialen Grundrechten (Recht auf Arbeit) in den Landesverfassungen ist zulässig, weil die liberalen Freiheitsrechte des Grundgesetzes mit ihrer staatsgerichteten Abwehrfunktion von den Ländern überboten werden dürfen.

> Auf einem anderen Blatt steht es, dass das Grundrecht auf Arbeit oder auf Wohnung in den Landesverfassungen mangels hinreichender wirtschaftlicher Ressourcen in der Hand des Staates nicht klageweise durchgesetzt werden kann und daher bloß eine Staatszielbestimmung ist, die der Gesetzgeber erst zu realisieren hat. Von daher kann das Grundgesetz trotz seiner nominellen Zurückhaltung in Sachen sozialer Grundrechte von den Ländern faktisch nur schwer übertroffen werden.

Erst wenn die Länder neben dem Grundrecht auf Arbeit eine Grundpflicht zur Arbeit einführten, wäre der Toleranzrahmen des Art. 28 Abs. 1 GG überspannt; der freiheitliche Rechtsstaat verträgt keine allgemeine Arbeitspflicht.

dd) Inhaltlich vom Homogenitätsgebot des Art. 28 Abs. 1 Satz 1 GG gedecktes, wiewohl von den Institutionen des Grundgesetzes abweichendes Landesverfassungsrecht wird nicht nach Art. 31 GG unwirksam. Was der „Spielraum"[247] des Art. 28 Abs. 1 GG zulässt, kann nicht wegen Art. 31 GG hinfällig sein[248].

c) Bundestreue

Bund und Länder unterliegen dem Gebot der Bundestreue bzw. des bundesfreundlichen Verhaltens[249]. Das Grundgesetz formuliert diese Maxime zwar nicht ausdrücklich. Es handelt sich aber um einen ungeschriebenen Verfassungs-

---

[245] Vgl. BVerfGE 27, 44 ff.
[246] Dazu *Johannes Dietlein*, DtZ 1993, 137.
[247] BVerfGE 27, 44 (56).
[248] BVerfGE 36, 342 (362).
[249] BVerfGE 12, 205 (254); 92, 203 (234).

grundsatz, der Bund und Länder gleichermaßen in Pflicht nimmt und der Stärkung der gesamtstaatlichen Ordnung dient[250].

aa) Inhaltlich läuft der Rechtssatz auf ein Rücksichtnahmegebot und auf ein Missbrauchsverbot[251] hinaus. Der Bund muss die Länder gleich behandeln; er darf sie nicht gegeneinander ausspielen; er darf mit ihnen nicht nach dem Prinzip „divide et impera" (teile und herrsche) verfahren[252]. Der Bund darf nicht gegen prozedurale Anforderungen verstoßen[253]. Beispielsweise muss er den Ländern vor der Inanspruchnahme seines Weisungsrechts aus Art. 85 Abs. 3 Satz 1 GG Gehör gewähren. Auch die Länder treffen Pflichten gegenüber dem Bund. Sie müssen darauf achten, dass die ihrer Rechtsaufsicht unterliegenden Gemeinden sich nicht in Angelegenheiten des Bundes, z.B. im Bereich der auswärtigen Angelegenheiten oder der Verteidigung, einmischen[254].

> Die Gemeinden dürfen keine Volksbefragungen über militärpolitische Fragen organisieren. Tun sie es dennoch, kann der Bund von dem betreffenden Land rechtsaufsichtliches Einschreiten gegen die Gemeinden verlangen.

Die Bundestreue bindet auch die Länder untereinander. Lassen sich im kooperativen Bundesstaat Angelegenheiten nur einvernehmlich zwischen den Ländern regeln – z.B. bei der Vergabe von Studienplätzen[255] –, kann die Verweigerungshaltung eines Landes rechtsmissbräuchlich erscheinen; das Land würde gegen den Grundsatz der Bundestreue verstoßen.

bb) Die Vagheit und Grenzenlosigkeit des ungeschriebenen Verfassungsgrundsatzes der Bundestreue birgt allerdings auch Gefahren. Die Vorschriften des Grundgesetzes über die Kompetenzverteilung zwischen Bund und Ländern sind großenteils detailliert und stringent. Sie dürfen nicht durch eine pauschale Berufung auf den Grundsatz der Bundestreue überspielt werden. Hinzu kommt, dass der Bundesstaat ein Instrument der vertikalen bzw. funktionalen Gewaltenteilung ist, der von auch parteipolitisch motivierten Interessengegensätzen legitimiert ist. Der Parteienbundesstaat impliziert legitime Unterschiede. Die Bundesstaatlichkeit begünstigt Rechtsverschiedenheit. Die Bundestreue ist keine politische Wohlverhaltensklausel und zwingt nicht zur bundeseinheitlichen Egalisierung aller Lebensbereiche. Der kompetitive Föderalismus darf nicht über die Bundestreue zentralstaatlich geplant werden.

Die Bundestreue ist nach allem keine föderative Superrechtsquelle, die bundesstaatliche Unterschiede außer Kraft setzt. Die Maxime des bundesfreundlichen Verhaltens ändert nichts an der im Grundgesetz festgelegten Kompetenzvertei-

---

250 BVerfGE 81, 310 (337).
251 BVerfGE 61, 149 (205); 81, 310 (337); 104, 249 (270); 110, 33 (52).
252 BVerfGE 12, 205 (254 f.).
253 BVerfGE 12, 205 (255 ff.); 92, 203 (238 ff.); 104, 249 (270).
254 BVerfGE 8, 122 (137 ff.).
255 Zur Verpflichtung der Länder zum kooperativen Grundrechtsschutz vgl. BVerfGE 33, 303 (357 f.).

lung[256]. Sie entfaltet sich innerhalb bestehender und von ihr vorausgesetzter Zuständigkeiten als kompetenzmoderierende Maxime[257]. Sie begründet indessen keine neuen Zuständigkeiten[258].

d) Bundesstaatliche Vielfalt und Gleichheitssatz

aa) Die bundesstaatlich bedingte Vielfalt lässt sich nicht mithilfe des allgemeinen Gleichheitssatzes (Art. 3 Abs. 1 GG) überwinden. Art. 3 Abs. 1 GG vermittelt nicht das Grundrecht auf den unitarischen Bundesstaat[259]. Aufgrund seines föderalistischen Staatsaufbaus gibt das Grundgesetz gerade Raum für gewisse Ungleichheiten bei der Regelung der Rechtsstellung der Bürger in den einzelnen Ländern[260]. Das betrifft vor allen Dingen den Bereich der Gesetzgebung. Der Gleichheitssatz offenbart hier seine eigentümliche, aber systemimmanente Schwäche. Mit Rücksicht auf die föderalistische Struktur der Bundesrepublik Deutschland kann die Verfassungsmäßigkeit eines Landesgesetzes grundsätzlich nicht deshalb in Zweifel gezogen werden, weil es von verwandten Regelungen in anderen Ländern oder im Bund abweicht[261]. Es ist nicht die Funktion des Gleichheitssatzes, einheitliche Lebensverhältnisse oder ein einheitliches Rechtsschutzniveau in allen Bundesländern zu schaffen[262]. Der Landesgesetzgeber ist nur gehalten, den Gleichheitssatz innerhalb des ihm zugeordneten Gesetzgebungsbereichs zu wahren[263].

> In fast allen Ländern der Bundesrepublik gibt es Gesetze über die Zulässigkeit privaten Rundfunks. Nur im Freistaat Bayern ist Privatfunk nicht zugelassen. Art. 111a Abs. 2 der Bayerischen Verfassung gestattet Rundfunk ausschließlich in öffentlich-rechtlicher Trägerschaft[264]. Darin liegt kein Verstoß gegen Art. 3 Abs. 1 GG, weil die Länder als Inhaber der Rundfunkkompetenz ihre Medienordnung nicht einheitlich regeln müssen. Der Freistaat Bayern würde nur dann gegen den Gleichheitssatz verstoßen, wenn er bayerische Rundfunkveranstalter im bayerischen Recht ohne sachlichen Grund ungleich behandelte.

bb) Rechtsverschiedenheit und Institutionsvielfalt sind notabene die Legitimationsgrundlage der Bundesstaatlichkeit, nicht deren eigens rechtfertigungsbedürftiger Ausnahmezustand. Das verkennt die häufig geäußerte Klage über den „föderalen Flickenteppich" beispielsweise beim Rauchverbot oder der Laden-

---

[256] BVerfGE 81, 310 (337); 104, 238 (248).
[257] BVerfGE 104, 238 (248).
[258] BVerfGE 42, 103 (117).
[259] *Bethge,* AöR Bd. 110 (1985), S. 201.
[260] BVerfGE 33, 303 (352).
[261] BVerfGE 10, 354 (371); 51, 43 (58 f.).
[262] *Nierhaus,* Bonner Kommentar zum Grundgesetz, Art. 80 Rdnr. 911.
[263] BVerfGE 32, 346 (359 f.); 33, 224 (231); 51, 43 (59).
[264] Siehe auch BVerfGE 97, 298 ff.

schlusszeit: Derartige Vielfalt ist bundesstaatlich gerade gewollt, jedenfalls aber zulässig.

Nur im Fall des Zugangsrechts der Studierwilligen zur Universität müssen Bund und Länder sich als Einheit betrachten lassen. Jeden deutschen Studienbewerber (Art. 12 Abs. 1 GG) müssen die Länder gleich behandeln[265].

IV. Das Rechtsstaatsprinzip

1. Die Ausgangslage

Der Rechtsstaatsgrundsatz ist eines der elementaren Prinzipien des Grundgesetzes[266].

> Zumal der kritische Nichtjurist bald merken wird, dass der Verfassungsrechtler wie auch das Bundesverfassungsgericht kaum ein Prinzip oder eine Gewährleistung des Grundgesetzes nicht als überaus bedeutsam bezeichnen[267].

Aber auch vor diesem Hintergrund kann für das Rechtsstaatsprinzip die überragende Relevanz nicht ernsthaft in Abrede gestellt werden. Die Rechtsstaatlichkeit ist verfassungsgestaltende Grundentscheidung und Staatsstrukturprinzip par excellence. Art. 20 Abs. 1 GG, der die Staatsstrukturprinzipien (Demokratie, Sozialstaat, Bundesstaat) benennt, spart zwar den Rechtsstaat als solchen aus. Aber der restliche Art. 20 GG in seinen Absätzen 2–4 ist sozusagen hochgradig rechtsstaatsimprägniert[268]. Die Homogenitätsbestimmung des Art. 28 Abs. 1 GG schließlich bereinigt die sprachliche Unebenheit des Art. 20 Abs. 1 GG: **Auch** die verfassungsmäßige Ordnung in den **Ländern**, d.h. in den Gliedstaaten, muss u.a. den Prinzipien des sozialen **Rechtsstaats** gerecht werden. Der Staat Bundesrepublik Deutschland ist ein Staat des Rechts. Dieser **Rechtsstaat**, als dessen konkrete normative Grundlage in erster Linie Art. 20 Abs. 3 GG herangezogen wird, avanciert sogar zum **Verfassungsstaat**: Das Grundgesetz ist die rechtliche Grundlage des Staates[269]. Der Verfassungsstaat ist die Krönung des Rechtsstaats, jedenfalls dann, wenn eine starke Verfassungsgerichtsbarkeit den **Vorrang der Verfassung**[270] sichert.

Nicht nur die gute terminologische Nachbarschaft, in der sich der Begriff Rechtsstaat befindet (Verfassungsstaat, Verfassungsgericht), führt allerdings dazu, dass das Prinzip absolut positiv besetzt ist. Es ist ein verbaler Sympathieträger.

---

[265] BVerfGE 33, 303 (357 f.).

[266] BVerfGE 20, 323 (331); umfassend *Schmidt-Aßmann*, HStR II, 3. Aufl., 2003, § 26.

[267] Vgl. zu dieser Tendenz *Lerche*, Jura 1995, 561.

[268] BVerfGE 90, 60 (86); 104, 238 (246).

[269] BVerfGE 62, 1 (82).

[270] Dazu *Bethge*, in: Maunz/Schmidt-Bleibtreu/Klein/Bethge (Hrsg.), BVerfGG, Vorb. Rdnr. 3.

Zieht man zusätzlich ins Kalkül, dass zum Rechtsstaat auch Menschenwürde, Vertrauensschutz[271] und Gewaltenteilung, Gerechtigkeit und Rechtssicherheit, die Normenklarheit und die Widerspruchsfreiheit der Rechtsordnung[272] gerechnet werden, hätte man eine allgemeine Wohlfühl-Klausel, die sich zudem mit beliebigen weiteren Nettigkeiten auffüllen ließe und die damit zur grenzenlosen Passepartout-Bestimmung geriete. Im Übrigen: So konfliktlos ist der Begriff bei näherem Hinsehen nicht. Schon zwischen Gerechtigkeit und Rechtssicherheit können sehr wohl Antinomien auftreten.

> Die Verjährung eines Anspruchs oder die Befristung eines Rechtsmittels dient der Rechtssicherheit; ist sie auch gerecht (für den unterlegenen Teil)? Die Aufhebung jeder Verjährung für NS-Mordtaten ist zweifellos Postulat der Gerechtigkeit; entspricht sie auch der Rechtssicherheit? Umgekehrt: Die Verjährung einer Straftat sorgt für Rechtssicherheit; aber ist sie aus Sicht des Opfers gerecht?

2. Völlige oder partielle Identität mit anderen Garantien des Grundgesetzes

Eine weitere Schwierigkeit des Themas (aber auch eine Erleichterung für seine didaktische Behandlung) kommt hinzu: Auch wenn man den Begriff Rechtsstaat angesichts seiner Weite und Unbestimmtheit[273] auf seine juristische Wertigkeit reduziert, fällt auf, dass er zumindest partielle Gemeinsamkeiten mit oder Überlagerungen zu verwandten Regelungen und Gewährleistungen zeigt, die ihrerseits wiederum Querverbindungen aufweisen.

Vier Beispiele:

a) Die Gewaltenteilung

Die Dreiteilung der Gewalten ist eine der Auswirkungen – Emanationen – der Rechtsstaatlichkeit. Die Verhinderung von Machtkumulation durch funktionelle und organisatorische Gliederung der Staatsfunktionen – Gesetzgebung, Verwaltung, Rechtsprechung – hat immer zugleich freiheitssichernden Effekt. Entsprechendes gilt für die größere Richtigkeitsgewähr, welche die transparente Entscheidung des zuständigen Organs bietet[274].

b) Rechtsprechung

Rechtsstaatlichkeit steht in enger Beziehung zur Funktion und Organisation der Rechtsprechung. Rechtsstaatlichkeit verlangt Rechtsschutz, Gerichtsschutz, Verfahrensgarantien[275], die Zügigkeit des Verfahrens eingeschlossen[276]. Der Justizge-

---

[271] BVerfGE 102, 68 (96 f.); 108, 370 (396 f.).
[272] Vgl. dazu BVerfGE 98, 106 (118 f.); 108, 169 (181 f.).
[273] BVerfGE 90, 60 (86). Zur Konkretisierungsbedürftigkeit BVerfGE 116, 24 (52).
[274] BVerfGE 68, 1 (86 f.); 98, 218 (251 f.).
[275] BVerfGE 88, 118 (123); 96, 27 (39 f.).

währungsanspruch des Art. 19 Abs. 4 GG sichert in der Regel das Rechtsschutzanliegen des Bürgers bei Verletzungen durch die öffentliche Gewalt[277]. Aus dem Verbot der Privatgewalt und aus dem staatlichen Gewaltmonopol folgt zugleich das allgemeine rechtsstaatliche Gebot, für Streitigkeiten zwischen den Bürgern eine Gerichtsbarkeit zur Verfügung zu stellen[278]. Aus Art. 2 Abs. 1 GG i.V.m. Art. 20 Abs. 3 GG folgt ein Anspruch auf ein faires Verfahren[279]. Die Strukturmerkmale der dritten Gewalt sind die Unabhängigkeit und Neutralität der Richter, die allein an Gesetz und Recht gebunden sind (Art. 92, 97, 20 Abs. 3 GG)[280].

c) Freiheitsrechte

Auch Grundrechte weisen eine deutliche Affinität zum Rechtsstaatsprinzip auf; nicht zuletzt deshalb, weil Freiheitsrechte und Gewaltenteilung eine symbiotische Einheit darstellen. Ein materiales Rechtsstaatsverständnis kann die Freiheitsrechte nicht ausblenden. Wichtige grundrechtliche Sicherungsanliegen sind entscheidend vom Rechtsstaatsprinzip determiniert. Der rechtsstaatliche Gesetzesvorbehalt gewährleistet, dass Eingriffe in Freiheit und Eigentum nur auf der Grundlage eines Gesetzes zulässig sind[281]. Der ebenfalls vom Rechtsstaatsprinzip beeinflusste Parlamentsvorbehalt verlangt, dass alle wesentlichen grundrechtsrelevanten Fragen vom Gesetzgeber zu regeln sind[282]. Rechtsstaatliches Urgestein stellen die Justizgrundrechte der Art. 101–104 GG dar (Recht auf den gesetzlichen Richter; rechtliches Gehör; Grundsatz: keine Strafe ohne Gesetz[283]; Schutz vor willkürlicher Verhaftung). Das Übermaßverbot (der Verhältnismäßigkeitsgrundsatz) ist zumindest (auch) rechtsstaatlichen Ursprungs[284].

> Nur die Teilhaberechte des Bürgers sind weniger rechtsstaatlich, sondern mehr sozialstaatlich orientiert. Demgegenüber haben die aktiven Statusrechte (Wahlrecht) ungeachtet ihrer demokratischen Akzentuierung **auch** rechtsstaatliche Relevanz (Stichwort: Verfahrensstrenge).

d) Staatshaftungsrecht

Zum Rechtsstaatsprinzip gehört die Einstandspflicht des Staates für (Verwaltungs-)Unrecht. Der Satz „the king can do no wrong" ist nur noch eine historische Reminiszenz. Darum gewährt das sekundäre Staatshaftungsrecht zum einen Schadensersatz im Fall einer Amtspflichtverletzung (§ 839 BGB i.V.m. Art. 34 GG), bei der an Stelle des Amtsträgers der Staat haftet, zum anderen Ent-

---

[276] BVerfGE 104, 65 (74).
[277] BVerfGE 107, 395 (401 ff.); 116, 135 (150).
[278] BVerfGE 54, 277 (291 f.); 85, 337 (345); 107, 395 (401); 116, 135 (150).
[279] BVerfGE 103, 44 (64).
[280] BVerfGE 60, 175 (214).
[281] BVerfGE 8, 155 (167); 40, 237 (249); 49, 89 (126).
[282] BVerfGE 45, 400 (417); 49, 89 (126); 57, 295 (321); 98, 218 (252).
[283] BVerfGE 71, 108 (114); 107, 395 (403).
[284] BVerfGE 76, 1 (50 f.).

schädigung bei der Enteignung (Art. 14 Abs. 3 GG), aber auch bei der Aufopferung, das sind vornehmlich nicht gerechtfertigte Eingriffe in das Eigentum. Doch ist der Bürger nicht auf den vermögenswerten Ausgleich beschränkt. Der Satz „Dulde und liquidiere" reicht allein nicht mehr aus. Namentlich Grundrechtsverletzungen des Staates kann nicht allein mit Ausgleichspflichten der öffentlichen Hand begegnet werden. Grundrechtsschutz verlangt Restitution, nicht nur Kompensation[285]. Deren Anliegen realisiert das primäre Staatshaftungsrecht. Den Primärrechtsschutz des Bürgers gegenüber dem verwaltenden Staat verbürgt Art. 19 Abs. 4 GG. Auf Restitution (Wiederherstellung) zielt namentlich der Folgenbeseitigungsanspruch[286]: Der Betroffene kann Rückgängigmachung des Staatshandelns verlangen. Der Anspruch zielt auf Ausräumung der rechtswidrigen Folgen von Verwaltungshandeln. Da der Folgenbeseitigungsanspruch auch **grundrechtlich** motiviert ist, weil der Beseitigungsanspruch die Fortsetzung des Unterlassungsanspruchs ist, sieht sich zugleich auch die grundrechtliche Komponente des Rechtsstaatsprinzips berührt.

3. Insbesondere: Rückwirkungsverbot

Einer der zentralen Inhalte des Rechtsstaatsprinzips ist das Erfordernis, dass für den gesetzesunterworfenen Bürger Rechtssicherheit herrscht. In sachlicher Hinsicht hat das zur Folge, dass Gesetze bestimmt genug sein müssen, so dass der Bürger erkennen kann, was die Rechtsordnung von ihm verlangt. In zeitlicher Hinsicht bedeutet dies, dass berechtigtes Vertrauen auf eine bestimmte rechtliche Situation geschützt werden muss[287]. Mit diesem Erfordernis können vor allem sog. rückwirkende Gesetze kollidieren. Dabei handelt es sich um solche Gesetze, die für einen Zeitraum vor ihrem Inkrafttreten Wirkung entfalten. Strikt verboten sind rückwirkende Gesetze nur im Bereich des Strafrechts (Art. 103 Abs. 2 GG). Ansonsten ist zwischen „echter" und „unechter Rückwirkung" zu unterscheiden[288].

a) Echte Rückwirkung

Echte Rückwirkung liegt vor, wenn der Gesetzgeber nachträglich in Tatbestände eingreift, die in der Vergangenheit begonnen und abgeschlossen wurden, und an diese nun andere, nachteilige Rechtsfolgen knüpft[289].

> Beispiel: Der Gesetzgeber streicht 1999 eine steuerliche Abschreibungsmöglichkeit für den Besteuerungszeitraum 1998. Maßgeblicher Tatbestand ist die (abgeschlossene) Erzielung von Einkünften im Jahre 1998.

---

[285] *Bethge*, VVDStRL Heft 57 (1998), S. 44, unter Bezugnahme auf *Ossenbühl*, Festschrift für Martin Kriele, 1997, S. 162.

[286] BVerwGE 69, 366 ff.; 94, 100 (104 ff.). Dazu instruktiv *Maurer*, Allgemeines Verwaltungsrecht, 18. Aufl., 2011, § 30.

[287] BVerfGE 102, 68 (96 f.); 105, 48 (58).

[288] Seit BVerfGE 11, 139 (145 f.) st. Rspr.

[289] BVerfGE 72, 175 (196); 89, 48 (66); 94, 241 (258 f.).

Echte Rückwirkung ist grundsätzlich unzulässig[290]. Zulässig ist sie nur, wenn zwingende Gründe des gemeinen Wohls oder ein nicht (mehr) vorhandenes schutzbedürftiges Vertrauen des Einzelnen eine Durchbrechung des Grundsatzes gestatten[291], z.B. weil aufgrund von rechtzeitigen Äußerungen des Gesetzgebers mit einer Änderung der Gesetzeslage gerechnet werden muss.

> Zum o.g. Beispiel: Sofern die Änderung nicht im Jahre 1998 durch Ankündigungen des Gesetzgebers abzusehen war, ist die Änderung verfassungswidrig.

b) Unechte Rückwirkung

Unechte Rückwirkung liegt vor, wenn der Gesetzgeber in begonnene, aber noch nicht abgeschlossene Tatbestände nachteilig eingreift[292].

> Beispiel: Zur Verbesserung der Ausbildungsqualität wird für die Zulassung zur Diplomprüfung ein zusätzlicher Schein auch von den Studenten verlangt, die sich zum Zeitpunkt der Änderung bereits im Studium befinden.
>
> Maßgeblicher Tatbestand ist das Studium. Für angehende Studenten hat dies noch nicht begonnen, insofern liegt keine Rückwirkung vor. Für bereits eingeschriebene Studenten hat das Studium begonnen, ist aber noch nicht abgeschlossen.

Unechte Rückwirkung ist grundsätzlich zulässig[293]. Anders verhält es sich, wenn das Gesetz einen Eingriff vornimmt, mit dem der Betroffene nicht zu rechnen brauchte (allerdings gibt es keinen allgemeinen Anspruch auf das unveränderte Fortbestehen der Rechtslage) und sein Vertrauen schutzwürdiger als das gesetzliche Anliegen ist[294].

> Zum o.g. Beispiel: Mit der Änderung war nicht zu rechnen. Überwiegend schutzwürdig gegenüber dem Ziel, die Ausbildungsqualität zu verbessern, ist aber nur das Vertrauen der Studenten, die sich schon relativ dicht am Diplom befinden. Niedrigere Semester müssen die Regelung hinnehmen.

---

[290] BVerfGE 45, 142 (173); 88, 384 (403).
[291] BVerfGE 72, 200 (258); 102, 68 (96 f.).
[292] BVerfGE 72, 141 (154); 89, 48 (66 f.).
[293] BVerfGE 72, 141 (154).
[294] BVerfGE 68, 287 (307).

V. Die Rechtsprechung

1. Die Sicherungsfunktion der dritten Gewalt

In Gestalt der Rechtsprechung stellt der Staat eine Institution zur Verfügung, die vornehmlich das Rechtsschutzanliegen des Bürgers realisiert.

> Diese Bürgerbezogenheit gilt freilich nicht ausnahmslos. Die Verfassungsgerichtsbarkeit ist in starkem Maße auf die vom Individualrechtsschutz gelöste Kontrolle der Gemeinwohlbezogenheit staatlichen Handelns ausgerichtet[295]; allerdings nimmt sie sich auch des Grundrechtsschutzes an.

Der moderne Staat verbietet private Gewalt. Dem Einzelnen ist es – von engsten Ausnahmen abgesehen – untersagt, sich sein Recht auf eigene Faust zu suchen und es durchzusetzen. Das Verbot der Privatgewalt deckt sich mit der Friedenspflicht des Bürgers[296]. Dem korrespondiert – letztlich als Konsequenz des staatlichen Gewaltmonopols[297] – die Pflicht des Staates, eine Institution zur verbindlichen Streitentscheidung einzurichten. Für den Einzelnen resultiert aus dem Rechtsstaatsprinzip ein gegen den Staat gerichteter Justizgewährungsanspruch auf wirkungsvollen Rechtsschutz in bürgerlich-rechtlichen Streitigkeiten[298]. Dieser genügt seiner Pflicht durch Installierung der Rechtsprechung.

2. Die allgemeinen Grundlagen

Das Grundgesetz misst der Rechtsprechung eine herausragende Bedeutung zu. Die rechtsprechende Gewalt (Judikative) ist Bestandteil der Staatsgewalt (Art. 20 Abs. 2 Satz 2 GG). Sie ist eine der drei klassischen Staatsfunktionen, zu denen außerdem die Gesetzgebung (Legislative) und die Verwaltung (Exekutive) gehören.

> Nicht zur **staatlich** verantworteten Rechtsprechung gehört die Verbands- oder Vereinsgerichtsbarkeit (z.B. DFB-Sportgericht). Sie beruht auf der Privatautonomie und mag Entlastungsfunktion gegenüber der staatlichen Gerichtsbarkeit haben. Das Problem ist aber, ob und inwieweit grundrechtsintensive Entscheidungen der Sportgerichtsbarkeit (Sperre wegen Dopings) einer Überprüfung durch die staatlichen Gerichte offen stehen müssen.

---

[295] Vgl. *Detterbeck*, Streitgegenstand und Entscheidungswirkungen im Öffentlichen Recht, 1995, S. 306; *Löwer*, HStR III, 3. Aufl., 2005, § 70 Rdnr. 3.
[296] *Bethge*, HStR VII, 3. Aufl., 2009, § 158 Rdnrn. 37 ff.
[297] *Isensee*, JZ 1999, 271.
[298] BVerfGE 85, 337 (345); 93, 99 (107); 107, 395 (401); 116, 135 (150).

Die staatliche Rechtsprechung ist integraler Ausdruck und Kernsubstanz der Rechtsstaatlichkeit, die ihrerseits Staatsstrukturprinzip und verfassungsgestaltende Grundentscheidung ist. Entsprechend stark sind die Garantien. Die rechtsprechende Gewalt ist den Richtern anvertraut (Art. 92 GG), die sachliche und persönliche Unabhängigkeit genießen und nur Gesetz und Recht unterworfen sind (Art. 97 Abs. 1, 20 Abs. 3 GG). Die Rechtsschutzfunktion der dritten Gewalt kulminiert in der Existenz des Bundesverfassungsgerichts. Besondere Verfahrens- oder Justizgrundrechte unterstreichen die Stellung des Einzelnen gegenüber der Rechtsprechung[299].

3. Notwendige Abgrenzungen

Rechtsstaat und Rechtsprechung bilden eine symbiotische Einheit. Die Rechtsprechung hat dominierenden Anteil an der Realisierung der Rechtsstaatlichkeit. Sie steht nicht über dem Recht. Sie ist an Gesetz und Recht gebunden (Art. 20 Abs. 3 GG)[300]. Sie spricht Recht im Namen des Volkes. Sie ist Teil des gewaltengeteilten Staatsgefüges, zu dem die „balance of powers" gehört. Die Rechtsprechung darf darum kein Übergewicht gegenüber den anderen Staatsfunktionen erhalten.

a) Kein Vorrang der Justiz

Eher kritisch besetzt sind darum Begriffe wie **Richterstaat** und **Rechtsprechungsstaat**. Sie sind von der Befürchtung geprägt, dass die rechtsprechende Gewalt in zu starker Weise Einfluss auf die Tätigkeit der anderen Staatsfunktionen nimmt. Letztlich handelt es sich dabei um einen Aspekt der Gewaltenteilung.

> Mit dem Begriff **Rechtswegestaat** verbindet sich nicht selten Kritik an der zu starken Aufsplitterung der Gerichtsbarkeiten. Immerhin geht das Grundgesetz selbst von den fünf klassischen Säulen der (Fach-)Gerichtsbarkeit aus: Das sind die ordentliche Gerichtsbarkeit (Zivil- und Strafgerichte) sowie die Arbeits-, Verwaltungs-, Finanz- und Sozialgerichtsbarkeit (Art. 95 Abs. 1 GG). Hinzu kommt noch die besondere Funktion der Bundes- und Landesverfassungsgerichtsbarkeit.

b) Gefahren des Jurisdiktionsstaats

Noch größere Skepsis bzw. Unbehagen ist mit dem Begriff **Jurisdiktionsstaat** verbunden.

aa) Er signalisiert Kritik namentlich an der Position des Bundesverfassungsgerichts, wenn es sich anschickt, die Entscheidungen der politischen Instanzen, besonders der Gesetzgebung, zu intensiv zu kontrollieren[301]. Das Bundesverfas-

---

[299] BVerfGE 107, 395 (408 ff.).
[300] BVerfGE 34, 269 (288 f.); 69, 188 (202); 96, 375 (394).
[301] *Böckenförde*, Zur Lage der Grundrechtsdogmatik nach 40 Jahren Grundgesetz, 1989, S. 61 f.; *Knies*, Festschrift für Klaus Stern, 1997, S. 1155 ff.

sungsgericht muss die Gestaltungsbefugnisse des Gesetzgebers respektieren[302]. Das Bundesverfassungsgericht darf sich nicht als **Ersatzgesetzgeber** gerieren, der die politische Aktionsvollmacht und Einschätzungsprärogative des demokratisch legitimierten Parlaments überspielt.

bb) Das Bundesverfassungsgericht ist auch keine **Superrevisionsinstanz**[303]. Es darf die Entscheidungen der anderen (Fach-)Gerichte nur im Falle von Grundrechtsverstößen aufheben, nicht dagegen, weil sie gegen einfaches Gesetzesrecht verstoßen[304]. Beispiel: Hat ein Zivilgericht in einem Mietstreit das BGB falsch ausgelegt, darf dieser Verstoß gegen einfaches Recht nicht vom Bundesverfassungsgericht gerügt werden. Hat aber das Zivilgericht das Eigentumsrecht des Vermieters (Art. 14 Abs. 1 GG) falsch bemessen oder wurde das rechtliche Gehör (Art. 103 Abs. 1 GG) nicht gewährt, muss die Entscheidung des Zivilgerichts nach Erschöpfung des fachgerichtlichen Rechtsweges wegen eines Grundrechtsverstoßes vom Bundesverfassungsgericht aufgrund einer Urteilsverfassungsbeschwerde aufgehoben werden.

4. Rechtsschutz gegenüber der öffentlichen Gewalt

Von besonderer Bedeutung ist die **Rechtsweggarantie** des Art. 19 Abs. 4 Satz 1 GG: Jeder, der durch die öffentliche Gewalt in seinen Rechten verletzt ist, kann sich an die staatliche Gerichtsbarkeit wenden, die ihm effektiven Rechtsschutz zu gewähren hat. Die Gewährleistung ist als Grundrecht ausgestaltet; der Betroffene hat einen spezifischen, vom Staat einzulösenden Justizgewährungsanspruch[305]. Dieser steht im Zusammenhang mit der allgemeinen Justizgewährungspflicht des Staates, welche die logische Konsequenz des Verbotes von privater Gewalt und der diesem Verbot korrespondierenden Friedenspflicht des Bürgers ist. Dem Ausschluss privater Selbsthilfe entspricht in der Tat die Pflicht des modernen Staates, dem rechtsschutzsuchenden Betroffenen eine funktionierende Gerichtsbarkeit zur Verfügung zu stellen. Soweit es um die Schlichtung von Streitigkeiten zwischen Privaten geht, ist Grundlage der Justizgewährungspflicht des Staates das allgemeine Rechtsstaatsprinzip[306], das in Art. 20 GG geregelt ist. Art. 19 Abs. 4 Satz 1 GG ist die Steigerung und Vollendung des Rechtsschutzanliegens des Bürgers. Er orientiert sich an der spezifischen Gefahrensituation des Einzelnen gegenüber der ihm überlegenen Staatsmacht. Die Vorschrift bezieht sich auf potenzielle Verletzungen des Einzelnen durch die öffentliche Gewalt – etwas verkürzt: durch Maßnahmen des Staates – und gewährleistet dagegen Schutz durch Gerichte des Staates. Der Wert dieser Bestimmung kann kaum überschätzt werden.

---

[302] BVerfGE 96, 375 (395); 103, 172 (185); 108, 282 (311).
[303] Vgl. BVerfGE 53, 30 (53).
[304] BVerfGE 40, 80 (94); 101, 361 (368); 108, 129 (137).
[305] Dazu BVerfGE 107, 395 (403); 116, 135 (150).
[306] BVerfGE 85, 337 (345); 93, 99 (107); 107, 395 (401); 116, 135 (150).

> Namentlich in der Anfangzeit des Grundgesetzes wurde Art. 19 Abs. 4
> GG mit Pathos überschüttet: Krone des Rechtsstaats; Schluss-Stein im
> Gewölbe des Rechtsstaats; rocher de bronze etc[307].

a) Die Reichweite der öffentlichen Gewalt

Als potentiell rechtsverletzende öffentliche Gewalt (des Staates), die den Justizgewährungsanspruch des Art. 19 Abs. 4 Satz 1 GG auslöst, figurieren allerdings
nicht alle Maßnahmen des Staates.

aa) Ausgenommen sind von vornherein **formelle** Gesetze, d.h. parlamentsbe-
schlossene Rechtsnormen. Die von der Volksvertretung beschlossenen Gesetze
sind Grundlage, d.h. Basis der richterlichen Entscheidung, nicht deren Angriffs-
gegenstand[308]. Allein ein Verfassungsgericht darf ein parlamentsbeschlossenes
Gesetz aufheben, genauer: Im Falle seiner Verfassungswidrigkeit für nichtig erklären. Die anderen (Fach-)Gerichte haben zwar das Prüfungsrecht; sie dürfen
entscheidungserhebliche Gesetze darauf kontrollieren, ob sie verfassungsmäßig
sind. Die endgültige Verwerfung, die Nichtigerklärung eines formellen Gesetzes, ist hingegen bei der Verfassungsgerichtsbarkeit monopolisiert[309]. Sinnfälli-
ger Ausdruck für diese Funktionsteilung ist die Vorlagepflicht der Fachgerichte
nach Art. 100 Abs. 1 GG[310].

bb) Zur öffentlichen Gewalt im Sinne des Art. 19 Abs. 4 Satz 1 GG, gegen die ge-
richtlicher Schutz angerufen werden kann, rechnet auch nicht die dritte Gewalt,
d.h. die **Rechtsprechung** selbst. Das markante Schlagwort hierfür lautet: Art. 19
Abs. 4 Satz 1 GG schützt nur durch den Richter, nicht gegen den Richter[311].

> Die Eliminierung der formellen Gesetzgebung und der Rechtsprechung
> aus dem Schutzbereich der „öffentlichen Gewalt" nimmt Art. 19 Abs. 4
> Satz 1 GG einiges von seiner Durchschlagskraft. Eine größere Breiten-
> wirkung hat die Verfassungsbeschwerde (Art. 93 Abs. 1 Nr. 4a GG). Sie
> kann sich ebenfalls gegen Akte öffentlicher Gewalt richten. Hier ist der
> Begriff jedoch weiter zu verstehen als bei Art. 19 Abs. 4 GG: Er umfasst
> neben der Verwaltung auch die Gesetzgebung und die Rechtsprechung.
> Da nach Art. 1 Abs. 3 GG alle drei Staatsgewalten an die Grundrechte
> gebunden sind, muss sich die Verfassungsbeschwerde als der speziell
> für die Verteidigung von Grundrechten vorgesehene Rechtsbehelf ge-
> gen Akte aller drei Gewalten richten können.

cc) Die öffentliche Gewalt, gegen die sich die Rechtsschutzgarantie richtet, ist
also die **Verwaltung**, die **Exekutive** einschließlich der exekutiven Normsetzung[312].

---

[307] Vgl. *Schmidt-Aßmann*, in: Maunz/Dürig, GG, Art. 19 IV Rdnr. 16.
[308] BVerfGE 24, 33 (49); 24, 367 (401); 45, 297 (334).
[309] *Bethge*, Jura 1998, 531.
[310] BVerfGE 1, 184 (201); 86, 71 (77); BVerwGE 75, 330 (334); 80, 355 (358).
[311] BVerfGE 107, 395 (403 f.).
[312] BVerwGE 80, 355 (361); BVerfGE 115, 81 ff.

Exekutive Rechtssätze sind Rechtsverordnungen (Art. 80 GG) und Satzungen namentlich von Selbstverwaltungskörperschaften.

Insoweit ist Art. 19 Abs. 4 GG die verfassungsrechtliche Ausgangsnorm für die moderne Verwaltungsgerichtsbarkeit, die sich namentlich um die Eröffnung des Rechtsschutzes des Einzelnen gegenüber dem verwaltenden Staat bemüht. Die Verwaltungsgerichtsordnung (VwGO) als Verfahrensordnung ist die einfachrechtliche Grundlage der Verwaltungsgerichtsbarkeit.

Thematisch besondere Gebiete der Verwaltungsgerichtsbarkeit stellen die Sozialgerichtsbarkeit (Rechtsgrundlage: das SGG) und die auf der Grundlage der FGO arbeitende Finanzgerichtsbarkeit dar[313].

Primäres Anliegen der Verwaltungsgerichtsbarkeit ist der Individualrechtsschutz (Art. 19 Abs. 4 GG), nicht so sehr die Herstellung des objektiven Grundsatzes der Gesetzmäßigkeit der Verwaltung (Art. 20 Abs. 3 GG).

b) Einzelaussagen

Prägnante Ausprägungen und Konsequenzen der Rechtsschutzgarantie sind:
– Das Bestehen einer **Generalklausel** für alle öffentlich-rechtlichen Streitigkeiten des Bürgers mit dem Staat (§ 40 VwGO); dies als Gegensatz zum früher geltenden Enumerationsprinzip, das nur für bestimmte Fälle verwaltungsgerichtlichen Rechtsschutz bot.
– Lückenloser Rechtsschutz in allen den Bürger potenziell belastenden Streitigkeiten mit dem Staat. Damit ist der Ausschluss **gerichtsfreier** bzw. **justizfreier Hoheitsakte** verbunden; es sei denn, das Grundgesetz legitimiert diese ausdrücklich.

Zugelassene Ausnahmen: Abhörmaßnahmen sind nach Art. 19 Abs. 4 Satz 3 GG i.V.m. Art. 10 Abs. 2 Satz 2 GG und Beschlüsse parlamentarischer Untersuchungsausschüsse nach Art. 44 Abs. 4 Satz 1 GG der gerichtlichen Anfechtung entzogen.

– **Effektiver** Rechtsschutz in Form einer umfassenden Verwaltungskontrolle[314], die freilich nur die **Rechtmäßigkeit**, nicht die Zweckmäßigkeit des Verwaltungshandelns umgreift.

Die Rechtmäßigkeitskontrolle der Verwaltung durch die Gerichte ist geboten wegen Art. 19 Abs. 4 Satz 1 GG. Eine Zweckmäßigkeitskontrolle, die sich mit der Opportunität und Vernünftigkeit des Verwaltungshandelns befasst, ist hingegen der Verwaltungsgerichtsbarkeit letztlich aus

---

[313] Vgl. BVerfGE 46, 166 (179).
[314] BVerfGE 35, 263 (274); 35, 382 (401).

Gründen der Gewaltenteilung verboten. Darauf basiert auch der Satz: Das Verwaltungsgericht darf nicht sein Ermessen an die Stelle des Ermessens der Verwaltung setzen (vgl. § 114 Satz 1 VwGO). Es hat administrative Gestaltungsspielräume (Beurteilungsermächtigungen) zu respektieren.

– Zum effektiven Rechtsschutz gehört auch die aufschiebende Wirkung (der Suspensiveffekt) von Anfechtungsklagen gegen belastende Verwaltungsakte, um die „Selbstherrlichkeit" der vollziehenden Gewalt im Verhältnis zum Bürger zu beseitigen[315].

Die Abrissverfügung, gegen die Anfechtungsklage erhoben wird, darf zunächst nicht vollzogen werden.

5. Das Bundesverfassungsgericht

a) Zur Funktion der Verfassungsgerichtsbarkeit

Das Grundgesetz enthält die Entscheidung für die Verfassungsstaatlichkeit. Deren Charakteristikum ist, dass die Verfassung die rechtliche Grundlage des Staates darstellt. Zugleich bildet die Verfassung die oberste geschriebene Rechtsnorm im Staat, an der sich die niederrangigen Rechtsnormen zu orientieren haben und messen lassen müssen. Verfassungsstaatlichkeit verkörpert den Vorrang der Verfassung. Dieser hat konkrete Folgen. Das verfassungswidrige Gesetz ist nichtig. Doch bleibt dies ein theoretisches Prinzip und eine papierene Forderung ohne eine Instanz, welche die Verfassungsstaatlichkeit schützt und durchsetzt. Diese Funktion kommt der Verfassungsgerichtsbarkeit zu. Verfassungsgerichtsbarkeit sichert den Vorrang der Verfassung[316]. Sie ist zugleich der Schluss-Stein im Gefüge des Rechtsstaats, weil sie die Grundrechtsbindung aller staatlichen Gewalt durchsetzt[317].

b) Hüter und autoritativer Interpret der Verfassung

Nach dem Grundgesetz kommt dem Bundesverfassungsgericht die Funktion des **Hüters der Verfassung**[318] zu. Das Bundesverfassungsgericht interpretiert autoritativ, d.h. letztverbindlich das Grundgesetz[319]. Es hat teil an der obersten Staatsgewalt; es ist Verfassungsorgan[320]. Entgegen einem landläufigen Missverständnis entscheidet das Bundesverfassungsgericht aber nicht in allen relevan-

---

[315] BVerfGE 35, 263 (274); 107, 395 (405).
[316] *Di Fabio*, HStR II, 3. Aufl., 2004, § 27 Rdnr. 29.
[317] *Lerche*, Festschrift 50 Jahre BayVerfGH, 1997, S. 79; *Konrad Hesse*, JöR n.F. Bd. 46 (1998), S. 2 ff.
[318] BVerfGE 6, 300 (304); 40, 88 (93).
[319] BVerfGE 67, 26 (34).
[320] BVerfGE 7, 1 (14); 65, 152 (154).

ten Streitigkeiten und Meinungsverschiedenheiten verfassungsrechtlichen Einschlags[321]. Es gibt keine **Generalklausel** dieses oder ähnlichen Charakters. Auch wird das Gericht nicht von Amts wegen tätig[322]. Das Verfahren muss vom Antragsberechtigten durch die Stellung eines Antrags eingeleitet werden. Maßgebend für die Entscheidungsbefugnis ist ein Katalog, d.h. eine Auflistung bestimmter Verfahrensarten mit bestimmten Antragsrechten, Klagebefugnissen und Prüfungsgegenständen. Gesetzestechnisch ist also ein **Enumerationsprinzip** verwirklicht (Art. 93 GG i.V.m. § 13 BVerfGG). Nur wenn die Voraussetzungen einer bestimmten Verfahrensart vorliegen, trifft das Bundesverfassungsgericht eine Sachentscheidung.

> Wenn also jemand in der Öffentlichkeit „herumtönt", er wolle „Verfassungsklage" erheben, müssen Sie sich die Frage stellen: Wie kommt er überhaupt an das Bundesverfassungsgericht heran? Gibt es eine Verfahrensart, mit der er sein Anliegen dem Bundesverfassungsgericht unterbreiten kann?

c) Verfahrensarten

Die einzelnen Verfahrensarten lassen sich nur schwer auf einen systematischen Nenner bringen[323]. Schwerpunktmäßig sind folgende Gruppen auszumachen:

aa) Streitigkeiten zwischen staatlichen Funktionsträgern über Kompetenz- und Statusfragen: Das sind vornehmlich Konflikte zwischen Bund und Ländern (Art. 93 Abs. 1 Nr. 3 GG) oder zwischen obersten Verfassungsorganen des Bundes, etwa Bundestag und Bundesregierung (Art. 93 Abs. 1 Nr. 1 GG). Sie stellen – auch rechtsgeschichtlich – die erste Formation der Entwicklung der Verfassungsgerichtsbarkeit dar.

> Ein **Bund-Länder-Streit** kann über die Abschichtung der Kompetenzen zwischen Bund und Ländern geführt werden. 1961 musste sich der Bund auf Antrag der Länder vom Bundesverfassungsgericht bescheinigen lassen, dass er keine Zuständigkeit auf dem Gebiet des Rundfunks besitzt[324]. Ein **Verfassungsorganstreit** dient der Einhaltung der Kompetenzordnung unter den gesamtstaatlichen Kompetenzträgern. Ist streitig, ob ein Gesetzesbeschluss des Bundestages der Zustimmung des Bundesrats bedarf, kann darüber ein Organstreit zwischen diesen beiden Verfassungsorganen geführt werden. Oder: ein Untersuchungsausschuss (als Organ) des Bundestages verlangt klageweise von der Bundes-

---

[321] BVerfGE 22, 293 (298); 63, 73 (76).
[322] BVerfGE 1, 184 (196).
[323] Instruktiv *Voßkuhle*, in: v. Mangoldt/Klein/Starck (Hrsg.), GG III, 6. Aufl., 2010, Art. 93 Rdnrn. 92 ff.
[324] BVerfGE 12, 205 ff.

regierung die Vorlage von Akten[325]. Aber auch: Eine politische Partei wehrt sich gegen ihre Qualifikation durch die Bundesregierung als verfassungsfeindlich[326].

bb) Die zweite Formation bilden die **Normenkontrollen**. In solchen Verfahren wird ein Gesetz, eine Rechtsnorm also, am Maßstab höherrangigen Rechts, in der Regel des Grundgesetzes, geprüft und – im Kollisionsfall – für nichtig erklärt. Die beiden prominentesten Verfahrensarten dieses Typs sind die abstrakte und die konkrete Normenkontrolle.

aaa) Bei der **abstrakten** Normenkontrolle (Art. 93 Abs. 1 Nr. 2 GG) dürfen bestimmte Antragsteller – die Bundesregierung, eine Landesregierung oder ein Viertel[327] der Abgeordneten des Deutschen Bundestags – ohne konkreten Anlass eine Norm überprüfen lassen. Das Verfahren sichert den Vorrang des Grundgesetzes und – wichtig für einen Bundesstaat – den Vorrang des Bundesrechts[328]. 1994 wurde als besondere Form der abstrakten Normenkontrolle das Verfahren nach Art. 93 Abs. 1 Nr. 2a GG eingeführt, das der Sicherung der Erforderlichkeitsprüfung nach Art. 72 Abs. 2 GG dient[329].

Der Bundesgesetzgeber darf auf dem Gebiet der konkurrierenden Gesetzgebung (Art. 74 GG) zum Teil nur tätig werden, wenn dies **erforderlich** ist. Ob diese Erforderlichkeit besteht, prüft das Bundesverfassungsgericht nach, weil dieser Begriff „justiziabel" ist[330].

bbb) Die **konkrete** Normenkontrolle (Art. 100 Abs. 1 GG) wird durch eine Richtervorlage ausgelöst. Wenn es in einem konkreten Rechtsstreit auf die Verfassungsmäßigkeit eines Gesetzes ankommt, das das mit dem Fall befasste Gericht für verfassungswidrig hält, muss es das Verfahren aussetzen und die Frage der Verfassungsmäßigkeit des Gesetzes dem Bundesverfassungsgericht vorlegen. Die Vorlagepflicht besteht nur bei formellen, d.h. bei vom Parlament verantworteten Gesetzen. Bei diesen Gesetzen der demokratisch legitimierten Volksvertretung kommt die Verwerfungskompetenz allein dem besonders qualifizierten Bundesverfassungsgericht zu[331].

Beispiele:

1. Ein Gemeindeeinwohner wendet sich mit einer Anfechtungsklage beim Verwaltungsgericht (VG) gegen einen Abgabenbescheid der Gemeinde. Das VG hält das Abgabengesetz des Landesgesetzgebers, auf

---

[325] Vgl. BVerfGE 67, 100 ff.
[326] BVerfGE 13, 123 ff.; zur Organqualität politischer Parteien vgl. BVerfGE 4, 27 ff.
[327] Seit dem 1.12.2009, zuvor: ein Drittel.
[328] BVerfGE 96, 133 (138).
[329] BVerfGE 106, 62 ff.
[330] Vgl. BVerfGE 106, 62 (135 f.).
[331] Seit BVerfGE 1, 184 ff. st. Rspr.

das der Bescheid gestützt wird, für grundgesetzwidrig. Wenn das stimmt, wäre der Bescheid rechtswidrig und müsste vom VG aufgehoben werden. Die Verfassungsmäßigkeit des Gesetzes ist also **entscheidungserheblich**. Das VG darf aber das Gesetz nicht sofort für nichtig erklären. Es muss das Verfahren aussetzen und die Frage der Verfassungsmäßigkeit des vom Parlament beschlossenen Gesetzes dem Bundesverfassungsgericht vorlegen.

2. Anders liegt es, wenn das VG eine von der Gemeinde erlassene Abgabensatzung, auf die der Bescheid gestützt wird, für nichtig hält. Zwar ist auch hier eine Rechtsnorm entscheidungserheblich. Aber: Es handelt sich bei der Gemeindesatzung um kein formelles Gesetz (des Landtags), sondern um eine vom Gemeinderat beschlossene Regelung. Diese wirkt generell und abstrakt, zudem besitzt sie Außenwirkung. Sie ist jedoch nicht vom Parlament erlassen worden. Die Satzung stellt also ein Gesetz im nur materiellen Sinne dar. Darum besteht in diesem Fall keine Vorlagepflicht des Verwaltungsgerichts; noch nicht einmal ein Vorlagerecht. Das Gericht muss (die Satzung unangewendet lassen und) den Verwaltungsakt aufheben.

ccc) In einer gewissen thematischen Nähe zu den Normenkontrollen steht das 2006 neu eingeführte Verfahren nach Art. 93 Abs. 2 GG, mit dem die Freigabe eines vom Bund geregelten Kompetenzgegenstandes erzwungen werden kann, dessen bundesgesetzliche Normierung nicht länger erforderlich ist[332].

cc) Die dritte Formation verfassungsgerichtlicher Entscheidungskompetenzen nimmt sich des **Grundrechtsschutzes** an. Verfahrenstechnisch wird dieser Schutz durch die **Verfassungsbeschwerde** (Art. 93 Abs. 1 Nr. 4a GG) realisiert. Sie steht jedem Grundrechtsträger offen und ermöglicht die Kontrolle aller Maßnahmen der öffentlichen Gewalt. Als Maßnahme öffentlicher Gewalt gelten Akte der Verwaltung, der Gesetzgebung und der Rechtsprechung. Insoweit sichert die Verfassungsbeschwerde prozessual die Grundrechtsbindung aller drei Staatsfunktionen, die Art. 1 Abs. 3 GG anordnet.

Die Reichweite der Verfassungsbeschwerde ist daher weiter als der Justizgewährungsanspruch des Art. 19 Abs. 4 Satz 1 GG. Die „öffentliche Gewalt" im Sinne des Art. 93 Abs. 1 Nr. 4a GG erfasst alle drei Staatsfunktionen. Der Begriff „öffentliche Gewalt" in Art. 19 Abs. 4 GG hingegen erfasst nur die Exekutive, nicht dagegen die (formelle) Gesetzgebung und die Rechtsprechung[333].

---

[332] Näher zu diesem Verfahren der Normsurrogation, das darauf abzielt, durch die Entscheidung des Bundesverfassungsgerichts ein Freigabegesetz des Bundes zu ersetzen, *v. Coelln*, in: Maunz/Schmidt-Bleibtreu/Klein/Bethge (Hrsg.), BVerfGG, § 97 Rdnrn. 1 ff.
[333] Vgl. BVerfGE 107, 395 (403 f.).

Der Jurist ist insoweit mit dem gar nicht so seltenen Phänomen konfrontiert, dass ein und derselbe Begriff – konkret: öffentliche Gewalt – in verschiedenen Bestimmungen (hier: des Grundgesetzes) eine unterschiedliche Bedeutung haben kann.

Wichtig ist vor allem: Der Beschwerdeführer muss vorher den u. U. langwierigen fachgerichtlichen Instanzenzug erfolglos ausgeschöpft haben[334].

Die Verfassungsbeschwerde ist der am häufigsten eingelegte Rechtsbehelf. Seinem inflationären Gebrauch – derzeit werden ca. 6000 Verfassungsbeschwerden pro Jahr erhoben – steht eine Erfolgsquote von nur ca. 2 % gegenüber.

Von der auf Grundrechtsschutz angelegten Verfassungsbeschwerde des Art. 93 Abs. 1 Nr. 4a GG zu unterscheiden ist die kommunale Verfassungsbeschwerde des Art. 93 Abs. 1 Nr. 4b GG. Sie kann nur von kommunalen Gebietskörperschaften erhoben werden und dient der Sicherung des kommunalen Selbstverwaltungsrechts (Art. 28 Abs. 2 GG)[335], das kein Grundrecht darstellt[336].

dd) Einen anderen Schwerpunkt bilden die Verfahren des **Schutzes** und der **Sicherung der Verfassung**. Im Vordergrund steht das Verbot politischer Parteien, deren Tätigkeit gegen die freiheitlich demokratische Grundordnung gerichtet ist (Art. 21 Abs. 2 GG).

Bislang wurden zwei Parteien verboten: 1951 die SRP[337] und 1956 die KPD[338]. Ein Verfahren gegen die NPD hat das Bundesverfassungsgericht aus formalen Gründen 2003 eingestellt[339]

Indem das Grundgesetz das Verbot von Parteien dem Bundesverfassungsgericht vorbehält, untersagt es zugleich jedem staatlichen Organ, eine Partei wegen deren vermeintlicher Verfassungswidrigkeit mit negativen Sanktionen zu belegen. Auch Parteien, die Positionen vertreten, die von einer überwältigenden Mehrheit der Bevölkerung nicht geteilt werden, dürfen sich vorbehaltlich eines Verbots in gleicher Weise betätigen wie andere Parteien.

Von keiner praktischen Relevanz waren bislang die Verfahren über die Verwirkung von Grundrechten (Art. 18 GG), über die Anklage des Bundespräsidenten (Art. 61 GG) wegen vorsätzlicher Verletzung des Grundgesetzes und über die Richteranklage (Art. 98 Abs. 2 GG).

---

[334] S. dazu Art. 94 Abs. 2 Satz 2 GG, § 90 Abs. 2 BVerfGG.
[335] Vgl. BVerfGE 79, 127 (154 f.).
[336] *Bethge*, in: Maunz/Schmidt-Bleibtreu/Klein/Bethge (Hrsg.), BVerfGG, § 91 Rdnrn. 2 ff.
[337] BVerfGE 2, 1 ff.
[338] BVerfGE 5, 85 ff.
[339] BVerfGE 107, 339 ff.

d) Weitere spezifische Aspekte der Verfassungsgerichtsbarkeit

Über diese wichtigsten Verfahrensarten hinaus gilt für die Tätigkeit des Bundesverfassungsgerichts eine Reihe von Charakteristika und Besonderheiten.

aa) Das Bundesverfassungsgericht ist zwar **Hüter der Verfassung**. Doch kommt ihm diese Funktion nur im Rahmen und als Ergebnis seiner Kompetenzen zu. Eigenständige Initiativrechte hat es nicht. Es darf nicht von Amts wegen tätig werden, sondern nur auf Antrag. Das Bundesverfassungsgericht ist weder **politisches** Verfassungsorgan[340] noch gesellschaftlicher Regulator.

bb) Allein das Bundesverfassungsgericht ist befugt, verfassungswidrige Gesetze des demokratisch legitimierten Gesetzgebers für nichtig zu erklären. Diese Nichtigkeit gilt von Anfang an (ex tunc). Das Urteil hat insoweit nur deklaratorischen Charakter.

> Die Verfassungswidrigkeit des Gesetzes führt nur dann nicht zu dessen Nichtigerklärung, wenn der völlige Wegfall des Gesetzes den verfassungsrechtlichen Leitvorstellungen ferner stünde als die befristete Fortgeltung der Norm. Beispiel: Die Beamtenbezüge werden vom Gesetzgeber festgesetzt. Billigt der Gesetzgeber den Staatsdienern zu wenig zu, verletzt er deren Grundrecht auf amtsangemessene Alimentation (Art. 33 Abs. 5 GG). Würde das Bundesverfassungsgericht in diesem Fall das verfassungswidrige Besoldungsgesetz für nichtig erklären, würde kein Staatsdiener mehr Geld bekommen. Das geht natürlich nicht. Darum beschränkt sich das Bundesverfassungsgericht in solchen Fällen darauf, das Gesetz für verfassungswidrig (aber eben nicht für nichtig!) zu erklären, und fordert den Gesetzgeber zur Nachbesserung auf[341].

Das Bundesverfassungsgericht darf auch dem Gesetzgeber aufgeben, Gesetze mit bestimmten Mindestanforderungen zu erlassen (**Appell-Entscheidung**, Rechtsetzungsdirektive).

> Die Appell-Entscheidung ist notwendig, um den (untätigen) Gesetzgeber zum Handeln zu zwingen. So wurde der Gesetzgeber vom Bundesverfassungsgericht aufgefordert, ein Strafvollzugsgesetz zu erlassen; bis dahin wurde der Strafvollzug durch schlichte Ministerialerlasse geregelt[342]. In sachlichem Zusammenhang damit steht ein späterer Fall: Der Gesetzgeber war aufgefordert, die erforderlichen gesetzlichen Grundlagen für einen vom Erwachsenenstrafvollzug getrennten Jugendstrafvollzug zu schaffen[343].

---

[340] BVerfGE 62, 1 (51).
[341] Vgl. BVerfGE 8, 1 (19 f.); *Bethge*, Jura 1998, 534 mit Fn. 96.
[342] BVerfGE 33, 1 ff.
[343] BVerfGE 116, 69 (92 f.). Diesem Auftrag sind die Länder mittlerweile durch den Erlass von Jugendstrafvollzugsgesetzen nachgekommen.

Auch Nachbesserungspflichten des schon tätig gewesenen Gesetzgebers können mit der Appell-Entscheidung erzwungen werden.

Positive Rechtsetzung selbst – an Stelle des untätigen Gesetzgebers – ist dem Bundesverfassungsgericht aus Gründen der Gewaltenteilung grundsätzlich[344] versagt. Es ist auf die Nichtigerklärung verfassungswidriger Gesetze beschränkt, bei der es sich um keine Art negativer Gesetzgebung[345] handelt.

> Um einen zulässigen Ausnahmefall positiver Rechtsetzung handelte es sich, als das Bundesverfassungsgericht durch einstweilige Anordnung die Strafbarkeit des ungerechtfertigten Schwangerschaftsabbruchs regeln musste[346]. Dieser Schritt war geboten, um Lücken im Schutz des werdenden Lebens zu vermeiden. Gleichzeitig hielt das Gericht (Appell-Entscheidung!) den Gesetzgeber an, das defizitäre Strafrecht anzupassen. Dem ist mittlerweile entsprochen worden.

cc) Die Entscheidungen des Bundesverfassungsgerichts binden alle Verfassungsorgane sowie die Gerichte und Behörden des Bundes und der Länder (§ 31 Abs. 1 BVerfGG)[347]. Normenkontrollentscheidungen (vor allem die Nichtigerklärung von Gesetzen) haben sogar Gesetzeskraft (Allgemeinverbindlichkeit) für und gegenüber jedermann (§ 31 Abs. 2 BVerfGG).

dd) Das Bundesverfassungsgericht bestimmt die Art und Weise der Vollstreckung seiner Entscheidungen weitgehend selbst (§ 35 BVerfGG).

e) Landesverfassungsgerichtsbarkeit

Neben dem Bundesverfassungsgericht gibt es als Konsequenz des Bundesstaats und der damit verbürgten Verfassungshoheit der Länder auch **Landesverfassungsgerichte** (Staatsgerichtshöfe). Das Grundgesetz setzt die Existenz von Landesverfassungsgerichten voraus (Art. 100 Abs. 1 und 3 GG)[348]. Sie sind Hüter der Landesverfassungen[349] und stehen grundsätzlich selbstständig neben dem Bundesverfassungsgericht[350]. Sie entscheiden im Wesentlichen über landesinterne Verfassungskonflikte. Dem Bundesverfassungsgericht kommen insoweit nur Reservefunktionen zu[351]. Die Landesverfassungsgerichte führen auch Normenkontrollen über Landesgesetze aus. Im Fall der Verletzung von Landesgrundrechten durch Akte der Landesstaatsgewalt eröffnet eine Reihe von Ländern die

---

[344] Die Entscheidung im Verfahren nach Art. 93 Abs. 2 GG, die ein Bundesgesetz ersetzt, ist eine positiv geregelte Ausnahme.

[345] Vgl. *Bettermann*, DVBl. 1982, 91 ff.

[346] BVerfGE 39, 1 ff.; 88, 203 ff.

[347] Dazu *Detterbeck*, Streitgegenstand und Entscheidungswirkungen im Öffentlichen Recht, 1995.

[348] BVerfGE 96, 345 (369).

[349] BVerfGE 69, 112 (117); vgl. auch BVerfGE 96, 231 (244 f.).

[350] BVerfGE 107, 1 (10).

[351] BVerfGE 99, 1 (17); siehe auch BVerfGE 107, 1 (10).

Möglichkeit einer Verfassungsbeschwerde (Grundrechtsklage) zum Landesverfassungsgericht.

> Zum Teil sehen die einschlägigen Gesetze der Länder auch für die Landesverfassungsgerichte Verfahrensarten vor, die es vergleichsweise für das Bundesverfassungsgericht nicht gibt (Ministeranklage; Popularklage in Bayern).

6. Die Justizgrundrechte

Im 9. Abschnitt des Grundgesetzes über die Rechtsprechung befinden sich die Prozess- oder Justizgrundrechte. Sie ergänzen den eigentlichen Grundrechtskatalog. Ihre Verletzung durch die öffentliche Gewalt kann verfahrensrechtlich ebenfalls mit der Verfassungsbeschwerde (Art. 93 Abs. 1 Nr. 4a GG) geltend gemacht werden.

Die Justizgrundrechte sichern spezifische Gefährdungslagen des Rechtsträgers namentlich gegenüber der dritten Gewalt ab[352].

– Die Verpflichtung, niemanden seinem gesetzlichen Richter zu entziehen (Art. 101 Abs. 1 Satz 2 GG), schließt allerdings auch Manipulationen durch andere staatliche Organe (Justizverwaltung, Gesetzgeber) aus[353].
– Vor Gericht hat jedermann Anspruch auf rechtliches Gehör (Art. 103 Abs. 1 GG). Das ist ein prozessuales „Urrecht" des Menschen[354], das die Waffengleichheit sichert[355].
– Der Grundsatz „Keine Strafe ohne Gesetz" oder „nulla poena sine lege" (Art. 103 Abs. 2 GG) verlangt, dass die Voraussetzungen der Strafbarkeit strikt vom formellen Gesetzgeber festzulegen sind. Eine rückwirkende Strafbarkeit ist ebenso ausgeschlossen wie eine analoge Anwendung des Strafgesetzes zu Lasten eines Täters.

> Das qualifizierte Bestimmtheitsgebot des Art. 103 Abs. 2 GG ist auch dann verletzt, wenn die Strafgerichte Tatbestandsmerkmale der Strafnorm „entgrenzen". So das Bundesverfassungsgericht zu der – im Ergebnis verneinten – Frage, ob Sitzblockaden als psychische Gewalt im Sinne des Nötigungstatbestandes des § 240 StGB gewertet werden dürfen[356].
>
> Ein besonderes wiedervereinigungsbedingtes Problem betraf die Strafbarkeit und Verfolgbarkeit früherer „Stasi"-Agenten wegen ihrer Tätigkeit vor der Wiedervereinigung[357].

---

[352] BVerfGE 107, 395 (407 f.).
[353] *Kunig*, in: v. Münch/Kunig (Hrsg.), GGK III, 5. Aufl., 2003, Art. 101 Rdnr. 21.
[354] BVerfGE 55, 1 (6); 107, 395 (408).
[355] BVerfGE 52, 131 (156).
[356] BVerfGE 92, 1 ff.; dazu *Arnold*, JuS 1997, 289 ff.; vgl. weiter BVerfGE 104, 92 ff., sowie nun BVerfG JZ 2011, 685 ff. (Beschluss v. 7.3. 2011, Az. 1 BvR 388/05).
[357] BVerfGE 92, 277 ff.

- Verfassungsrang hat ebenfalls der Satz „nulla poena sine culpa" (Keine Strafe ohne Schuld)[358].
- Art. 103 Abs. 3 GG verbietet die Doppelbestrafung einer Tat.

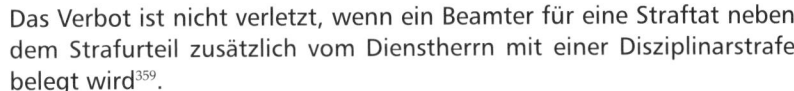

> Das Verbot ist nicht verletzt, wenn ein Beamter für eine Straftat neben dem Strafurteil zusätzlich vom Dienstherrn mit einer Disziplinarstrafe belegt wird[359].

- Art. 104 GG schützt mit diversen Einzelanordnungen vor willkürlicher Freiheitsentziehung. Besonders wichtige Sicherungselemente sind der formelle Gesetzesvorbehalt (Art. 104 Abs. 1 Satz 1 GG; vgl. auch Art. 2 Abs. 2 Satz 3 GG) und die expliziten Richtervorbehalte (Art. 104 Abs. 2 und 3 GG). Art. 104 GG geht auf den klassischen „Habeas-Corpus-Gedanken" zurück.

VI. Staatshaftung

Das Grundgesetz enthält Grundaussagen über die Staatshaftung.

1. Die primäre Staatshaftung

Als Staatshaftung kann die Verantwortlichkeit des Staates namentlich für Grundrechtseingriffe und das Recht des Einzelnen auf Abwehr rechtswidriger Beeinträchtigungen verstanden werden. Das Anliegen dieser primären Staatshaftung oder des Primärrechtsschutzes wird von den Grundrechten als Eingriffsabwehrrechten und vom Justizgewährungsanspruch des Art. 19 Abs. 4 GG realisiert. Das prozessuale Instrumentarium liefert hauptsächlich die Verwaltungsgerichtsordnung (VwGO) mit den Möglichkeiten der Anfechtungs- und Verpflichtungsklage (§ 42 Abs. 1 VwGO).

2. Das sekundäre Staatshaftungsrecht

Mit dem Begriff Staatshaftung wird freilich im Umgangsdeutsch der Juristen in erster Linie die Verpflichtung des Staates für – in der Regel – vermögenswerten Ausgleich wegen der von ihm verantworteten Beeinträchtigung von Rechtsgütern Betroffener verbunden (assoziiert). In Rede steht das Recht der staatlichen Ersatzleistungen[360]. Dieses sekundäre Staatshaftungsrecht fußte ursprünglich auf dem (für den Betroffenen formulierten) Prinzip: „Dulde und liquidiere".

---

[358] BVerfGE 95, 96 (140).
[359] Vgl. BVerfGE 32, 40 (48).
[360] Instruktiv und ausreichend *Maurer*, Allgemeines Verwaltungsrecht, 18. Aufl., 2011, §§ 25–31.

a) Die klassischen Grundlagen

In dieser Richtung trifft das Grundgesetz zwei prinzipielle Regelungen, die auf traditionellen, sozusagen klassischen Entwicklungslinien des Staatshaftungsrechts beruhen. Mittlerweile haben sie eine vielfache Präzisierung erfahren. Sie wurden den Bedingtheiten des Grundgesetzes angepasst.

aa) Zum einen ist es die **Amtshaftung** (Art. 34 GG): Verletzt jemand in Ausübung eines öffentlichen Amtes die ihm einem Dritten gegenüber obliegende Amtspflicht, trifft die öffentliche Hand – das ist in der Regel die Anstellungskörperschaft – die Ersatzpflicht. Die überaus komplizierte Konstruktion des Amtshaftungstatbestandes läuft im Ergebnis auf eine Schadensersatzpflicht des Staates für **unrechtmäßiges** Verhalten von Amtswaltern hinaus.

> Ein Beamter erteilt einem Bauherrn eine falsche Auskunft; dieser erleidet durch die Verzögerung des Baus einen Schaden. Aber auch: Ein Schülerlotse, der auf Veranlassung des Staates die Verkehrssicherung wahrnimmt, passt nicht auf; ein Mitschüler nimmt Schaden.

bb) Zum zweiten ist es die **Enteignung** (Art. 14 Abs. 3 GG). Der Staat ist unter bestimmten Voraussetzungen berechtigt, Enteignungen vorzunehmen. In diesem Fall muss er Entschädigung leisten. Die Entschädigungspflicht ist Ausgleichshaftung für **rechtmäßiges** Staatshandeln. Historischer Ausgangspunkt ist letztlich das Aufopferungsprinzip des preußischen allgemeinen Landrechts (ALR) von 1794.

> Darauf basieren heute noch die der Enteignung ähnlichen Haftungsinstitute des **enteignungsgleichen** Eingriffs[361] und des **enteignenden** Eingriffs[362].

b) Moderne Ausprägungen

aa) Eine relativ neue Figur stellt der **Folgenbeseitigungsanspruch**[363] dar. Er ist gerichtet auf die Ausräumung der unmittelbaren rechtswidrigen Folgen hoheitlichen Verwaltungshandelns.

> Der Staat erhebt rechtswidrig Gebühren. Er muss sie dem Betroffenen zurückzahlen. Aber auch: Eine Gemeinde bringt in der Nähe eines Seerestaurants unnötigerweise Lampions an, die Ungeziefer anlocken und den Geschäftsbetrieb nachhaltig beeinträchtigen. Die Lampions müssen entfernt werden. Schließlich: Der Staat warnt vor angeblich schädlichen, in Wahrheit harmlosen Produkten. Er ist gegenüber dem Produzenten zum Widerruf der falschen Tatsachenäußerung verpflichtet.

---

[361] BGHZ 90, 17 (31).
[362] BGHZ 124, 394 (400).
[363] BVerwGE 69, 366 ff.; 94, 100 ff.

Es handelt sich um eine Restitutionspflicht des Staates; der Staat muss den ursprünglichen Zustand wiederherstellen. Die Pflicht des Staates zur Folgenbeseitigung wurzelt in den Grundrechten bzw. im Rechtsstaatsprinzip.

bb) Auf Gewohnheitsrecht beruht der **öffentlich-rechtliche Erstattungsanspruch**[364]. Er ist dem bürgerlich-rechtlichen Bereicherungsanspruch nachgebildet und dient der Rückabwicklung rechtsgrundloser öffentlich-rechtlicher Vermögensverschiebungen. Zieht die öffentliche Hand ohne rechtlichen Grund den Bürger zu Geldleistungen heran, hat sie ihm die Gelder zurückzuerstatten.

> Zum Teil besteht Idealkonkurrenz des Erstattungsanspruchs mit dem Folgenbeseitigungsanspruch. Nur: Jener ist an der Rechtsgrundlosigkeit, dieser an der Rechtswidrigkeit des Staatshandelns ausgerichtet.

Einen Erstattungsanspruch kann aber auch der Staat gegenüber dem Bürger geltend machen, wenn dieser ohne Rechtsgrund Leistungen erlangt hat (überzahlte Beamtenbezüge, Subventionen). Eine Erstattungspflicht kann sich auch aus einem Rechtsverhältnis zwischen mehreren Trägern der öffentlichen Hand ergeben.

VII. Das Sozialstaatsprinzip

1. Staatszielbestimmung

Der Sozialstaatsgrundsatz ist verfassungsgestaltende Grundentscheidung. In Rede steht nicht so sehr ein statisches Staatsstrukturprinzip etwa nach Art der Rechtsstaatlichkeit, sondern eine dynamische Staatszielbestimmung[365]. Sie signalisiert den Übergang vom gefahrenabwehrenden Rechtsbewahrstaat liberaler Färbung zum leistungsverteilenden Staat der sozialstaatlichen Daseinsvorsorge. Rechtsstaat und Sozialstaat müssen und dürfen darum keine Gegensätze sein. Nicht von ungefähr spricht das Grundgesetz in Art. 28 Abs. 1 GG vom „sozialen Rechtsstaat".

Allerdings handelt es sich beim Begriff Sozialstaat – wie auch bei der sinnverwandten Kategorie der **Daseinsvorsorge** – um eine weitmaschige Formel, um einen komplexen Schleusenbegriff, welcher der Sozialpolitik die Richtung anzeigt, aber viele Inhalte deckt. Das berechtigt nicht dazu, der Staatszielbestimmung in einer Art Grenzenlosigkeitsschluss jede rechtliche Kontur abzusprechen und sie ausschließlich der politischen Gestaltung zu überlassen. Vielmehr muss der Begriff juristisch operationalisiert werden. Das ist möglich. Verschiedene Argumentationsposten sind dabei zu berücksichtigen.

---

[364] BVerwGE 71, 85 (87 f.).
[365] Dazu *Hans H. Klein*, DVBl. 1991, 733.

2. Keine Gewährleistung subjektiver Rechte

Das Sozialstaatsprinzip begründet nicht ohne weiteres subjektive Rechtspositionen des Einzelnen, die gerichtlich einklagbar wären. Es fehlt an allen bestimmbaren Faktoren und Maßstäben für einen Leistungsanspruch.

> Nur einen Anspruch des Einzelnen auf ein menschenwürdiges Existenzminimum, bei dem Art. 1 GG zu beachten ist, hat die Rechtsprechung schon frühzeitig anerkannt[366]. Dieser verfassungsunmittelbare Fürsorgeanspruch konnte seinerzeit deshalb angenommen werden, weil das damalige Fürsorgerecht bereits über ein normatives Koordinatensystem verfügte[367].

Aus Art. 1 Abs. 1 i.V.m. Art. 20 Abs. 1 GG folgt der Grundsatz, dass der Staat dem Steuerpflichtigen sein Einkommen insofern steuerfrei belassen muss, als es zur Schaffung der Mindestvoraussetzungen für ein menschenwürdiges Dasein benötigt wird[368]. Für denjenigen, der keine eigenen Mittel besitzt, folgt aus Art. 1 Abs. 1 i.V.m. Art. 20 Abs. 1 GG ein Recht auf ein Mindestmaß an staatlicher Unterstützung, deren exakte Höhe vom Gesetzgeber festzulegen ist[369].

Im Mittelpunkt des Sozialstaatsprinzips steht ein objektiver Grundsatz, der vornehmlich den Gesetzgeber in Pflicht nimmt[370]. Die Staatszielbestimmung bedarf der Umsetzung und Konkretisierung durch das demokratisch legitimierte Parlament. Erst durch die Leistungsgesetzgebung können klagbare subjektive Rechtspositionen begründet werden. Dafür stehen das Sozialhilferecht wie auch das Sozialversicherungsrecht.

> Leistungsgesetze solcher Art sind das Zwölfte Buch des Sozialgesetzbuches über die Sozialhilfe (SGB XII; früher: Bundessozialhilfegesetz [BSHG]), das Achte Buch des Sozialgesetzbuchs über die Kinder- und Jugendhilfe (SGB VIII, früher: Jugendwohlfahrtsgesetz [JWG]) und das Bundesausbildungsförderungsgesetz (BAFöG).

3. Die Problematik sozialer Grundrechte

Diese Gesichtspunkte bestimmen auch die Diskussion über die Anerkennung sozialer Grundrechte, die auf positive Leistungen des Staates gerichtet sind. Sie sind dem Grundgesetz nicht bekannt, das sich ganz überwiegend auf die Gewährleistung liberaler Abwehrrechte beschränkt.

---

[366] Vgl. BVerwGE 1, 159 ff.
[367] Vgl. *Martens*, VVDStRL Heft 30 (1972), S. 31.
[368] BVerfGE 82, 60 (85); 99, 246 (259).
[369] BVerfGE 125, 175 ff.
[370] BVerfGE 65, 182 (193); 75, 348 (359 f.); 82, 60 (79).

a) Der Vorbehalt des Möglichen

Die Verbürgung eines Grundrechts auf Arbeit oder auf Wohnung würde an die Grenzen der finanziellen Leistungsfähigkeit des Staates stoßen. Sie stehen unter dem Vorbehalt des Möglichen[371]. Soziale Grundrechte können aus sich heraus nicht vollziehbar sein; sie sind – anders als die Abwehrrechte – nicht einklagbar. Es kann sich bei solchen Positionen ebenfalls nur um eine Staatszielbestimmung handeln, deren Konkretisierung Aufgabe des einfachen Gesetzgebers ist. Über den sachlichen Gehalt bloßer, nicht einklagbarer Staatszielbestimmungen gehen auch die sozialen Grundrechte in den Landesverfassungen – speziell die Brandenburgische Landesverfassung ist insofern sehr generös – nicht hinaus.

b) Die Akzessorietät des Gleichheitssatzes

Der Gleichheitssatz (Art. 3 Abs. 1 GG) allein schafft keine soziale Grundrechtsberechtigung. Er ist akzessorischer Natur, weil er vorgängiges staatliches Handeln als Leistungsgewährung voraussetzt und nur die gleichheitswidrige Benachteiligung ausräumen kann. Lediglich beim Anspruch von Studienbewerbern auf Zurverfügungstellung eines Studienplatzes musste ein derivatives Teilhaberecht aus Art. 12 Abs. 1 GG i.V.m. Art. 3 Abs. 1 GG und Art. 20 Abs. 1 GG anerkannt werden[372]. Ein Anspruch auf Bau neuer Universitäten bzw. auf Schaffung neuer Studienplätze besteht demgegenüber wohlgemerkt ebenso wenig[373] wie ein Anspruch auf ein kostenfreies Studium[374].

4. Sozialstaat im Bundesstaat

Die Sozialstaatsklausel ist auch für die Länder verbindlich (Art. 28 Abs. 1 GG). Ebenso erfüllen die kommunalen Gebietskörperschaften (Gemeinden und Kreise) Aufgaben der Daseinsvorsorge.

> Daseinsvorsorge sozialstaatlicher Art erfüllen Städte und Kreise namentlich im Bereich der kommunalen öffentlichen Einrichtungen (Stadthallen, Sportplätze, Bibliotheken). Auch hier zeigt sich die begrenzte Reichweite von Leistungsansprüchen des Bürgers. Er hat zwar das Recht auf gleichen Zugang zu den vorhandenen öffentlichen Einrichtungen. Er hat aber keinen Anspruch auf Schaffung neuer Einrichtungen. Zu deren Installierung ist die Gemeinde im Rahmen ihrer Leistungsfähigkeit objektiv verpflichtet. Doch korrespondiert dieser objektiven Pflicht eben kein subjektiver Verschaffungsanspruch des Bürgers.

---

[371] BVerfGE 33, 303 (329 f.); 90, 107 (116).
[372] BVerfGE 33, 303 (329 f.).
[373] BVerfGE 33, 303 (333).
[374] Das Studiengebührenverbot im Hochschulrahmengesetz des Bundes scheiterte am Fehlen der Bundeskompetenz; BVerfGE 112, 226 ff.

Der Sozialstaat kann nicht die Unterschiede planieren, welche die föderalistische Struktur gerade freisetzt. Insbesondere der Gleichheitssatz (Art. 3 Abs. 1 GG) bindet nur den konkret zuständigen Kompetenzträger und verpflichtet ihn lediglich dazu, in seinem Herrschaftsbereich gleichförmig zu verfahren[375]. Gegen Regelungen, die sich von denen anderer Gemeinden oder Länder unterscheiden, kann sich der Bürger also nicht schon wegen dieser Differenz mit Aussicht auf Erfolg zur Wehr setzen.

5. Weitere sozialstaatliche Implikationen

Die sozialstaatlichen Bezüge des Grundgesetzes sind nicht auf die verfassungsgestaltende Grundentscheidung der Art. 20 Abs. 1 und Art. 28 Abs. 1 GG beschränkt. Weitere sozialstaatliche Implikationen ergeben sich in unterschiedlichen Zusammenhängen.

– Eine Reihe von Gesetzgebungszuständigkeiten (Kompetenztiteln) des Bundes ist vom Thema her sozialstaatlich determiniert. Art. 74 Abs. 1 Nr. 7 GG: die öffentliche Fürsorge; Art. 74 Abs. 1 Nr. 12 GG: v. a. die Sozialversicherung.
– Im Bereich der konkurrierenden Gesetzgebungszuständigkeiten (Art. 72, 74 GG) hat der Bund z. T. das Gesetzgebungsrecht nur, soweit die Herstellung **gleichwertiger Lebensverhältnisse** im gesamtstaatlichen Interesse eine bundesgesetzliche Regelung erforderlich macht (Art. 72 Abs. 2 GG).
– Die Mitwirkung des Bundes bei der Erfüllung von Länderaufgaben (Gemeinschaftsaufgaben) nach Art. 91a Abs. 1 GG dient der **Verbesserung der Lebensverhältnisse**. Auch der **horizontale Finanzausgleich** (Art. 107 Abs. 2 Satz 1 GG) hat eine unverkennbar sozialstaatliche Funktion, indem er die finanziellen Voraussetzungen für eine **gleichmäßige Versorgung** der Bevölkerung schafft[376].
– Die institutionelle Garantie des Berufsbeamtentums (Art. 33 Abs. 5 GG) hat neben anderen Funktionen auch den Gehalt einer Konkretisierung des Sozialstaatsprinzips.

> Das betrifft in erster Linie zwar die Absicherung der vermögenswerten (Alimentations-)Ansprüche der Staatsdiener selbst. Doch sind die Beamten in herausragender Weise an der administrativen Umsetzung der gesetzlich konkretisierten Aufgaben des Sozialstaats beteiligt. Darum stellt sich die Frage, ob der Funktionsvorbehalt des Art. 33 Abs. 4 GG – die Erfüllung von Hoheitsaufgaben möglichst nur durch Beamte – nicht auch sozialstaatliche Funktionen einschließt, d. h. nicht nur auf die Eingriffsverwaltung (Polizei, Steuerverwaltung, Justiz) beschränkt ist.

– Soziale Bindungen teilen sich den Freiheitsrechten mit. Zwar können aus dem Sozialstaatsprinzip selbst keine unmittelbaren Begrenzungen der Grundrechte abgeleitet werden[377], weil ihm die Verbindlichkeit gegenüber dem

---

[375] BVerfGE 10, 354 (371); 33, 224 (331); 93, 319 (351); 114, 371 (383).
[376] Vgl. auch BVerfGE 33, 303 (352); 101, 158 ff. – FAG-Urteil.
[377] BVerfGE 52, 283 (298); 59, 231 (263).

Grundrechtsträger abgeht. Auch ergeben sich aus dem Gemeinwohl selbst keine Grundrechtsschranken, noch weniger staatliche Eingriffsermächtigungen. Doch ist das Sozialstaatsprinzip als Gemeinwohlbelang Schranken-Schranke[378]. Weiter muss jede Freiheitsbetätigung ein Mindestmaß von Sozialverträglichkeit aufweisen[379]. Art. 14 Abs. 2 GG statuiert mit der Sozialbindung des Eigentums[380] eine der wenigen Grundpflichten[381], die das Grundgesetz den Grundrechten, in diesem Fall der Eigentumsgarantie (Art. 14 Abs. 1 GG), gegenüberstellt[382]. Die Eigentumsgarantie ist dasjenige Freiheitsrecht, dessen ausdrückliche Sozialbindung positiv-aktiv am weitesten fortgeschritten ist[383].

6. Gesetzgeber und Verfassungsgerichtsbarkeit

Zur juristischen Operationalisierung der Sozialstaatlichkeit gehört vor allem die Bestimmung des Verhältnisses zwischen Gesetzgeber und Verfassungsgericht. Der demokratisch legitimierte Gesetzgeber, dem die Umsetzung des Sozialstaatsprinzips in erster Linie obliegt, handelt – anders als die Verwaltung – nicht im strikten Vollzug von vorgegebenen Daten und Programmen. Er nimmt politische Gestaltungsaufgaben wahr. Er hat Entscheidungsfreiheit und verfügt über Aktionsspielräume. Ihm öffnet sich eine Bandbreite von Entscheidungsmöglichkeiten. Zumal die Beurteilung künftiger Entwicklungen Prognosen erfordert. Der Gesetzgeber genießt insoweit eine **Einschätzungsprärogative**[384]. Bindungen ergeben sich aus dem Gleichheitssatz, der aber nur ein Willkürverbot darstellt[385]. Das sind keine leeren Formeln. Der sozialstaatliche Gestaltungsauftrag des Gesetzgebers mit seinen Handlungsspielräumen bestimmt die Kontrollbefugnis und den Kontrollumfang des Bundesverfassungsgerichts. Sie sind begrenzt. Schon allgemein ist die Gemeinwohlpräzisierung primär Sache des Parlaments[386], das über die Prioritäten und die Präferenzen bei der Sozialgestaltung befindet. Als hyperkomplexer Rechtsbegriff ist Gemeinwohl weniger ein Definitions-, sondern eher ein Kompetenzproblem. Die Vorhand kommt dem Parlament zu. Die politische Gestaltungsfreiheit des parlamentarischen Gesetzgebers drückt sich aus in der Entscheidung über Art, Maß und Zeitpunkt der Erfüllung der Staatsaufgaben. Das Bundesverfassungsgericht hat diese Prärogativen des Gesetzgebers zu respektieren[387]. Gestaltungsfreiheit genießt der Gesetzgeber vor allem bei der sozialstaatlich inspirierten Leistungsgesetzgebung. Die prinzipi-

---

[378] BVerfGE 116, 202 (223).

[379] BVerfGE 4, 7 (15 f.); 65, 1 (44).

[380] BVerfGE 79, 29 (40); 87, 114 (116); dazu *Hans H. Klein*, DVBl. 1991, 732.

[381] *Bethge*, NJW 1982, 2146.

[382] Zum Gemeinwohl als Grund und Grenze der Sozialbindung des Eigentums vgl. BVerfGE 79, 29 (40); 87, 114 (146).

[383] BVerfGE 50, 290 (341).

[384] BVerfGE 108, 282 (311).

[385] BVerfGE 75, 108 (157); 78, 249 (287).

[386] BVerfGE 103, 293 (307).

[387] BVerfGE 79, 311 (342 ff.); 96, 330 (340).

elle Grundrechtsbindung des Gesetzgebers (Art. 1 Abs. 3 GG) schließt Gestaltungsräume des Gesetzgebers bei der Realisierung grundrechtlicher Handlungsaufträge nicht aus.

7. Der Umweltschutz

Auch das recht neue Staatsziel des **Umweltschutzes** (Art. 20a GG), das zuvor eine Ausformung des Sozialstaatsprinzips war, ist auf legislatorische Umsetzung angewiesen. Das Staatsziel steht unter Gesetzgebungsvorbehalt[388]. Es ist kein Grundrecht, sondern Handlungsdirektive und Regelungsauftrag vornehmlich des Gesetzgebers. Diesem steht eine breite Palette von Gestaltungsmöglichkeiten zur Verfügung.

> Die objektive Verpflichtung des Art. 20a GG deckt eine Reihe von Teilprinzipien: Schutz, Vorsorge, auch den ökologischen Nachhaltigkeitsgrundsatz, der sich der künftigen Generationen annimmt.

In der rechtstechnischen Ausgestaltung gibt der Umweltschutzartikel (Art. 20a GG) klarer als das allgemeine Sozialstaatsprinzip die juristische Befindlichkeit und Kompliziertheit solcher Staatszielbestimmungen wieder. Zugleich ist er Beleg für die begrenzten Möglichkeiten der (Verfassungs-)Rechtsordnung wie überhaupt des Rechts, den Risiken für die natürlichen Lebensgrundlagen gerecht zu werden[389]. Folgende Kriterien sind maßgebend:

– Art. 20a GG gewährt keine klagbaren subjektiven Rechte auf eine „gesunde Umwelt". Das schließt nicht aus, dass Umweltschutzanliegen bei echten Grundrechten mitgeschrieben sind (vgl. Art. 2 Abs. 2 Satz 1 GG: Recht auf Leben und körperliche Unversehrtheit) und dass Art. 20a GG deren Geltungskraft verstärkt und Auslegung beeinflusst.

– Art. 20a GG wendet sich primär an den Gesetzgeber[390], der über einen weiten Gestaltungsspielraum verfügt. Die Kontrollbefugnis des Bundesverfassungsgerichts ist auf eine Willkürprüfung reduziert.

– Der Vorbehalt der verfassungsmäßigen Ordnung, in deren Rahmen der Umweltschutz zu realisieren ist, verpflichtet zur Berücksichtigung kollidierender Verfassungswerte (Arbeitsplatzsicherung). Ein genereller Vorrang des Umweltschutzes etwa nach der Devise „Ökologie vor Ökonomie" besteht nicht. Aufgrund seiner Qualität als Verfassungsrecht kann Art. 20a GG jedoch die Rechtfertigung für Eingriffe sogar in vorbehaltlos gewährleistete Grundrechte darstellen[391]. Zugleich steht freilich fest, dass sich die Realisierung des Umweltschutzes im dezentralisierenden Bundesstaat an den Kompetenzen von Bund, Ländern und Gemeinden auszurichten hat. Art. 20a GG beruft nicht jedweden

---

[388] *Scholz*, in: Maunz/Dürig, GG, Art. 20a Rdnr. 46.
[389] *Schmidt-Aßmann*, Das allgemeine Verwaltungsrecht als Ordnungsidee, 1998, S. 145.
[390] *Jarass/Pieroth*, Grundgesetz, 11. Aufl., 2011, Art. 20a Rdnr. 18.
[391] Dazu jüngst BVerfG NVwZ 2011, 94 (99).

Träger staatlicher Gewalt zu beliebigen Maßnahmen[392]. Ebensowenig ist der Umweltschutz natürliches Vorrecht der Volksgesetzgebung in den Ländern.

– Der Umweltschutz nimmt auch Verwaltung und Rechtsprechung in Pflicht. Deren Gesetzesgebundenheit („nach Maßgabe von Gesetz und Recht") sichert den Vorrang der Willensentscheidung des demokratisch legitimierten Gesetzgebers. Die Verwaltung hat dem Umweltschutz im Rahmen von gesetzlich eröffneten Ermessenstatbeständen Rechnung zu tragen. Für die Gerichte ist der Umweltschutz Auslegungsrichtlinie. Insbesondere den Fachgerichten ist es aber untersagt, am Gesetzgeber vorbei eigenen aktiven Umweltschutz zu betreiben.

8. Tierschutz

Für das seit geraumer Zeit diskutierte, im Jahre 2002 durch eine Verfassungsänderung realisierte Staatsziel des **Tierschutzes** ergeben sich ähnliche Probleme und verfassungsjuristische Qualifikationen[393].

---

[392] BVerfGE 104, 238 (246).

[393] Zur Verfassungsrelevanz des Tierschutzes BVerfGE 104, 337 (347 f.); siehe auch BVerwGE 105, 73 (78).

C. Die wichtigsten Staatsorgane

I. Staat und Staatsorgane

Der Staat als zunächst einmal gedachtes – also fiktives – Phänomen ist Inhaber der Staatsgewalt. Die Staatsgewalt ist dreigeteilt im Sinne einer Verschränkung der drei klassischen Funktionen Gesetzgebung, Verwaltung und Rechtsprechung. Die Staatsgewalt wird aktualisiert durch bestimmte Institutionen. Die Instrumente, mittels derer der Staat in der realen Welt in Erscheinung tritt, sind vornehmlich die Staatsorgane (Staatsoberhaupt, Regierung, Parlament). Sie handeln für den Staat.

> Auch wenn man den Akzent auf die Eigenschaft des Staates als juristische Person (des öffentlichen Rechts) legt, sind es ebenfalls die Organe, welche die fiktive Rechtsperson Staat real erfahrbar machen. Organhandeln ist im rechtlichen Sinne Eigenhandeln der juristischen Person: Das Organ handelt für seinen Rechtsträger, hier also für den Staat.

Staatsorgan kann auch das Staatsvolk sein, wenn es bei der Wahl als handelndes Subjekt in Erscheinung tritt und die Staatsgewalt konstituiert[394]. Der Bürger selbst ist kein Staatsorgan[395].

Wesentlichen Anteil an der Umsetzung der konkreten Staatsaufgaben, vor allem der Gesetze, hat der öffentliche Dienst (die Beamten, Angestellten und Arbeiter)[396].

Für die Beamtenschaft gelten ein Funktionsvorbehalt und eine institutionelle Garantie, vgl. Art. 33 Abs. 4 und 5 GG. Der Funktionsvorbehalt besagt, dass „die Ausübung hoheitlicher Befugnisse" Beamten vorbehalten ist. Seine Reichweite ist sehr umstritten, von ihr hängt beispielsweise ab, ob Lehrer Beamte sein müssen. Die institutionelle Garantie hat zur Folge, dass die häufig geforderte Abschaffung des Beamtentums nicht durch den einfachen Gesetzgeber, sondern nur im Wege einer Verfassungsänderung möglich wäre.

1. Die Verfassungsorgane des Bundes

Die Aufgaben der wichtigsten Organe sind in der Verfassung, im Grundgesetz also, geregelt. Im Verfassungsstaat müssen die obersten Staatsorgane ihre Kom-

---

[394] Bestr.; vgl. BVerfGE 96, 231 (239); siehe auch BVerfGE 83, 60 (71).
[395] BVerfGE 60, 175 (200).
[396] BVerfGE 108, 282 (322).

petenzen aus der Verfassung ableiten. Sie sind **Verfassungsorgane**. Auf der Ebene des Gesamtstaats – im Unterschied zu den Gliedstaaten (Ländern), die ebenfalls Staatsqualität haben – treten die **Bundesorgane** in Erscheinung. Die Bundesregierung oder der Bundestag sind also Verfassungsorgane des Bundes.

> Die Ministerpräsidenten und die Volksvertretungen der Länder sind Landesverfassungsorgane. Der Bundesrat ist wohlgemerkt Verfassungsorgan des **Bundes**. Juristisch nicht glücklich sind darum Bezeichnungen wie Ländervertretung oder Länderkammer, die auf seine Zusammensetzung aus Mitgliedern der Landesregierungen abstellen.

2. Die Kompetenzen der Organe

Die Organe haben Befugnisse und/oder Zuständigkeiten. Sie üben **Kompetenzen** aus. Diese Kompetenzen sind für die einzelnen Organe nicht zusammenhanglos aneinander gereiht. Sie sind auch nicht zwischen den Organen unsystematisch und wahllos verteilt. Im Arrangement der Kompetenzen drückt sich eine bestimmte Funktionsteilung gewaltenverschränkenden Charakters aus[397]. Der Grundsatz der Gewaltenteilung ist auf die gegenseitige Kontrolle und Mäßigung der Staatsorgane ausgerichtet[398].

– Dem prinzipiell auf repräsentative Aufgaben beschränkten Bundespräsidenten steht die Bundesregierung gegenüber, deren Chef – der Bundeskanzler – die Richtlinien der Politik bestimmt.
– Der Bundestag ist als Repräsentanz der Aktivbürgerschaft das Zentrum der Gesetzgebungszuständigkeit; er hat die Gesetzgebungsprärogative. Der Bundesrat wirkt an der Gesetzgebung mit, aber nicht gleichberechtigt. Er ist keine echte zweite Kammer; er hat nur in begrenzten Fällen ein echtes Vetorecht gegenüber Gesetzesbeschlüssen des Bundestags.
– Die Gesetzgebung liegt bei den **politischen** Verfassungsorganen; dafür ist ein abgestuftes Prozedere vorgesehen, an dem vier Organe beteiligt sind (Bundestag, Bundesrat, Bundespräsident, Bundesregierung)[399]. Das Bundesverfassungsgericht, das **kein politisches** Verfassungsorgan[400], sondern eine Rechtsprechungsinstanz ist, überprüft die Gesetze nicht automatisch, sondern nur auf Antrag **allein** auf ihre **Rechtmäßigkeit**, genauer: auf ihre Übereinstimmung mit dem **Verfassungsrecht** des Grundgesetzes.

---

[397] BVerfGE 62, 1 (51); 68, 1 (89).
[398] BVerfGE 95, 1 (17).
[399] BVerfGE 37, 363 (383).
[400] BVerfGE 62, 1 (51).

II. Der Bundespräsident

1. Die allgemeine Stellung

Der Bundespräsident ist im Vergleich zum volksgewählten Reichspräsidenten der Weimarer Verfassung mit erheblich schwächeren Kompetenzen ausgestattet. Namentlich das Notverordnungsrecht (Art. 48 WRV) fehlt ihm. Er hat nur ein Vorschlagsrecht für die Wahl des Bundeskanzlers; ein Kanzler kann vom Bundestag auch gegen den Vorschlag des Bundespräsidenten gewählt werden (Art. 63 GG). Der Bundespräsident übt die hergebrachten repräsentativen Funktionen des Staatsoberhauptes aus. Seine Anordnungen und Verfügungen bedürfen der Gegenzeichnung durch ein Regierungsmitglied (Art. 58 GG), das damit die Verantwortung für den selbst parlamentarisch nicht verantwortlichen Bundespräsidenten übernimmt. Nur im eng bemessenen Fall von Verfassungsstörungen – Wahl des Bundeskanzlers nur mit relativer Mehrheit (Art. 63 Abs. 4 Satz 3 GG) oder Scheitern der Vertrauensfrage des Bundeskanzlers (Art. 68 Abs. 1 GG) – hat der Bundespräsident ein politisches Entscheidungsrecht, das die Möglichkeit der Auflösung des Bundestags einschließt.

2. Die Wahl und die Amtsdauer

Der Bundespräsident wird von der Bundesversammlung für die Dauer von fünf Jahren gewählt. Eine anschließende Wiederwahl ist zulässig. Die Bundesversammlung besteht aus den Mitgliedern des Bundestags und einer gleich großen Zahl von Mitgliedern, die von den Volksvertretungen der Länder nach dem Grundsatz der Verhältniswahl gewählt werden.

> Beliebter Fehler auch bei Jurastudenten ist es, neben den Mitgliedern des Bundestags als zweiten Bestandteil der Bundesversammlung die Mitglieder des Bundesrates zu nennen.

Das Amt des Bundespräsidenten endet nach Ablauf der Amtszeit oder durch Rücktritt. Zwar enthält das Grundgesetz dazu keine Regelung. Dieses Schweigen schließt einen Rücktritt aber nicht aus. Vielmehr wird er als selbstverständlich existente Möglichkeit vorausgesetzt.

3. Prüfungsrecht bei der Gesetzgebung

Der Bundespräsident ist in das funktionsteilige Gesetzgebungsverfahren eingebunden. Er verfügt zwar über kein Gesetzesinitiativrecht. Er fertigt aber die nach dem Grundgesetz zu Stande gekommenen Gesetze aus und verkündet sie im Bundesgesetzblatt (Art. 82 Abs. 1 GG). Die nach dem Grundgesetz zu Stande gekommenen Gesetze sind in der Regel die Gesetze, die der Bundestag beschlossen hat und bei denen die Mitwirkungsrechte des Bundesrats gewahrt sind.

> Was heißt in der Regel? Im bislang niemals praktizierten Gesetzgebungsnotstand (Art. 81 GG) kommt ein Gesetz ohne, ja gegen das Votum des Bundestags zu Stande.

Ausfertigung bedeutet, dass der Bundespräsident durch seine Unterschrift die Gesetzesurkunde herstellt und damit – in Wahrnehmung seiner häufig zitierten „staatsnotariellen" Funktion – bezeugt, dass der in dieser Urkunde enthaltene Gesetzeswortlaut Gegenstand des parlamentarischen Verfahrens war. Die Ausfertigung bedarf der Gegenzeichnung der Bundesregierung (Art. 82 Abs. 1 Satz 1 i.V.m. Art. 58 Satz 1 GG).

a) Das formelle Prüfungsrecht

Art. 82 GG ist so zu lesen, dass der Bundespräsident **nur** die nach dem Grundgesetz **ordnungsgemäß** zu Stande gekommenen Gesetze auszufertigen hat. Ordnungsgemäß zu Stande gekommen sind sie nur, wenn die Verfahrensvorgaben für das Gesetzgebungsverfahren beachtet wurden und wenn der Bund überhaupt die nach Art. 30, 70 GG erforderliche Gesetzgebungszuständigkeit hat. Insoweit verfügt der Bundespräsident über ein **formelles** Prüfungsrecht[401]. Er darf die Ausfertigung verweigern, wenn das Gesetz wegen eines fehlerhaften Verfahrens oder wegen fehlender Zuständigkeit des Bundes formell verfassungswidrig ist.

> Beispiel für einen Verfahrensfehler: Der Bundesrat hat für einen Gesetzesbeschluss des Bundestags die erforderliche Zustimmung verweigert. Der Bundespräsident darf die Ausfertigung unterlassen.
>
> Beispiel für die fehlende Zuständigkeit des Bundes: Der Bundestag beschließt ein Gesetz, in dem die 12-Jahres-Grenze für die allgemeinbildenden Schulen eingeführt wird; der Bundesrat stimmt zu. In diesem Fall fehlt dem Bund die Gesetzgebungszuständigkeit, weil Schulrecht Sache der Länder ist. Der Bundespräsident darf die Ausfertigung verweigern. Er ist auch nicht an das übereinstimmende Votum von Bundestag und Bundesrat gebunden.

b) Das materielle Prüfungsrecht

Umstritten ist, ob der Bundespräsident auch ein **materielles** Prüfungsrecht hat. Im Gegensatz zur formellen Verfassungsmäßigkeit betrifft die materielle Verfassungsmäßigkeit eines Gesetzes die Frage, ob das Gesetz auch sachlich mit dem Grundgesetz übereinstimmt. Damit ist die Vereinbarkeit mit den Grundrechten sowie mit den verfassungsgestaltenden Grundentscheidungen (Rechtsstaat, Demokratie, Bundesstaat, Sozialstaat) gemeint.

---

[401] BVerfGE 34, 9 (22 f.).

> Die Unterscheidung zwischen formeller und sachlicher Verfassungsmä-
> ßigkeit ist eine Prüfungsprozedur, die auch das Bundesverfassungsge-
> richt zu beachten hat; vgl. Art. 93 Abs. 1 Nr. 2 GG.

Materielle Probleme werfen vor allem die Grundrechte auf, an die auch der Gesetzgeber gebunden ist (Art. 1 Abs. 3 GG).

> Der Bundestag beschließt mit Zustimmung des Bundesrats ein Gesetz,
> in dem Enteignungen entschädigungslos zugelassen werden. Hier ist
> Art. 14 Abs. 3 Satz 2 GG verletzt, der die Entschädigungspflicht des
> Staates anordnet. Darf der Bundespräsident die Ausfertigung verwei-
> gern?

Gegen ein materielles Prüfungsrecht spricht der primär auf die formellen Fragen
bezogende Wortlaut des Art. 82 Abs. 1 GG; weiter die Tatsache, dass das vom
Bundespräsidenten ausgefertigte und verkündete Gesetz nachträglich noch vom
Bundesverfassungsgericht auf seine Grundrechtsmäßigkeit überprüft und für
nichtig erklärt werden kann. Für ein materielles Prüfungsrecht spricht, dass der
Bundespräsident kein bloßer Staatsnotar ist, der nur Formalien beanstanden
darf; zu beachten ist auch, dass das Bundesverfassungsgericht nur auf Antrag tätig wird.

> Für welche Auffassung man sich bei diesem juristischen Dauerbrenner
> entscheidet, hängt von den Argumenten ab. Ein klassischer Fehler ist es
> allerdings, wenn als Beleg für das materielle Prüfungsrecht des Bundes-
> präsidenten der Amtseid (Art. 56 GG) oder die Gefahr einer Präsiden-
> tenanklage nach Art. 61 GG wegen vorsätzlicher Verletzung des
> Grundgesetzes ins Feld geführt werden. Es handelt sich bei dieser Ar-
> gumentation um einen typischen juristischen Zirkelschluss oder um
> eine unzulässige Beweisführung mit dem thema probandum oder um
> eine petitio principii, weil sich ja auch die Gegner eines materiellen Prü-
> fungsrechts auf den Amtseid berufen können, der – in ihrer Optik –
> eine unzulässige Kompetenzerweiterung ausschließt.

Einer verbreiteten Auffassung zufolge darf der Bundespräsident die Ausfertigung wegen materieller Verstöße des Gesetzes gegen das Grundgesetz nur in
sog. Evidenzfällen verweigern, in denen die Verfassungswidrigkeit des Gesetzes
also klar ersichtlich ist. So trägt man einerseits dem Gedanken Rechnung, dass
der Bundestag durch seinen Gesetzesbeschluss seiner Auffassung Ausdruck
verliehen hat, das Gesetz sei verfassungsgemäß, und zwingt andererseits den
Bundespräsidenten nicht zur Ausfertigung offensichtlich fehlerhafter Gesetze.

4. Das Begnadigungsrecht

Nach Art. 60 Abs. 2 GG übt der Bundespräsident für den Bund das Begnadi-
gungsrecht aus. Es handelt sich um ein überkommenes Recht des Staatsober-

haupts eher charismatischer Art. Der Begnadigungsakt bedeutet meist, dass ein rechtmäßiges und rechtskräftiges Strafurteil aufgehoben wird aus Gründen, die nicht rechtlicher Natur sind. Gnade ergeht eben vor Recht. Beim Gnadenakt handelt es sich um einen Fall, in dem ausnahmsweise eine Institution der Exekutive eine Entscheidung der dritten Gewalt, der Rechtsprechung, korrigiert. Das hat zur Folge, dass der Gnadenakt seinerseits nicht gerichtlich überprüft werden kann[402].

> Systematisch handelt es sich beim (verweigerten) Gnadenakt um einen gerichtsfreien Hoheitsakt und damit um eine zugelassene Ausnahme von Art. 19 Abs. 4 GG, der prinzipiell die gerichtliche Überprüfung aller Akte der öffentlichen Gewalt verlangt[403]. Aktuelle Bedeutung kam dem Begnadigungsrecht zuletzt etwa im Jahr 2010 zu, als der Bundespräsident die Begnadigung einer RAF-Terroristin verweigerte.

III. Der Bundestag

1. Allgemeine verfassungsrechtliche Stellung

Der Bundestag ist nicht allein ein besonderes Organ der Gesetzgebung (Art. 20 Abs. 2 Satz 2 GG). Er ist auf Bundesebene die einzige durch freie und gleiche Wahlen unmittelbar legitimierte Vertretung des Volkes[404]; er ist die unitarische Repräsentanz der Aktivbürgerschaft. In ihm manifestiert sich die Grundentscheidung der Verfassung für die parlamentarische Demokratie; mit ihm konstituiert sich die Bundesrepublik Deutschland als eine mittelbare repräsentative Demokratie. Der Bundestag ist im Bereich der Gesetzgebung das wichtigste der beteiligten Verfassungsorgane. Die Bundesregierung geht aus dem Bundestag hervor. Das Parlament hat wesentlichen Anteil an der politischen Staatsleitung. Das Grundgesetz spricht freilich dem Parlament keinen allumfassenden Vorrang bei grundlegenden Entscheidungen zu; ebensowenig lässt sich aus dem Demokratieprinzip eine Art Gewaltenmonismus in Form eines umfassenden Parlamentsvorbehalts ableiten[405]. Die Kompetenzen des Bundestags sind eingebettet in das differenzierte Institutionen- und Funktionengefüge des gewaltengegliederten Verfassungsstaats.

---

[402] Vgl. BVerfGE 25, 352 (365 f.); siehe aber auch BVerfGE 30, 108 ff.
[403] Vgl. BVerfGE 107, 395 (406).
[404] BVerfGE 77, 1 (40).
[405] BVerfGE 49, 89 (125 f.); 98, 218 (252).

2. Wahl und Wahlperiode

a) Grundzüge des Wahlrechts

Die Wahlrechtsprinzipien regelt Art. 38 GG.

> Weitere Regelungen enthalten vor allem das Bundeswahlgesetz und die Bundeswahlordnung.

Die Abgeordneten werden in allgemeiner, unmittelbarer, freier, gleicher und geheimer Wahl gewählt. Hinzu kommt mittlerweile der vom Bundesverfassungsgericht entwickelte Grundsatz der Öffentlichkeit der Wahl[406]. Bedeutsam ist namentlich der Grundsatz der Wahlgleichheit, der sich vom allgemeinen Gleichheitssatz (Art. 3 GG) durch seinen formalen Charakter unterscheidet und dem Gesetzgeber bei der Ordnung des Wahlrechts nur einen eng bemessenen Spielraum für Differenzierungen belässt[407]. Differenzierungen beim Zählwert der Stimmen sind schlechthin unzulässig. Die 5%-Sperrklausel, nach der eine politische Partei im Wahlgebiet 5% an Zweitstimmen (oder drei Direktmandate) erreichen muss, unterliegt auf Bundesebene – anders als ggf. auf kommunaler Ebene[408] – keinen Bedenken[409]. Ob die deutsche 5%-Klausel bei der Europawahl zulässig ist, wird das Bundesverfassungsgericht im Anschluss an eine mündliche Verhandlung im Mai 2011 in Kürze entscheiden[410].

Aktiv wahlberechtigt ist, wer das 18. Lebensjahr vollendet hat. Das passive Wahlrecht knüpft an die Volljährigkeit an, die gegenwärtig ebenfalls bei 18 Jahren liegt. Die Mitglieder des Bundestags werden nach einem personalisierten Verhältniswahlrecht zur einen Hälfte über den Wahlkreis (Direktmandat), zur anderen Hälfte über die Landeslisten gewählt.

b) Wahlperiode

Der Bundestag wird auf vier Jahre gewählt (Art. 39 Abs. 1 Satz 1 GG). Eine kürzere Wahlperiode ergibt sich lediglich für den Fall seiner vorzeitigen Auflösung durch den Bundespräsidenten. Diese kommt einmal im Zusammenhang mit der Wahl des Bundeskanzlers in Betracht: Erreicht zu Beginn der Wahlperiode oder nach Rücktritt des Bundeskanzlers während der Wahlperiode der im 3. Wahlgang Gewählte nicht die (absolute) Mehrheit der Stimmen der Mitglieder des Bundestags, so kann ihn der Bundespräsident ernennen oder den Bundestag auflösen (Art. 63 Abs. 4 Satz 3 GG). Die andere Möglichkeit des Bundespräsidenten, den Bundestag aufzulösen, erwächst im Falle der negativ beschiedenen Vertrauensfrage des Bundeskanzlers (Art. 68 GG). Es gibt die echte Vertrauensfrage, mit der der Kanzler seine Mehrheit bestätigt sehen will, sowie die unechte,

---

[406] BVerfGE 121, 266 (291 ff.); 123, 39 (68 ff.).
[407] Vgl. BVerfGE 98, 145 (160); siehe auch BVerfGE 99, 1 ff.
[408] BVerfGE 120, 82 (102 ff.).
[409] BVerfGE 95, 408 (419 ff.).
[410] Das Verfahren trägt die Aktenzeichen 2 BvC 4/10, 6/10, 8/10.

„auflösungsgerichtete" Vertrauensfrage, die letztlich die Auflösung des Bundestages bezweckt[411]. Allen Auflösungsmodalitäten liegt die Konstellation zugrunde, dass im Bundestag keine regierungsfähige Mehrheit besteht und das parlamentarische Regierungssystem daher nicht funktioniert. In beiden Fällen instabiler Mehrheitsverhältnisse ist der Bundespräsident nicht zur Auflösung verpflichtet; ihm verbleibt ein Ermessensspielraum, den er pflichtgemäß zu handhaben hat. Ein Selbstauflösungsrecht des Bundestags besteht nicht[412].

3. Die Funktionen des Bundestags

a) Parlamentarische Kontrolle

Als die klassische Funktion des Parlaments gilt die Kontrolle der Regierung. Ihr Korrelat ist die parlamentarische Verantwortlichkeit der Regierungsmitglieder (Art. 65 GG). In der Verfassungswirklichkeit des Parteienstaats ist für diese Kontrolle eine geänderte „Frontenstellung" kennzeichnend. Das entscheidende Spannungsverhältnis liegt nicht mehr im Gegensatz zwischen der Regierung und Parlament, sondern in der Konfrontation zwischen der Regierung samt der sie tragenden Parlamentsmehrheit einerseits und der Parlamentsminderheit (Opposition) andererseits[413].

aa) Der Bundestag wählt den Bundeskanzler. Dieser ist dem Bundestag parlamentarisch verantwortlich; ebenso die Bundesminister, auch wenn sie nicht vom Bundestag bestätigt bzw. abgewählt werden. Das schärfste Kontrollrecht ist das konstruktive Misstrauensvotum nach Art. 67 GG. Der Bundestag kann dem Bundeskanzler das Misstrauen nur dadurch aussprechen, dass er mit der Mehrheit seiner Mitglieder einen Nachfolger wählt.

bb) Eines der wesentlichen Instrumente der parlamentarischen Regierungskontrolle ist das Haushaltsbewilligungsrecht. Die Kompetenz zur Feststellung des Haushaltsplans[414] liegt nach Art. 110 Abs. 2 GG ausschließlich beim Gesetzgeber, der damit eine Grundsatzentscheidung für zentrale Bereiche der Politik während des Planungszeitraums trifft.

cc) Kontrollrecht des parlamentarischen Alltags ist das Zitier- und Interpellationsrecht nach Art. 43 Abs. 1 GG als Ausformung des allgemeinen Fragerechts[415].

dd) **Untersuchungsausschüsse** prüfen Unregelmäßigkeiten oder Missstände im Bereich der Verwaltung. Das Antragsrecht auf Einsetzung eines Ausschusses (Enquête-Recht) steht als Minderheitenrecht einem Viertel der Mitglieder des Bundestags zu (Art. 44 GG). Die Ausschüsse sind durch den Einsetzungsakt hinreichend legitimiert[416]. Das Untersuchungsrecht ist Teil des parlamentarischen

---

[411] BVerfGE 114, 121 (151).
[412] BVerfGE 62, 1 (36 ff.); 114, 121 (151).
[413] BVerfGE 105, 197 (222).
[414] Zur Rechtsnatur des Haushaltsplans BVerfGE 20, 56 (89 ff.). Zum Grundsatz der Vollständigkeit des Haushalts vgl. BVerfGE 108, 186 (216).
[415] BVerfGE 57, 1 (5).
[416] BVerfGE 77, 1 (41).

Kontrollrechts[417]. Doch ist ein Kernbereich exekutivischer Eigenverantwortung der Regierung unausforschbar.

> Der interne Willensbildungsprozess der Regierung und die Kabinettsdiskussion sind sozusagen als Intimbereich der Regierung der Untersuchung entzogen.

ee) Als **Hilfsorgan** des Bundestags bei der Ausübung der parlamentarischen Kontrolle wirkt der Wehrbeauftragte des Bundestags (vgl. Art. 45b GG).

b) Gesetzgebung

Im Bereich der Gesetzgebung ist der Bundestag das wichtigste der beteiligten Verfassungsorgane. Nur beim Bundestag können Gesetzesvorlagen eingebracht werden (Art. 76 Abs. 1 GG). Das Recht der Gesetzesinitiative steht (neben Bundesregierung und Bundesrat) auch einer Gruppe von Bundestagsabgeordneten zu („aus der Mitte des Bundestags"; nämlich einer Fraktion oder 5% der Mitglieder, § 76 GOBT). Nach Art. 77 Abs. 1 Satz 1 GG werden im Normalfall die Bundesgesetze vom Bundestag beschlossen. Die Gesetzesbeschlüsse des Bundestags bedürfen der Mitwirkung des Bundesrats (Art. 77, 78 GG), der mit dem Bundestag den Vermittlungsausschuss besetzt (Art. 77 Abs. 2 GG).

Das Grundgesetz kennt auch Abstimmungen und Beschlüsse, für die sog. qualifizierte Mehrheiten erforderlich sind.

> Bedeutsam: Ein das Grundgesetz änderndes Gesetz bedarf der Zustimmung von zwei Dritteln der Mitglieder des Bundestags (Art. 79 Abs. 2 GG).

c) Der Bundestag als Kreationsorgan

Der Bundestag ist an der Wahl bzw. Bestellung wichtiger Staatsorgane und Funktionsträger beteiligt.

- Er wählt den Bundeskanzler (Art. 63 GG). Eine Variante dieses Kreationsaktes stellt auch das konstruktive Misstrauensvotum nach Art. 67 GG dar. Es enthält gleichermaßen kontrollierende (Abwahl des alten Kanzlers) wie kreierende (Wahl des neuen Kanzlers) Elemente.
- Die Mitglieder des Bundestags wählen in der Bundesversammlung den Bundespräsidenten mit (Art. 54 Abs. 3 GG).
- Der Bundestag wählt die Hälfte der Mitglieder des Bundesverfassungsgerichts (Art. 94 Abs. 1 Satz 2 GG).

---

[417] BVerfGE 67, 100 (129); 105, 197 (222).

4. Die Parlamentsautonomie

Das Prinzip der Parlamentsautonomie[418] wurzelt in der Volkssouveränität des Art. 20 Abs. 2 GG.

– Verfassungsrechtlichen Rang hat das **Selbstversammlungsrecht** des Bundestags. Ein Selbstauflösungsrecht steht dem Bundestag dagegen nicht zu[419].

> Einige Landesverfassungen sehen das Selbstauflösungsrecht des jeweiligen Landesparlaments vor.

– Nach Art. 41 Abs. 1 Satz 1 GG ist die **Wahlprüfung** Sache des Bundestags, der auch darüber entscheidet, ob ein Abgeordneter die Mitgliedschaft verloren hat.
– Art. 40 Abs. 1 Satz 1 GG regelt das **Selbstorganisationsrecht**. Der Bundestag wählt seinen Präsidenten, dessen Stellvertreter und die Schriftführer. Zum Selbstorganisationsrecht zählen auch die Abläufe des Gesetzgebungsverfahrens, soweit es nicht in der Verfassung selbst geregelt ist, sowie die Funktion, Zusammensetzung und Arbeitsweise der Ausschüsse, die Wahrnehmung von Initiativ-, Informations- und Kontrollrechten, die Bildung und die Rechte von Fraktionen und die Ausübung des parlamentarischen Rederechts[420].
– **Hausrecht** und **Polizeigewalt** im Gebäude des Bundestags übt der Präsident aus, ohne dessen Genehmigung in den Räumen des Bundestags keine Durchsuchungen oder Beschlagnahmen stattfinden können.
– Nach Art. 40 Abs. 1 Satz 2 GG gibt sich der Bundestag eine **Geschäftsordnung**. Die Geschäftsordnung ist ihrer Rechtsnatur nach eine autonome Satzung[421]. Sie hat keinen Verfassungsrang.

5. Die Organisation des Bundestags

a) Fraktionen

Im Bundestag wirken Fraktionen, zu denen sich die Abgeordneten i.d.R. zusammenschließen (§ 10 Abs. 1 GOBT). Sie nehmen Koordinierungsaufgaben wahr[422]. Die Parlamentsfraktionen sind Teile und ständige Gliederungen der Volksvertretung, die hauptsächlich durch deren Geschäftsordnung anerkannt und mit eigenen Rechten ausgestattet sind[423]. In Fraktionen verkörpert sich auch die Parlamentsminderheit[424].

---

[418] BVerfGE 70, 324 (360); 102, 224 (236).
[419] BVerfGE 62, 1 (42); 114, 121 (151).
[420] BVerfGE 80, 188 (219); 102, 224 (236).
[421] BVerfGE 44, 308 (314 f.). Zur Geschäftsordnungsautonomie BVerfGE 96, 264 (283); 106, 253 (267).
[422] BVerfGE 102, 224 (239 f.).
[423] BVerfGE 20, 56 (104); 104, 151 (193).
[424] BVerfGE 45, 1 (29); 68, 1 (77).

b) Die politischen Parteien

Von den Fraktionen, die der staatlichen Willensbildung dienen, sind die sie tragenden politischen Parteien zu unterscheiden. Obwohl sie Einfluss auf die staatliche Willensbildung nehmen und durch Art. 21 GG in den Rang einer verfassungsrechtlichen Institution[425] erhoben sind, gehören sie anders als Parlament und Fraktion nicht zur institutionalisierten Staatlichkeit; sie sind dem gesellschaftlich-politischen Bereich verhaftet, in dem sich die Willensbildung des Volkes vollzieht[426].

> Verfahrensrechtlich werden die politischen Parteien, soweit es im Streit mit einem obersten Bundesorgan um ihren Status aus Art. 21 GG geht, jedoch als Verfassungsorgane behandelt, die im Organstreit gegen Staatsorgane klagen (können)[427].

c) Die Opposition

Kein organisierter und institutionalisierter Status kommt der „Opposition" als solcher zu. Die politische Opposition wird von den Parteien der Minderheit gebildet; ihre parlamentarische Repräsentanz findet sie in den Abgeordneten und in den von opponierenden Gruppierungen gebildeten Fraktionen[428]. Zahlreiche Einzelbefugnisse (Antragsrecht, Untersuchungsrecht) schützen die Opposition.

d) Die Ausschüsse

Als vorbereitende Beschlussorgane haben die Ausschüsse die Pflicht, bestimmte Beschlüsse zu empfehlen. Besondere Bedeutung kommt ihnen bei der Gesetzgebung zu, da sich der Schwerpunkt der Beratungen und Diskussionen zunehmend vom Parlament in die Ausschüsse verlagert hat. Untersuchungsausschüsse (Art. 44 GG) fungieren als Kontrollorgane.

6. Die Stellung des Abgeordneten

Die Abgeordneten sind frei und nur ihrem Gewissen unterworfen (Art. 38 Abs. 1 Satz 2 GG). Sie sind an Aufträge und Weisungen nicht gebunden. Der Abgeordnete bewegt sich in einem Spannungsverhältnis zwischen der Freiheit seines Mandats und einer Einordnung in die Fraktionsdisziplin[429]. Das freie Mandat schließt einen Fraktionszwang aus, der den Verlust des Mandats mit sich bringt. Ein Fraktionsausschluss ist dagegen zulässig. Die Position des Abgeordneten wird abgerundet durch die Immunität und Indemnität[430] sowie ein Zeugnisver-

---

[425] BVerfGE 4, 27 ff.; 12, 296 (306); 107, 339 (358).
[426] BVerfGE 20, 56 (104).
[427] Vgl. BVerfGE 4, 27 ff.; 84, 290 (298).
[428] BVerfGE 68, 1 (77).
[429] BVerfGE 102, 224 (239).
[430] BVerfGE 104, 310 (325 ff.).

weigerungsrecht (Art. 46, 47 GG)[431]. Der Abgeordnete erhält Diäten, die seine Unabhängigkeit sichern[432] (Art. 48 Abs. 3 Satz 1 GG).

> Wenn heute die Höhe der Diäten häufig skeptisch betrachtet wird, so erscheint dies gerade mit Blick auf Abgeordnete ohne jede berufliche Perspektive außerhalb der Politik nicht völlig unverständlich. Andererseits darf der historische Hintergrund der Diäten nicht aus dem Blick geraten: Sie sollen verhindern, dass nur begüterte Bürger in der Lage sind, sich eine Tätigkeit im Parlament leisten zu können. Ein aus heutiger Sicht reaktionäres Diätenverbot kannte die Reichsverfassung von 1871 (Art. 32), die damit Vertreter der ärmeren Schichten von der demokratischen Repräsentanz fern hielt.

Die Abgeordnetenstellung selbst ist nicht mehr aus den Grundrechten legitimiert. Der Abgeordnete ist Verfassungsorgan[433]. Sein Rederecht im Bundestag beispielsweise ergibt sich aus Art. 38 Abs. 1 Satz 2 GG, nicht aus Art. 5 Abs. 1 Satz 1 GG. Sofern er es für verletzt hält, ist er auf das Verfahren des Organstreits nach Art. 93 Abs. 1 Nr. 1 GG verwiesen. Die Verfassungsbeschwerde nach Art. 93 Abs. 1 Nr. 4a GG steht ihm insofern nicht zur Verfügung.

IV. Der Bundesrat

Eigenart und Struktur des Bundesrates werden bestimmt vom Charakter der Bundesrepublik Deutschland als eines Bundesstaats mit vertikaler Gliederung der Staatsgewalt. Durch den Bundesrat wirken die Länder bei der Gesetzgebung und Verwaltung des Bundes sowie in Angelegenheiten der Europäischen Union mit (Art. 50 GG).

1. Struktur und Funktion

Als Gegengewicht zu den Zentralorganen Bundestag und Bundesregierung verkörpert der Bundesrat die spezifisch föderative Komponente des Bundesstaats, indem er die Länder an der Bildung des Bundeswillens beteiligt. Der Bundesrat ist ein kollegiales Verfassungsorgan des Bundes, das aus Mitgliedern der Landesregierungen besteht[434]. Er ist nicht Organ der Länder, sondern föderatives Bundesorgan, das ausschließlich Bundeskompetenzen wahrnimmt (vgl. allerdings Art. 23 Abs. 2 Satz 1 GG). Seine eigenartige Struktur gestattet es nur den Landesregierungen, im Bundesrat über ihre Vertreter mittelbar an der Bildung des Bundeswillens mitzuwirken. An der Wahl des Bundespräsidenten ist

---

[431] BVerfGE 108, 251 (268 f.).
[432] BVerfGE 40, 296 (310 ff.); 102, 224 (238 f.).
[433] BVerfGE 60, 374 (379 f.); 80, 188 (208 f.); 94, 351 (362); 108, 251 (270 f.).
[434] BVerfGE 106, 310 (330); siehe auch BVerfGE 8, 104 (120).

der Bundesrat nicht beteiligt; das föderative Moment vertreten in der Bundesversammlung die Abgesandten der Länderparlamente. Die Aufgabe des Bundesrats liegt nicht so sehr in der Wahrnehmung selbstständiger staatlicher Leitungsfunktionen. Symptomatisch ist eine eher kontrollierende und korrigierende Einflussnahme auf den Gebieten der Gesetzgebung und Verwaltung des Bundes im Verhältnis zu den dazu primär instituierten Verfassungsorganen. Bei unterschiedlichen parteipolitischen Konstellationen in Bund und Ländern kann der Bundesrat zu einem politischen Gegengewicht, zum Instrument der Opposition werden, ohne dass dies den Vorwurf der Obstruktion nach sich ziehen muss. Die Eigentümlichkeit, dass seine Mitglieder ernannte Regierungsvertreter sind, verschafft dem Sachverstand der Länderexekutivspitze Geltung und trägt dem Umstand Rechnung, dass die Länder die Hauptlast der Verwaltung (Vollzug der Bundesgesetze) zu tragen haben. Die dosierte Stimmverteilung, die noch dem kleinsten Stadtstaat drei Stimmen zubilligt und auch dem größten Flächenstaat nur maximal sechs Stimmen zugesteht, verhindert Hegemonialstellungen und findet ihre Rechtfertigung in dem Prinzip der föderativen Egalität. Die Zusammensetzung des Bundesrats wird von den Grundsätzen der Staatengleichheit ebenso geprägt wie von der Stimmgewichtung nach der Bevölkerungsstärke der Länder[435]:

> Da der Bundesrat nicht auf einen einheitlichen Bestellungsakt zurückgeht und keine Amtsperioden, sondern nur einen gelegentlichen Wechsel der Mitgliedschaft einzelner Vertreter kennt, ist er permanentes („ewiges") Verfassungsorgan ohne personelle Diskontinuität.

Die prinzipielle Mitwirkung der Länder an der Gesetzgebung, die dem Bundesrat obliegt, ist durch Art. 79 Abs. 3 GG Verfassungsänderungen entzogen. Bei zulässigen Verfassungsänderungen ist auch die 2/3-Mehrheit der Mitglieder des Bundesrats erforderlich.

2. Verhältnis zu anderen Verfassungsorganen

Der Bundesrat ist die polare Ergänzung zum Bundestag, von dem er sich in wesentlichen Punkten unterscheidet. Während dieser die unitarische Repräsentanz des Bundesstaatsvolkes ist, verkörpert jener das föderative Moment. Während der Bundestag als einziges oberstes Verfassungsorgan des Bundes über unmittelbare demokratische Legitimation verfügt, ist die demokratische Legitimation des Bundesrats, dessen Mitglieder als Vertreter der Landesregierungen parlamentarisch kontrolliert werden, mittelbarer Natur. Während die Abgeordneten des Bundestags gemäß dem Repräsentationsprinzip weisungsunabhängig sind, unterliegen die Mitglieder des Bundesrats prinzipiell den Weisungen der Landesregierungen.

Bedeutsam ist namentlich seine Mitwirkung bei der Bundesgesetzgebung. Der Bundesrat ist keine echte zweite Kammer eines einheitlichen Gesetzge-

---

[435] BVerfGE 112, 118 (142).

bungsorgans, die gleichwertig mit der „ersten Kammer" entscheidend am Gesetzgebungsverfahren beteiligt wäre. Der Bundesrat wirkt lediglich mit[436]. Das Erfordernis der Zustimmung des Bundesrats zu einem Gesetz ist die Ausnahme[437].

> Die Mitwirkung eines Landes erfordert einheitliche Stimmabgabe (Art. 51 Abs. 3 Satz 2 GG). Daran fehlte es beim Abstimmungsverhalten der Vertreter des Landes Brandenburg im Rahmen der Zustimmung des Bundesrats zum Zuwanderungsgesetz[438].

3. Die wesentlichen Aufgaben und Befugnisse

a) Allgemeines

Die Mitwirkungsbefugnisse des Bundesrats umfassen Zuständigkeiten aus dem Bereich aller drei Staatsfunktionen. Der Bundesrat ist Gesetzgebungsorgan. Er wirkt im Bereich der Verwaltung des Bundes mit, und zwar sowohl in administrativen Fragen als auch in gubernativen, die Regierung im materiellen Sinne betreffenden Fragen. Schließlich ist er an der Wahl von Rechtspflegeorganen beteiligt. Bedeutsame Funktionen kommen dem Bundesrat im Notstandsfall (Staatsnotstand und Staatsnotrecht) bzw. in Ausnahmesituationen (Verfassungsstörungen) zu.

b) Gesetzgebung

Qualitativ am gewichtigsten ist die Mitwirkung an der Gesetzgebung.

aa) Änderungen des Grundgesetzes bedürfen nach Art. 79 Abs. 2 GG auch der Zustimmung von zwei Dritteln der Stimmen des Bundesrats. Die Einwirkungsmöglichkeiten auf die (einfache) Gesetzgebung des Bundes sind beträchtlich. Zwar werden die Bundesgesetze nach Art. 77 Abs. 1 GG allein vom Bundestag geschlossen, und der Bundesrat wirkt bei der Gesetzgebung lediglich mit. Diese Mitwirkung konkretisiert sich aber in wichtigen Einzelbefugnissen: Ausübung des Initiativrechts (Art. 76 Abs. 1 GG), Stellungnahme zu den Vorlagen der Bundesregierung im ersten Durchgang (Art. 76 Abs. 2 GG), Anrufung des Vermittlungsausschusses (Art. 77 Abs. 2 GG), Einlegung des Einspruchs gegen ein vom Bundestag beschlossenes Gesetz sowie Erteilung oder Verweigerung der Zustimmung (Art. 77 Abs. 3 GG).

bb) Die Zustimmungsbedürftigkeit ist die Ausnahme; die Regelvermutung spricht für bloße Einspruchsmöglichkeit[439].

---

[436] BVerfGE 37, 363 (380).
[437] BVerfGE 105, 313 (339).
[438] BVerfGE 106, 310 ff.
[439] BVerfGE 37, 363 (383).

> Die Zustimmungspflicht muss vom Grundgesetz besonders angeordnet sein[440]. Ein materielles Kriterium – etwa des Inhalts, die Interessen der Länder müssten berührt sein – reicht nicht; ein derartiges Kirterium existiert auch nicht. Umgekehrt ordnet das Grundgesetz die Zustimmungspflicht sicherlich in Fällen an, in denen die Länderinteressen besonders intensiv berührt sind. Beispiel: Art. 74 Abs. 2 i.V.m. Art. 74 Abs. 1 Nr. 25 GG. Der Bund darf die Staatshaftung regeln. Staatshaftung ist in der Hauptsache Haftung für Verwaltungsunrecht. Die Hauptmasse der Verwaltung, namentlich der Vollzug der Bundesgesetze (Art. 83 ff. GG), trifft die Länder, folglich auch die Haftung. Deshalb haben sich die Länder bei der Einführung des Art. 74 Abs. 1 Nr. 25 GG ein Zustimmungsrecht des Bundesrats (Art. 74 Abs. 2 GG) ausbedungen[441].

In der Verfassungswirklichkeit gründeten sich die meisten Fälle der Zustimmungsbedürftigkeit auf Art. 84 Abs. 1 GG: Seit der Föderalismusreform muss der Bundesrat nur noch zustimmen, wenn ein Bundesgesetz das Verwaltungsverfahren ohne Abweichungsmöglichkeit regelt (Art. 84 Abs. 1 Sätze 5, 6 GG). Damit sollen Verschiebungen im bundesstaatlichen Gefüge verhindert werden[442].

cc) Die Zustimmung des Bundesrats zu Rechtsverordnungen der Bundesregierung oder eines Bundesministers bestimmt sich nach Art. 80 Abs. 2 GG.

c) Vollziehung

Im Bereich der vollziehenden Gewalt werden Mitwirkungsrechte auf dem gubernativen und auf dem administrativen Sektor relevant. Der erste Bereich umgreift so heterogene Akte wie die Zitierung der Bundesregierung (Art. 53 Satz 1 GG), die Vertretung des Bundespräsidenten durch den Bundesratspräsidenten (Art. 57 GG) und die Stellungnahme zum Haushaltsplan (Art. 110 Abs. 3 GG). Im administrativen Bereich ist von Belang die Zustimmung zum Erlass allgemeiner Verwaltungsvorschriften der Bundesregierung für den Landesvollzug der Bundesgesetze (Art. 84 Abs. 2, 85 Abs. 2 Satz 1 GG); der Bundesrat ist in die Bundesaufsicht über die Länder eingeschaltet (Art. 84 Abs. 3 und 4 GG).

V. Die Bundesregierung

Die Bundesregierung hat maßgeblichen Anteil an der politischen Staatsleitung[443]. Sie ist die (gubernative) Spitze der vollziehenden Gewalt (Exekutive). Ihr herausragender Stellenwert wird durch das parlamentarische Regierungssystem der repräsentativen Demokratie westlicher Prägung bestimmt, das den Be-

---

[440] BVerfGE 108, 370 (397).
[441] Vgl. *Kunig,* in: v. Münch/Kunig (Hrsg.), GGK III, 5. Aufl., 2003, Art. 74 Rdnrn. 122, 126.
[442] BVerfGE 37, 363 (375 ff.); 75, 108 (150); 105, 313 (331).
[443] BVerfGE 105, 252 (268 ff.).

dingtheiten des modernen Parteienstaats unterliegt. Das Grundgesetz entscheidet sich für die Stabilität der Regierung, d.h. für die Gewährleistung der Regierungsfähigkeit[444].

1. Begriff und Rechtsstellung der Bundesregierung und ihrer Mitglieder

Die Bundesregierung besteht aus dem Bundeskanzler und den Bundesministern (Art. 62 GG). Nicht zur Bundesregierung gehören die beamteten und die Parlamentarischen Staatssekretäre, auch soweit die Letzteren die Amtsbezeichnung „Staatsminister" führen und an den Kabinettssitzungen teilnehmen.

2. Zustandekommen und Amtsdauer

a) Zustandekommen

Der für die Bildung der Bundesregierung entscheidende Akt ist die Wahl des Bundeskanzlers, der durch sein materielles Kabinettsbildungsrecht den bestimmenden Einfluss bei der Auswahl seiner Minister geltend macht. In der Verfassungspraxis erfährt das alleinige Bestimmungs- und Auswahlrecht des Bundeskanzlers allerdings Modifikationen; so vor allem durch seine regelmäßige Einbindung in eine Partei sowie durch Koalitionsvereinbarungen im Falle einer Mehrparteienregierung. Die Wahlmodalitäten scheinen formal und darüber hinaus prozedural verwirrend. Doch drücken sich in ihnen interessante Konstellationen der Kompetenzverteilung aus[445].

Der Bundeskanzler wird auf Vorschlag des Bundespräsidenten vom Bundestag ohne Aussprache gewählt (Art. 63 Abs. 1 GG). Im ersten Wahlgang ist gewählt, wer die Stimmen der Mehrheit der Mitglieder des Bundestags auf sich vereinigt. Der so Gewählte muss vom Bundespräsidenten ernannt werden. Erreicht der Vorgeschlagene die erforderliche Stimmenzahl nicht, kann der Bundestag binnen 14 Tagen in einem oder mehreren Wahlgängen auch einen nicht vom Bundespräsidenten vorgeschlagenen Bewerber zum Kanzler wählen (Art. 63 Abs. 3 GG). In diesem Fall kommen die Vorschläge aus der Mitte des Bundestags. Auch hier ist die absolute Stimmenmehrheit erforderlich und der Bundespräsident zur Ernennung des Gewählten verpflichtet. Kommt auch während dieser Phase eine Wahl nicht zustande, findet unverzüglich ein neuer Wahlgang statt, in dem gewählt ist, wer die meisten Stimmen erhält (relative Mehrheit; Art. 63 Abs. 4 Satz 1 GG). Ist diese Mehrheit zugleich die absolute Mehrheit, hat der Bundespräsident den Gewählten binnen sieben Tagen zu ernennen (Art. 63 Abs. 4 Satz 2 GG). Erreicht der Gewählte die absolute Mehrheit nicht, liegt es im Ermessen des Bun-

---

[444] BVerfGE 62, 1 (42 ff.); 67, 100 (129 f.).
[445] Vgl. BVerfGE 62, 1 (41 f.).

despräsidenten, ob er ihn ernennt oder den Bundestag auflöst (Art. 63 Abs. 4 Satz 3 GG). Der Grund für die Auflösungsmöglichkeit liegt in der Instabilität einer Regierung begründet, deren Kanzler bereits bei seiner Wahl nicht von der Mehrheit der Mitglieder des Parlaments getragen wird.

Die Bundesminister werden vom Bundespräsidenten auf Vorschlag des Bundeskanzlers ernannt (Art. 64 Abs. 1 GG). Einer Bestätigung durch das Parlament bedürfen Vorschlag und Ernennung der Bundesminister nicht.

b) Amtsdauer

Das Amt der Bundesregierung endet in jedem Fall mit dem Zusammentritt eines neuen Bundestags (Art. 69 Abs. 2 GG). Weitere Beendigungsgründe sind Rücktritt oder Tod des Kanzlers und die Wahl eines neuen Bundeskanzlers im Wege des konstruktiven Misstrauensvotums (Art. 67 GG).

3. Organisation und Verfahren

Art. 65 GG weist die Organstruktur der Bundesregierung als ein Mischsystem aus Kanzler-, Ressort- und Kabinetts- (bzw. Kollegial-)prinzip aus. Die herausgehobene Stellung des Bundeskanzlers erhellt aus seinem Kabinettsbildungsrecht sowie aus dem Umstand, dass nur er vom Parlament gewählt wird und diesem gegenüber unmittelbar verantwortlich ist.

Der Bundeskanzler bestimmt die Richtlinien der Politik und trägt dafür die Verantwortung (Art. 65 Satz 1 GG). Diese Richtlinienkompetenz beschränkt sich auf die Festsetzung eines Rahmens, den mit konkreten Inhalten auszufüllen den einzelnen Ressorts vorbehalten bleibt. Die Richtlinienkompetenz wirkt zudem nur regierungsintern, nicht gegenüber dem Parlament. Sie deckt insbesondere nicht die zeitweilige Außerkraftsetzung parlamentsbeschlossener Gesetze im Wege eines „Moratoriums". Innerhalb der vom Bundeskanzler bestimmten Richtlinien leitet jeder Bundesminister seinen Geschäftsbereich selbstständig und unter eigener Verantwortung (Art. 65 Satz 2 GG).

4. Aufgaben und Befugnisse

a) Die Regierung als Staatsleitung

Die verfassungsmäßige Ordnung im demokratischen Rechtsstaat setzt eine funktionsfähige und verantwortliche Regierung voraus. Die verfassungsgebende Gewalt hat in Art. 20 Abs. 2 und 3 GG und in den Art. 62 ff. GG auch die Regierung als verfassungsunmittelbare Institution und Funktion mit demokratischer Legitimation geschaffen[446]. Die Bundesregierung nimmt die Funktionen

---

[446] BVerfGE 68, 1 (88 f.).

der obersten politischen Staatsleitung, die des „Regierens" und die des „Verwaltens" im klassisch-technischen Sinne (Administrative) wahr. Ein Fundus von Regierungsfunktionen, welche die Bundesregierung in eigener Sachverantwortung gegenüber Volk und Parlament erfüllen kann, ist ihr verfassungsrechtlich zugeordnet; ebenso die Prärogative zur Formulierung der Regierungsaufgaben und -ziele.

aa) Die Staatsleitung wird nicht allein mit den Mitteln der Gesetzgebung und der richtungsweisenden Einwirkung auf den Gesetzesvollzug wahrgenommen, sondern auch durch die Verbreitung von Informationen an die Öffentlichkeit[447]. Die Verantwortung der Regierung gegenüber Parlament und Volk[448] setzt einen Kernbereich exekutivischer Eigenverantwortung voraus, der einen parlamentarisch nicht ausforschbaren Initiativ-, Beratungs- und Handlungsbereich einschließt[449]. Ein Monopol zur Staatsleitung hat die Regierung nicht. Die Staatsleitung wird nach Maßgabe der Kompetenzverteilung im Einzelnen vom Parlament und von der Regierung zur gesamten Hand wahrgenommen[450]. Das Grundgesetz verpflichtet die Bundesregierung, für einen Einsatz bewaffneter Streitkräfte die – grundsätzlich vorherige – konstitutive Zustimmung des Deutschen Bundestages einzuholen[451].

> Der konstitutive Parlamentsvorbehalt hat ein hohes Gewicht, weil die Bundeswehr ein Parlamentsheer ist[452]. Der konstitutive Parlamentsvorbehalt des Staatsorganisationsrechts ist vom grundrechtsbezogenen Parlamentsvorbehalt zu unterscheiden[453].

Der Bundespräsident ist demgegenüber in der Regel auf bloße Repräsentationsaufgaben und Vollzugsakte beschränkt. Lediglich bei Verfassungsstörungen hat er eigenständige politische Gestaltungsfunktionen.

b) Demokratische Legitimation

Die Bundesregierung hat mittelbare demokratische Legitimation i.S.d. Art. 20 Abs. 2 GG[454]. Eine Bundesregierung hat nur einen zeitlich begrenzten Auftrag. Damit ihr Verhalten dem Volk verantwortlich bleibt, bedarf sie wie auch die anderen personellen Träger der obersten politischen Staatsorgane in regelmäßig wiederkehrenden zeitlichen Abständen der demokratischen Legitimation durch Wahlen. Die Sachverantwortung der Regierung gegenüber Parlament und Volk darf nicht durch Mitwirkungsrechte des öffentlichen Dienstes ausgehöhlt werden[455].

---

[447] BVerfGE 105, 252 (268); 105, 279 (301).
[448] BVerfGE 9, 268 (281).
[449] BVerfGE 67, 100 (139); 108, 34 (44).
[450] *Ferdinand Kirchhof*, HStR IV, 3. Aufl., 2006, § 84 Rdnr. 15.
[451] BVerfGE 90, 286 (382); 121, 135 (153 ff.).
[452] BVerfGE 90, 286 (382); 108, 34 (44).
[453] BVerfGE 91, 148 (162).
[454] BVerfGE 49, 89 (125).
[455] BVerfGE 93, 37 (74).

c) Parlamentarisches Regierungssystem

Sinn des parlamentarischen Regierungssystems des Grundgesetzes ist die Kontrolle der Bundesregierung durch den Bundestag[456]. Parlamentarisch verantwortlich ist in erster Linie der Bundeskanzler; mittelbar sind es auch die Bundesminister. Das ursprüngliche Spannungsverhältnis zwischen Parlament und Regierung in der konstitutionellen Monarchie ist in der parlamentarischen Demokratie durch das politische Spannungsverhältnis zwischen der Regierung, den sie tragenden Parlaments-Fraktionen einerseits und der Opposition andererseits ersetzt[457]. Verfassungsrechtlich besonders bedeutsam ist die Verantwortlichkeit der Bundesregierung für den Bundeshaushalt. Mittel der parlamentarischen Kontrolle sind – neben der Wahl des Bundeskanzlers – Zitierungs- und Untersuchungsrechte (Art. 43, 44 GG). Der Bundestag kann dem Bundeskanzler nur dadurch das Misstrauen aussprechen, dass er mit der Mehrheit seiner Mitglieder einen Nachfolger wählt; sog. konstruktives Misstrauensvotum (Art. 67 GG). Der Bundeskanzler kann dem Bundestag die Vertrauensfrage stellen. Wird ihm das Vertrauen verweigert, kann der Bundespräsident auf Vorschlag des Bundeskanzlers den Bundestag auflösen (Art. 68 GG).

d) Gegenzeichnung

Der Bundeskanzler oder die Ressortminister zeichnen die Anordnungen und Verfügungen des Bundespräsidenten gegen (Art. 58 GG) und übernehmen dadurch die Verantwortung gegenüber dem Parlament.

e) Befugnisse bei der Rechtsetzung

Die Bundesregierung hat ein Gesetzesinitiativrecht (Art. 76 Abs. 1 GG). Die Vorlage des Haushaltsgesetzes (Art. 110 Abs. 3 GG) und des Gesetzes zu einem völkerrechtlichen Vertrag (Art. 59 Abs. 2 GG) ist allein Sache der Bundesregierung. Materiell setzt sie Recht durch den Erlass von Rechtsverordnungen (Art. 80 GG)[458].

> Rechtsverordnungen sind exekutive Rechtssätze. Sie müssen den Anforderungen des Art. 80 GG entsprechen, der namentlich eine parlamentarische Ermächtigung verlangt[459].

Die Bundesregierung erlässt Verwaltungsvorschriften (Art. 84, 85 GG). Nach Art. 113 GG kann sie die Zustimmung zu Gesetzen verweigern, welche die von ihr vorgeschlagenen Ausgaben des Haushaltsplanes erhöhen oder die Einnahmen vermindern.

f) Befugnisse bei der Verwaltung

Die Bundesregierung wird tätig auf den Gebieten der Ausführung der Bundesgesetze und der Bundesverwaltung. Sie übt die Bundesaufsicht über die Länder aus.

---

[456] BVerfGE 67, 100 (130).
[457] BVerfGE 105, 197 (222).
[458] Dazu BVerfGE 101, 1 (30 ff.); 106, 1 (12 ff.).
[459] BVerfGE 101, 116 (119 ff.); 107, 218 (234).

D. Die europäische Integration

I. Die offene Staatlichkeit des Grundgesetzes

Dem Grundgesetz liegt die Verfassungsentscheidung für eine offene Staatlichkeit zu Grunde. Der geschlossene Nationalstaat ist nicht sein Vorstellungsbild. Ein hermetisch abgeschotteter Souveränitätspanzer deutscher Staatlichkeit besteht nicht. Namentlich Art. 23 GG dokumentiert die Integrationsoffenheit des Grundgesetzes[460]. Die Schaffung einer Europäischen Union ist Staatsziel geworden. Die Integrationsgewalt ist allerdings beschränkt. Eine völlige Aufgabe deutscher Staatlichkeit findet nicht statt. Die Europäische Union ist ein Zweckverband, eine supranationale Organisation[461], eine Staatenverbindung, ein Staatenverbund[462], dem aber selbst Staatsqualität fehlt. Diese Staatenverbindung verfügt zwar über die eigentümliche Fähigkeit, ohne besondere Zustimmung oder Anerkennung des Mitgliedstaats Hoheitsgewalt auszuüben, die für die Unionsbürger in den Mitgliedstaaten verbindlich ist. Dieser Staatenverbund ist indessen nicht mit einer – einem souveränen Staat vergleichbaren – unbegrenzten Rechtsetzungsgewalt ausgestattet. Nationalem Verfassungsrecht würde eine solche Kompetenzausstattung widersprechen. Art. 23 Abs. 1 GG wie schon vor dessen Installierung Art. 24 Abs. 1 GG ermächtigt den Gesetzgeber genau besehen nicht (eigentlich) zur Übertragung von Hoheitsrechten, sondern öffnet die nationale Rechtsordnung derart, dass der ausschließliche Herrschaftsanspruch der Bundesrepublik Deutschland im Geltungsbereich des Grundgesetzes zurückgenommen und der unmittelbaren Geltung und Anwendbarkeit eines Rechts aus anderer Quelle innerhalb des staatlichen Herrschaftsbereichs Raum gelassen wird[463]. Das europäische Gemeinschaftsrecht (bzw. jetzt: Unionsrecht) hat Anwendungsvorrang[464]. Die Mitgliedstaaten bleiben indessen „Herren der Verträge"[465]. Für die Europäische Union bleibt – ebenso wie zuvor für die in der EU aufgegangene Europäische Gemeinschaft –[466] das Prinzip der begrenzten Einzelermächtigung symptomatisch (Art. 5 Abs. 1 Satz 1, Abs. 2 EUV)[467]. Zudem achtet die Union nach Art. 4 Abs. 2 Satz 1 EUV die nationale Identität der Mitgliedstaaten.

---

[460] BVerfGE 89, 155 (183).
[461] BVerfGE 22, 293 (296); 89, 155 (175).
[462] BVerfGE 123, 267 (371).
[463] BVerfGE 37, 271 (280); 58, 1 (28); 73, 339 (374).
[464] BVerfGE 106, 275 (295); 123, 267 (396 ff.).
[465] BVerfGE 75, 223 (242); 89, 155 (190).
[466] Neben der Europäischen Union besteht von den früheren Europäischen Gemeinschaften heute nur noch die Europäische Atomgemeinschaft (Euratom) weiter.
[467] BVerfGE 89, 155 (192 ff., 209 ff.); 123, 267 (381 ff.); 126, 286 (303).

II. Der Schutz deutscher Verfassungssubstanz

1. Die Grenzen der legalen Integration

Nationalstaatliche Verfassungsessenz muss vor einem unlimitierten Kompetenztransfer auf die Europäische Union gesichert werden[468]. Das Grundgesetz darf nicht sein Proprium verlieren. Ein identitätsbewahrender Kern an Verfassungssubstanz muss bleiben[469]. Der neu eingeführte Art. 23 Abs. 1 Satz 3 GG stellt diesen – schon für die frühere Rechtslage unter Art. 24 Abs. 1 GG vom Bundesverfassungsgericht[470] der Sache nach herausgearbeiteten – Befund nur noch einmal klar[471]: Die Grenze einer legalen Verfassungsänderung (Art. 79 Abs. 3 GG) bildet auch die Grenze der legalen Integration[472].

Der Schutz der identitätsbestimmenden Merkmale des Grundgesetzes war immer schon das Anliegen des Bundesverfassungsgerichts. Optisch allemal im Vordergrund standen die Grundrechte des Grundgesetzes, die eine Zeitlang kein Äquivalent in einem Standard europäischer Grundrechte fanden und an deren Maßstab das Bundesverfassungsgericht („solange"[473]) sekundäres Gemeinschaftsrecht kontrollierte. Doch kommen unter diesem vom verfassungsrechtlichen Substanzschutz geprägten Vorzeichen nicht nur die Grundrechte in Frage. Auch die bundesstaatliche Essenz musste vor einem unbegrenzten Zugriff der lange Zeit „landesblinden" Europäischen Gemeinschaft bewahrt werden[474]. Das gegenüber Verfassungsänderungen resistente „Hausgut"[475] von Landeskompetenzen darf nicht pauschal – auch nicht mit Zustimmung des Bundesrates oder gar des Bundes insgesamt – von den europäischen Organen reglementiert werden. Ebenso bedeutsam ist das Demokratieprinzip[476]. Die Organe der Europäischen Union sind gouvernemental, nicht allseits parlamentarisch strukturiert. Beklagt wird ein Demokratiedefizit.

2. Die Vorkehrungen des Art. 23 GG

Die **Integrationsöffnungsklausel** des Art. 23 GG statuiert eine Reihe von Voraussetzungen.

Zum einen ist es die **Struktursicherungsklausel** des Art. 23 Abs. 1 Satz 1 GG, die einiges an binnenstaatlicher Verfassungssubstanz als essenzielles Element zugleich der Unionsverfassung postuliert: Die Union soll demokratischen, rechtsstaatlichen, sozialen und föderativen Prinzipien sowie dem Grundsatz der Sub-

---

[468] BVerfGE 123, 267 (347 ff.); *Rupp*, ZRP 1993, 211.

[469] BVerfGE 37, 271 (279); 73, 339 (376); 123, 267 (353 f.).

[470] BVerfGE 31, 145 (174); 58, 1 (40); 75, 223 (240).

[471] BVerfGE 102, 147 (165).

[472] So zutreffend *Isensee*, Festschrift für Klaus Stern, 1997, S. 1248.

[473] BVerfGE 37, 271 ff.; 73, 339 ff.

[474] Vgl. BVerfGE 92, 203 ff.

[475] Zum Hausgut an Landeskompetenzen allgemein BVerfGE 34, 9 (20).

[476] BVerfGE 89, 155 (182 ff.); 123, 267 (356).

sidiarität verpflichtet sein. Sie muss einen dem Grundgesetz im Wesentlichen vergleichbaren Grundrechtsschutz gewährleisten. Die Klausel verbietet es (den Organen) der Bundesrepublik Deutschland, an der Schaffung einer Europäischen Union mitzuwirken, die den Anforderungen der Struktursicherung nicht gerecht wird.

Zum zweiten ist es die **Kompetenzübertragungsklausel** des Art. 23 Abs. 1 Satz 2 GG.

Der Bund kann zur Verwirklichung eines vereinten Europas durch Gesetz mit Zustimmung des Bundesrats Hoheitsrechte übertragen. Erforderlich ist ein formelles (Integrations-)Gesetz[477] des Bundes, das der Zustimmung des Bundesrats bedarf. Das Integrationsgesetz nimmt den ausschließlichen Herrschaftsanspruch der Bundesrepublik Deutschland in der innerstaatlichen Rechtsordnung zurück und verschafft dem Unionsrecht unmittelbare Geltung und Anwendbarkeit. Zugleich wird damit dessen prinzipieller Vorrang vor nationalem Recht legitimiert[478].

Zum dritten ist es die **Verfassungsbestandsklausel** des Art. 23 Abs. 1 Satz 3 GG.

Das Grundgesetz stellt nunmehr klar, dass sich die Integrationsgewalt des Bundes an der Tabuzone der Ewigkeitsgarantie des Art. 79 Abs. 3 GG bricht. Die Klarstellung verdeutlicht zugleich, dass nicht nur die Bundesstaatlichkeit, sondern auch die Kernsubstanz der Staatlichkeit selbst dem Integrationszugriff entzogen ist[479]. Hierin liegt die eigentliche Bedeutung der Verfassungsbestandsklausel. Der Gewährleistungsgehalt der Ewigkeitsgarantie in Angelegenheiten der Europäischen Union wird der Sache nach sogar angereichert, weil die Struktursicherungsklausel des Art. 23 Abs. 1 Satz 1 GG den Grundrechtsstandard des Grundgesetzes zur indisponiblen Richtgröße macht[480]. Zugleich unterliegt der Integrationsgesetzgeber bei der Zustimmung zu Vertragsänderungen und vergleichbaren Regelungen den qualifizierten Mehrheitserfordernissen des Art. 79 Abs. 2 GG.

Die Aussparung des Art. 79 Abs. 1 Satz 1 GG (**Textänderungsgebot**) durch Art. 23 Abs. 1 Satz 3 GG bedeutet freilich, dass die vom Grundgesetz für den Normalfall verpönte Verfassungsdurchbrechung (i.e. inhaltliche Verfassungsänderung ohne Verfassungswortlautänderung) zum regulären Integrationsinstrument avanciert[481].

III. Rechtshandlungen der Unionsorgane – sekundäres Unionsrecht

Gemäß dem Prinzip der begrenzten Einzelermächtigung, das Art. 288 AEUV zugrundeliegt und das ausdrücklich in Art. 5 Abs. 1, 2 EUV verankert wurde, können die Unionsorgane primär nur solche Rechtshandlungen vornehmen, die

---

[477] BVerfGE 89, 155 (183).
[478] Vgl. BVerfGE 73, 339 (375).
[479] *Ossenbühl*, DVBl. 1993, 632; *Paul Kirchhof*, HStR VII, 1992, § 183 Rdnr. 60.
[480] *Breuer*, NVwZ 1994, 423.
[481] So *Rupp*, JZ 1998, 217 mit Fn. 33.

ihnen ausdrücklich zugewiesen wurden. Für Bereiche hingegen, die nicht in die ausschließliche Zuständigkeit der Union fallen, haben die Unionsorgane bei der Vornahme von Rechtshandlungen die Kompetenzausübungsschranken des Subsidiaritätsprinzips (Art. 5 Abs. 3 EUV) sowie des Grundsatzes der Verhältnismäßigkeit (Art. 5 Abs. 4 EUV) zu beachten.

> Die Organe der EU sind gem. Art. 13 Abs. 1 EUV das Europäische Parlament, der Europäische Rat, der – nicht mit dem Europäischen Rat identische – Rat (oft auch Rat der Europäischen Union genannt), die Europäische Kommission, der Gerichtshof der Europäischen Union, die Europäische Zentralbank und der Rechnungshof.
>
> Das **Europäische Parlament**, dessen Mitglieder alle fünf Jahre unmittelbar von den Unionsbürgern gewählt werden, wird insbesondere gemeinsam mit dem Rat als Gesetzgeber tätig (Art. 14 Abs. 1 EUV).
>
> Der **Europäische Rat** besteht aus den Staats- und Regierungschefs der Mitgliedstaaten sowie den Präsidenten des Europäischen Rates und der Kommission. Er gibt der Union die für ihre Entwicklung erforderlichen Impulse und legt die allgemeinen politischen Zielvorstellungen und Prioritäten hierfür fest, wird jedoch nicht gesetzgeberisch tätig (Art. 15 EUV).
>
> Der in Art. 16 EUV geregelte **Rat** hingegen wird (gemeinsam mit dem Europäischen Parlament) als Gesetzgeber tätig. Er besteht aus je einem Vertreter jedes Mitgliedstaats auf Ministerebene. Daher wird er häufig als EU-Ministerrat bezeichnet. Je nach der zu behandelnden Materie tritt der Rat in der Besetzung durch andere Fachminister zusammen.
>
> Die Stellung der **Europäischen Kommission** (Art. 17 EUV) lässt sich mit derjenigen der Regierung auf nationaler Ebene vergleichen. Sie nimmt im Wesentlichen exekutive Funktionen wahr. Allerdings kommt ihr grundsätzlich das alleinige Initiativrecht für Gesetzgebungsakte zu (Art. 17 Abs. 2 Satz 1 EUV).
>
> Der **Gerichtshof der Europäischen Union** (Art. 19 EUV) umfasst – sprachlich wenig elegant – den Gerichtshof, das Gericht und Fachgerichte. Der Gerichtshof im letzteren Sinne ist der regelmäßig nur kurz als EuGH bezeichnete Europäische Gerichtshof, das Gericht ist das früher als „Gericht erster Instanz" bezeichnete EuG.
>
> Nähere Vorschriften zu diesen und den übrigen Organen finden sich in Art. 223 ff. AEUV[482].

Als Rechtsakte sieht Art. 288 Abs. 1 AEUV Verordnungen, Richtlinien, Beschlüsse, Empfehlungen und Stellungnahmen vor. Geschäfts- und Verfahrensordnungen haben als internes Recht keine Außenrelevanz[483].

---

[482] Ausführlich zu den einzelnen Organen *Bieber/Epiney/Haag*, Die Europäische Union, 9. Aufl., 2011, § 4, Rdnrn. 19 ff.; *Herdegen*, Europarecht, 13. Aufl. 2011, § 7.
[483] Vgl. *Schweitzer*, Staatsrecht III, 10. Aufl., 2010, Rdnr. 338.

Verordnungen (Art. 288 Abs. 2 AEUV) kommt allgemeine Geltung zu. Als abstrakt-generelle Normen besitzen sie damit Rechtssatzqualität. Sie sind in allen Teilen verbindlich und gelten unmittelbar in jedem Mitgliedstaat, indem sie ohne weitere nationale Transformation Bestandteil der innerstaatlich geltenden Rechtsordnung werden.

Richtlinien (Art. 288 Abs. 3 AEUV) sind, anders als die Verordnungen, nicht in den Mitgliedstaaten unmittelbar gültig, sondern nur für diese verbindlich. Dabei müssen sie vor allem verfassungsrechtlichen Besonderheiten der einzelnen Mitgliedstaaten Rechnung tragen und dürfen daher nur einen verbindlichen Rahmen vorgeben, der hinsichtlich der geeigneten Formen und Mittel des zu erreichenden Ziels ausfüllungsfähig bleiben muss. Somit bedürfen sie der normativen Umsetzung der einzelnen Mitgliedstaaten[484]. Sie dienen der Rechtsangleichung. Nicht umgesetzte Richtlinien können nationale Staatshaftungsansprüche auslösen[485].

Beschlüsse (Art. 288 Abs. 4 AEUV) sind, einem Verwaltungsakt i.S.d. § 35 Satz 1 VwVfG vergleichbar, für die Adressaten in allen Teilen verbindlich. Anders als die früheren „Entscheidungen" müssen sie sich nicht an bestimmte Adressaten richten, sondern können auch einen unbestimmten Adressatenkreis gerichtet sein.

Empfehlungen und Stellungnahmen (Art. 288 Abs. 5 AEUV) sind rechtlich nicht verbindlich. Ihnen kommen primär politische Wirkungen zu[486]. Jedoch können sie für Vertrauensschutz der Bürger und für die Auslegung des Unionsrechts[487] von Bedeutung sein.

Regelverfahren für die Gesetzgebung ist das „ordentliche Gesetzgebungsverfahren" nach Art. 289 Abs. 1 AEUV. Es besteht in der gemeinsamen Annahme einer Verordnung, einer Richtlinie oder eines Beschlusses durch das Europäische Parlament und den Rat auf Vorschlag der Kommission. In besonders geregelten Fällen erfolgt die Annahme einer Verordnung, einer Richtlinie oder eines Beschlusses im „besonderen Gesetzgebungsverfahren" nach Art. 289 Abs. 2 AEUV, d.h. durch das Europäische Parlament mit Beteiligung des Rates oder durch den Rat mit Beteiligung des Europäischen Parlaments.

IV. Unionsgrundrechte

1. Die EU-Grundrechte-Charta

Die Union erkennt gem. Art. 6 Abs. 1 EUV die Rechte, Freiheiten und Grundsätze der EU-Grundrechte-Charta an, die im gleichen Rang wie die Verträge stehen. Aufgrund dieses Verweises verfügt die EU nunmehr über einen geschriebe-

---

[484] *Schweitzer*, Staatsrecht III, 10. Aufl., 2010, Rdnrn. 344 ff.

[485] Vgl. *Detterbeck*, VerwArch. Bd. 85 (1994), S. 159 ff.

[486] Vgl. im Einzelnen *Hobe*, Europarecht, 6. Aufl., 2011, Rdnr. 41.

[487] *Herdegen*, Europarecht, 13. Aufl. 2011, § 8 Rdnr. 55.

nen, rechtsverbindlichen Grundrechtskatalog[488]. Dabei handelt es sich um eine Neuerung des Lissabon-Vertrages.

2. Die Verfassungsüberlieferungen der Mitgliedstaaten und die EMRK

Schon sehr viel früher hat der Europäische Gerichtshof auf die Notwendigkeit der Gewährleistung eines gemeinschaftsweiten Grundrechtsstandards hingewiesen[489]. Er hat im Laufe seiner Rechtsprechung eine ganze Reihe von Grundrechten bejaht. In Ermangelung einschlägiger Verbürgungen auf Gemeinschaftsebene hat er die Grundrechte aus Grundsätzen des Gemeinschaftsrechts, wie sie in den **Gemeinschaftsverträgen** zum Ausdruck kommen[490], vor allem aber aus den **gemeinsamen Verfassungsüberlieferungen** der Mitgliedstaaten sowie aus der **EMRK** abgeleitet[491] und sie als allgemeine Rechtsgrundsätze des Gemeinschafts- bzw. nun des Unionsrechts qualifiziert, bei denen es sich normenhierarchisch um Primärrecht[492], d.h. um im Range des Vertragsrechts stehendes Recht handelt. Die Verträge erkannten das an, indem sie schon seinerzeit an verschiedenen Stellen eine Bindung der Gemeinschaftsorgane an Gemeinschaftsgrundrechte zum Ausdruck brachten. Der durch den Maastricht-Vertrag von 1992 eingefügte heutige Art. 6 Abs. 3 EUV gießt den Inhalt dieser schon länger bestehenden Rechtsprechung in normative Form. Das führt zu einer nicht unproblematischen Parallelgeltung unterschiedlicher Grundrechtsbestände: Die letztlich im Wege richterlicher Rechtsfortbildung gewonnenen, in Art. 6 Abs. 3 EUV angesprochenen Grundrechte stehen neben den Grundrechten der EU-Grundrechte Charta, die aufgrund von Art. 6 Abs. 1 EUV gelten.

Zudem sieht Art. 6 Abs. 2 EUV den Beitritt der EU zur EMRK vor. Durch diesen Beitritt, der aktuell freilich noch nicht erfolgt ist, würde (bzw. wird) die EMRK selbst – also nicht nur in ihrer Qualität als Reservoir für die „Entdeckung" von Unionsgrundrechten – zu einer für das Unionsrecht verbindlichen Rechtsquelle[493].

V. Das Bundesverfassungsgericht und die europäische Integration

1. Der Umfang der Kontrollbefugnis

Namentlich die Frage nach der Konkordanz sekundären Gemeinschaftsrechts mit den deutschen Grundrechtsstandards hat zu der grundlegenden Frage An-

---

[488] *Kingreen*, in: Callies/Ruffert, EUV/AEUV, 4. Aufl. 2011, Art. 6 EUV Rdnr. 8.

[489] EuGHE 1957, 83 (118); 1969, 425.

[490] Dazu *Pernice*, NJW 1990, 2409 (2413).

[491] Vgl. z.B. EuGHE 1989, 2609 (2639).

[492] EuGHE 1979, 3727 (3744); *Bieber/Epiney/Haag*, Die Europäische Union, 9. Aufl., 2011, § 6 Rdnr. 15.

[493] *Kingreen*, in: Callies/Ruffert, EUV/AEUV, Art. 6 EUV Rdnr. 7.

lass gegeben, wie weit die Befugnis des Bundesverfassungsgerichts reicht, Gemeinschaftsrecht und dessen Anwendung in Deutschland auf seine Vereinbarkeit mit dem Grundgesetz zu kontrollieren.

> Beim sekundären Gemeinschaftsrecht (bzw. jetzt: Unionsrecht) handelt es sich namentlich um Verordnungen, Richtlinien und Beschlüsse gem. Art. 288 Abs. 1 AEUV. Der Gegensatz zum sekundären Unionsrecht ist das Primärrecht; das sind die (Gründungs-)Verträge selbst.

Die Problematik fokussiert im Anspruch des Bundesverfassungsgerichts zu prüfen, ob Rechtsakte der europäischen Einrichtungen und Organe sich in den Grenzen der ihnen eingeräumten Hoheitsrechte halten oder aus ihnen ausbrechen. Aus der Verklammerung des nationalen Verfassungsrechts mit dem Unionsrecht ergibt sich eine Überschneidung der Jurisdiktionssphären und Rechtsprechungsaufgaben des Bundesverfassungsgerichts und des Europäischen Gerichtshofs, die an sich auf jeweils verschiedenem Rechtsgrund beruhen und klar getrennt sind[494]. Die Überschneidung kulminiert in den Fragen, ob beiden Gerichten getrennte Zuständigkeiten zugewiesen sind[495], ob ein Jurisdiktionsvorrang des Europäischen Gerichtshofs auch gegenüber dem Bundesverfassungsgericht besteht oder ob das Bundesverfassungsgericht seine Rechtsprechung über die Anwendbarkeit von abgeleitetem Gemeinschaftsrecht in Deutschland in einem Kooperationsverhältnis zum Europäischen Gerichtshof ausübt[496].

Ursprünglich hatte das Bundesverfassungsgericht in seiner **Solange I**-Entscheidung[497] für sich in Anspruch genommen, sekundäres Gemeinschaftsrecht generell einer Wirksamkeitskontrolle am Maßstab des Grundgesetzes zu unterziehen, solange das Gemeinschaftsrecht nicht einen Grundrechtskatalog enthält, der dem Katalog des Grundgesetzes adäquat ist. Die Entscheidung wurde vielfach als desintegrativ kritisiert[498]. Insbesondere wurde ihr entgegengehalten, dass – obwohl das Gemeinschaftsrecht über keinen kodifizierten Grundrechtskatalog verfügt – aufgrund der Rechtsprechung des Europäischen Gerichtshofs bereits zu diesem Zeitpunkt ein dem Grundgesetz inhaltlich vergleichbarer Grundrechtsschutz auf Gemeinschaftsebene existierte.

Das Bundesverfassungsgericht deutete in zwei Folgebeschlüssen an, dass es **vielleicht**[499] bereit sei von seiner Position Abstand zu nehmen, da sich **mittlerweile**[500] der gemeinschaftsrechtliche Grundrechtsschutz weiterentwickelt habe.

---

[494] *Badura*, Staatsrecht, 4. Aufl., 2010, H 56.
[495] So *Schlaich/Korioth*, Das Bundesverfassungsgericht, 8. Aufl., 2010, Rdnr. 365.
[496] So BVerfGE 89, 155 (175).
[497] BVerfGE 37, 271 ff.
[498] Vgl. die Nachweise bei *Hummer/Simma/Vedder/Emmert*, Europarecht in Fällen, 2. Aufl., 1994, S. 105.
[499] BVerfGE 52, 187 ff.
[500] BVerfG NJW 1983, 1258.

In seiner **Solange II**-Entscheidung[501] vom 22.10.1986 stellte es dann quasi in Umkehrung der Solange I-Rechtsprechung fest, dass nunmehr ein gemeinschaftsrechtlicher Grundrechtsschutz existiere, der dem des Grundgesetzes im Wesentlichen gleichzuachten sei. In dessen Konsequenz würde das Bundesverfassungsgericht seine Gerichtsbarkeit über die Anwendbarkeit von abgeleitetem Gemeinschaftsrecht nicht mehr ausüben und dieses nicht mehr am Maßstab des Grundgesetzes überprüfen, solange ein dem Grundgesetz gleichwertiger gemeinschaftsrechtlicher Grundrechtsschutz besteht.

2. Das Kooperationsverhältnis

In der **Maastricht-Entscheidung**[502] stellte das Bundesverfassungsgericht seine Position nochmals klar. Es bezeichnet sein Verhältnis zum Europäischen Gerichtshof nunmehr als ein **„Kooperationsverhältnis"**[503]. Diese Formulierung bringt in der Sache aber nichts Neues, insbesondere keine Abkehr vom Solange II-Beschluss. In der Maastricht-Entscheidung reklamiert das Bundesverfassungsgericht weiter eine Art **„ruhenden" Kompetenzvorbehalt**, der den Extremfall im Auge hat[504]: Es bleibt bei einem substanziellen Reservevorbehalt des Bundesverfassungsgerichts, das seine Gerichtsbarkeit dann ausüben wird, wenn der individuelle Grundrechtsschutz auf Gemeinschaftsebene nicht mehr gewährleistet sein sollte. Entsprechend sei zu verfahren, wenn Fehlentwicklungen, die z.B. durch das potenzielle Demokratiedefizit der vorwiegend gouvernemental inspirierten europäischen Integration bedingt sein können, dazu führen, dass Gemeinschaftsorgane aus den Grenzen der ihnen vertraglich eingeräumten Hoheitsrechte ausbrechen. Die Begründungsanforderungen für den Nachweis, dass der generelle Grundrechtstandard des Gemeinschaftsrechts gesunken sei, sind extrem hoch[505].

Nur unter diesen erschwerten Bedingungen könnten daher auch deutsche Rechtsnormen zum Gegenstand einer Prüfung des Bundesverfassungsgerichts gemacht werden, soweit sie Unionsrecht (wie insbesondere eine Richtlinie) umsetzen, das keinen Umsetzungsspielraum lässt. Anders verhält es sich jedoch, wenn dem deutschen Gesetzgeber Spielraum bei der Umsetzung zukommt oder wenn er über die Vorgaben des Unionsrechts hinausgeht. In diesen Fällen bleibt er an die Grundrechte des Grundgesetzes gebunden; entsprechende Rechtsnormen können (u.a.) im Wege der Verfassungsbeschwerde zulässigerweise angegriffen werden[506].

In der **Lissabon-Entscheidung**[507] bekräftigte das Bundesverfassungsgericht seinen Kurs. Es behält sich eine Ultra-vires-Kontrolle vor, die im Fall ausbre-

---

[501] BVerfGE 73, 339 ff.; vgl. auch BVerfGE 102, 147 ff.
[502] BVerfGE 89, 155 ff.
[503] Zum Verhältnis von BVerfG, EuGH und EGMR insgesamt *Voßkuhle*, NVwZ 2010, 1.
[504] *Bethge*, in: Maunz/Schmidt-Bleibtreu/Klein/Bethge (Hrsg.), BVerfGG, Vorb. Rdnr. 335.
[505] BVerfGE 102, 147 (164).
[506] BVerfGE 121, 1 (15); 125, 260 (306 f.).
[507] BVerfGE 123, 267 (353 f.); s. auch BVerfGE 126, 286 (302).

chender Rechtsakte europäischer Organe greift. Des Weiteren prüft es, ob der unantastbare Kerngehalt der Verfassungsidentität des Grundgesetzes nach Art. 23 Abs. 1 Satz 3 i.V.m. Art. 79 Abs. 3 GG gewahrt ist (Identitätskontrolle)[508]. Insoweit ist das Grundgesetz „integrationsresistent"[509]. Die Kontrolle durch das Bundesverfassungsgericht erfolgt aber „europarechtsfreundlich"[510].

---

[508] Siehe auch BVerfGE 113, 273 (296).
[509] Lesenswert *Isensee*, ZRP 2010, 33 ff.
[510] BVerfGE 126, 286 (303).

2. Teil
Die Grundrechte

A. Allgemeine Grundlagen

I. Grundrechte und Verfassung

Die didaktische Behandlung der Grundrechte erst im Anschluss an die staatsorganisationsrechtlichen Partien des Grundgesetzes hat nichts mit einer angeblichen Nachrangigkeit der Freiheitsrechte zu tun. Das Gegenteil ist der Fall. Das Grundgesetz ist eine Grundrechtsverfassung von hoher Perfektion[511]. Das kommt nicht von ungefähr. Der verfasste Rechtsstaat kann erst dann mehr als ein formelles Legitimitätsproblem, nämlich ein „Staat des Rechts" sein, wenn er sich auch in der Verfassungsurkunde anerkennend und gewährleistend der Grundrechte annimmt[512]. Es entspricht dem Ideal des Verfassungsstaats, dass in den Grundrechten der eigentliche Sinn und Wortgehalt der geschriebenen Verfassung liegt[513]. Der Verfassungsstaat des Grundgesetzes ist ein vorrangig den Grundrechten verpflichtetes und vorzüglich von ihnen legitimiertes Gemeinwesen[514]. Das Bundesverfassungsgericht stellt denn auch fest: „Die Grundrechte bilden einen untrennbaren Teil der Verfassung; sie sind der eigentliche Kern der freiheitlich-demokratischen Ordnung des staatlichen Lebens im Grundgesetz"[515]. Das Grundgesetz verbürgt den Grundrechtskatalog gleich in seinem ersten Abschnitt und entspricht damit dem Anspruch, dass die Freiheitsrechte eigentlich an den Anfang der Verfassungsurkunde gehören[516]. Auch insoweit hebt sich das Grundgesetz von der Weimarer Reichsverfassung ab, die sich erst im zweiten Hauptteil – dort freilich sehr aussagefreudig – über die „Grundrechte und Grundpflichten der Deutschen" auslieβ. Im Studium und im Examen stellen die Grundrechte einen unverzichtbaren Schwerpunkt dar[517].

II. Geschichtliche Bezüge

Die Grundrechte haben keinen einheitlichen Ursprung. Es gibt mehrere historische Entwicklungslinien. Eine liegt im „Urgrundrecht" auf Schutz vor willkürlicher Verhaftung, das sich schon in der Magna Charta Libertatum von 1215 fest-

---

[511] Eine exzellente, schon monographische Übersicht, die man aber auch zu Einzelaspekten heranziehen kann, findet man bei *Horst Dreier*, in: Horst Dreier (Hrsg.), GG, Bd. 1, 2. Aufl., 2004, Vorbemerkungen vor Artikel 1 GG, S. 39 ff.

[512] *Bethge*, Der Staat Bd. 24 (1985), S. 351.

[513] *Kaufmann*, VVDStRL Heft 4 (1928), S. 77.

[514] BVerfGE 58, 1 (40).

[515] BVerfGE 31, 58 (73); 43, 154 (167); vgl. auch BVerfGE 37, 271 (280); 123, 267 (335).

[516] *Konrad Hesse*, EuGRZ 1978, 427.

[517] *Hufen*, Staatsrecht II, 2. Aufl., 2009, § 1 Rdnr. 3.

machen lässt, obwohl es sich dabei – aus heutiger Sicht – um ein Adelsprivileg, nicht um ein „Jedermanns"-Grundrecht des gemeinen Mannes handelte. Einen anderen Entstehungsgrund liefert das Grundrecht der Religionsfreiheit (Glaubensfreiheit) als Folge der Konfessionskriege. Es bildete den Ausgangspunkt für die Herausbildung anderer Gewährleistungen (die Gewissensfreiheit). Überhaupt sind Grundrechte Reaktionen auf historische Gefährdungslagen[518]. Sie sind durch den Kontrast mit der früheren Staatsordnung hervorgerufen[519]. Die erst im Grundgesetz (Art. 5 Abs. 1 Satz 2 GG) zum ersten Mal verfassungsrechtlich verbürgte Freiheit der Berichterstattung durch den Rundfunk – kurz: die Rundfunkfreiheit[520] – ist die Konsequenz des Missbrauchs des Mediums durch den totalitären NS-Staat[521]. Eine ähnliche Motivation lässt sich für das Grundrecht der Kriegsdienstverweigerung (Art. 4 Abs. 3 GG) ausmachen. Mit der Gewährleistung des Grundrechts auf Asyl (Art. 16a GG) auch in seiner mittlerweile geänderten Fassung reagierte das Grundgesetz auf das Gastrecht, das andere Rechtsordnungen NS-Verfolgten anboten.

III. Grundrechte und Staat

1. Grundrechte als Minderheitenrechte

Grundrechte sind **Minderheitenrechte** gegenüber der organisierten Staatlichkeit. Sie unterliegen nicht der Disposition der Mehrheit des Volkes. Die grundrechtsgestützte Position des Einzelnen wird nicht von der volonté générale (*Rousseau*) absorbiert. Die demokratische Mehrheitsentscheidung macht nicht den Grundrechtsschutz entbehrlich. Die Volkssouveränität lässt sich nicht zulasten der Freiheitsrechte auscpielen. Für den Gesetzgeber hat dies Auswirkungen. Auch er ist nach Art. 1 Abs. 3 GG an die Grundrechte gebunden.

2. Grundrechte als Jedermanns-Rechte

Grundrechte sind keine Toleranzen (eines aufgeklärten Monarchen) und keine Privilegien (einer Elite, Kaste oder Schicht). Sie sind vielfach angeborene und unveräußerliche Menschenrechte. Sie sind Jedermanns-Rechte. Das Grundgesetz ist privilegienfeindlich[522].

3. Die Grundrechtsverpflichtung des Staates

Grundrechte sind keine Verheißungen oder gar Geschenke des Staates. Das macht sich auch in einer sensiblen Juristensprache bemerkbar: Der Staat **gewährt** nicht die Grundrechte, er **gewährleistet** sie.

---

[518] BVerfGE 6, 55 (71); 27, 71 (84).
[519] *Georg Jellinek*, System der subjektiven öffentlichen Rechte, 2. Aufl., 1919, S. 95.
[520] BVerfGE 35, 202 (221).
[521] *Hufen*, Staatsrecht II, 2. Aufl., 2009, § 28 Rdnr. 1.
[522] BVerfGE 40, 296 (317).

a) Die logische Priorität der Grundrechte

Das Vorstellungsbild drückt auch die Idee von der Vorstaatlichkeit der Grundrechte aus. Sicherlich darf daraus kein kämpferischer Affront gegenüber jeder Staatlichkeit abgeleitet werden, die sich unter dem Grundgesetz als demokratisch legitimierte und rechtsstaatlich gebundene Herrschaftsform darstellt. Erst die staatlich verfasste Friedens- und Ordnungsmacht[523] verschafft den Grundrechten Entfaltungsmöglichkeiten. Der Staat ist nicht nur Widersacher der Grundrechte; er ist Grundrechtsverbürgungsanstalt[524] und organisierte Grundrechtssicherung gegen Private[525]. Doch stellt sich in der Vorstellung der Vorstaatlichkeit der Grundrechte die logische Priorität der Freiheitsrechte dar: Der Staat ist um des Menschen willen da, nicht umgekehrt. Vor allem: Freiheitsrechte sind unabgeleitete, ursprüngliche und urwüchsige Rechtspositionen, deren Gebrauch gegenüber der staatlichen Herrschaftsmacht nicht eigens und besonders gerechtfertigt zu werden braucht. Sie stehen mit eigener Logik für sich selbst[526].

b) Der allgemeine Freiheitsanspruch des Bürgers

Grundrechten immanent ist die prinzipielle Freiheitsvermutung. Sie sind Ausdruck des allgemeinen Freiheitsanspruchs des Bürgers gegenüber dem Staat[527]. Es gilt das rechtsstaatliche Verteilungsprinzip, das von der grundsätzlich unbeschränkten Freiheit des Bürgers und der prinzipiell begrenzten Staatsgewalt ausgeht[528]. Darum trifft den Staat für den Fall eines Eingriffs in Grundrechtspositionen – z.B. durch Verbot einer Versammlung – eine besondere Rechtfertigungslast. Gelingt dieser Nachweis dem Staat nicht, ist der Eingriff grundrechtswidrig; das Staatshandeln verstößt also gegen das Grundrecht (hier Art. 8 Abs. 1 GG) und damit gegen die Verfassung.

c) Die Aktualität der Grundrechte

Art. 1 Abs. 3 GG nimmt alle drei Funktionen der Staatsgewalt in Pflicht. Er ist die Grundaussage des Grundgesetzes über die **Aktualität** der Grundrechte. Aktualität hat nichts mit bloßer Popularität oder tagespolitischer Attraktivität der Grundrechte zu tun, sondern ist der juristische Terminus für die Qualität der Grundrechte als unmittelbar verbindliches, d.h. alle Staatsgewalt bindendes Verfassungsrecht. Die Grundrechte sind keine bloßen Programmsätze oder Versprechungen, deren Realisierung im Belieben des Staates läge. Die Grundrechte haben absoluten Geltungsvorrang. Sie nehmen teil am Vorrang der Verfassung (Art. 20 Abs. 3 GG), des Grundgesetzes also. Die durch Art. 1 Abs. 3 GG gewährleistete Aktualität der Grundrechte wird bekräftigt durch die Komplementärvorschrift des Art. 93 Abs. 1 Nr. 4a GG: In jedem Falle einer Verletzung der

---

[523] BVerfGE 49, 24 (56 f.); 120, 274 (319).
[524] *Bethge*, NJW 1995, 560.
[525] *Hans H. Klein*, VVDStRL Heft 30 (1972), S. 170.
[526] *Bethge*, NJW 1982, 2148.
[527] BVerfGE 65, 1 (44).
[528] *Bethge*, VVDStRL Heft 57 (1998), S. 11 m.w.N.

Grundrechte durch die öffentliche Gewalt kann die Verfassungsbeschwerde zum Bundesverfassungsgericht erhoben werden, das den grundrechtswidrigen Akt aufhebt.

d) Grundrechte und Gesetzgeber

Die Aktualität der Grundrechte trifft auch den Gesetzgeber. Das Parlament, das die Rechtsetzungsprärogative hat, ist nicht souverän. Es ist an die grundrechtlichen Wertentscheidungen gebunden (Art. 1 Abs. 3 GG).

aa) Auch das einstimmig beschlossene Parlamentsgesetz kann Grundrechte verletzen, weil und wenn diese dem Minderheitenschutz dienen. Ein grundrechtswidriges Gesetz ist verfassungswidrig und daher – für den Regelfall – von Anfang an (ex tunc) nichtig[529]. Ein Gesetz, das mit der Verfassung übereinstimmen soll, muss also **mindestens** doppelt genäht sein: Es bedarf zum einen der Mehrheit in den bzw. der Mitwirkung der in das Gesetzgebungsverfahren eingebundenen parlamentarischen Körperschaften (Bundestag, Bundesrat); es muss zum anderen mit den Grundrechten als Minderheitenrechten übereinstimmen. Erst dann ist es – formell und materiell – verfassungsmäßig.

> Wenn ein verfassungsmäßiges Gesetz **mindestens** doppelt genäht sein muss, wirft dies die Frage nach zusätzlichen Voraussetzungen auf. Diese gibt es in der Tat. Im Bundesstaat des Grundgesetzes muss auch auf die Einhaltung der Verbandskompetenz im Bereich der Gesetzgebungszuständigkeiten geachtet werden (Art. 30, 70 ff. GG).

bb) Die Entscheidung des Grundgesetzes für die Grundrechtsbindung auch des demokratisch legitimierten (Parlaments-)Gesetzgebers ist eine entschiedene Absage an Fehlentwicklungen unter der Weimarer Reichsverfassung. In Weimar standen die Freiheitsrechte – immerhin vom Reichsgericht pathetisch als Heiligtum des deutschen Volkes gefeiert[530] – zur Disposition des einfachen Gesetzgebers. Sie waren die abhängige Funktion einer beliebigen Veränderlichkeit. Das Parlament, erst recht der präsidiale Notverordnungsgeber, konnte über die Grundrechte verfügen. Das führte zum „Leerlaufen" der Grundrechte und veranlasste den Grundgesetzgeber zur Statuierung des Gegenprogramms in Art. 1 Abs. 3 GG in Gestalt der Grundrechtsverpflichtung auch der gesetzgebenden Gewalt. Ein geflügeltes Wort: In Weimar galten Grundrechte nach Maßgabe der Gesetze; in Bonn (natürlich jetzt auch in Berlin) gelten Gesetze nach Maßgabe der Grundrechte. Auch heute noch signalisieren Begriffe bzw. Vorwürfe wie „Leerlauf der Grundrechte" oder „Weimarisierung"[531] der Grundrechte traumatische Ängste um die Effektivität des Grundrechtsschutzes.

---

[529] BVerfGE 68, 384 (390); 116, 229 (242).
[530] RGZ 102, 161 (165).
[531] *Oppermann*, JZ 1981, 726.

IV. Die Dimensionen der Grundrechte

Zur Funktion der Grundrechte[532] gehört nicht nur ihre Staatsrichtung, d.h. die Bindung des Staates, sondern auch ihre inhaltliche Reichweite.

1. Die Eingriffsabwehr

Der primäre Inhalt der Grundrechte, die „Sinnmitte"[533], ist die Eingriffsabwehr[534]. Die Freiheitsrechte sind in erster Linie auf Unterlassung ausgerichtet. Nicht nur die Wortfassung der Grundrechte ist tief in der Tradition des Liberalismus verhaftet.

a) Die negatorische Funktion

Auch inhaltlich laufen die Freiheitsrechte hauptsächlich auf die Sicherung existenter Freiheit und auf die Abwehr rechtswidriger staatlicher Eingriffe hinaus. Der sog. **status negativus** dominiert. Mit der Verbürgung grundrechtlicher Unterlassungsansprüche und Abwehrrechte ist das Grundgesetz dem Beispiel der meisten im westlichen Grundrechtsdenken verhafteten europäischen Verfassungen gefolgt.

b) Rechtsstaatliche Bezüge

Die liberalen Grundrechte mit ihrer staatsgerichteten Abwehrfunktion stehen in engem Zusammenhang mit dem Rechtsstaatsprinzip, das eine verfassungsgestaltende Grundentscheidung darstellt. Rechtsstaatsprinzip und Grundrechtsschutz sind kein Gegensatzpaar[535]. Die subjektiven Freiheitsrechte finden ihre Ergänzung, wenn nicht gar Entsprechung im objektiven Rechtsstaatsgrundsatz. Teilweise besteht nahezu völlige Identität. Das betrifft vor allem die Justizgrundrechte (Art. 101–104 GG).

> Das Recht auf den gesetzlichen Richter; das Verbot von Ausnahmegerichten; Recht auf rechtliches Gehör; das Gebot: keine Strafe ohne Gesetz (nulla poena sine lege)[536]; das Verbot der Doppelbestrafung; Schutz vor willkürlicher Verhaftung.

Entsprechendes gilt für das aus Art. 2 Abs. 1 GG i.V.m. Art. 1 Abs. 1 GG folgende Recht, sich nicht selbst einer Straftat bezichtigen zu müssen[537].

---

[532] Dazu *Voßkuhle/Kaiser*, JuS 2011, 411 ff.
[533] BVerfGE 61, 82 (101).
[534] BVerfGE 7, 198 (204 f.); 68, 193 (205); 115, 320 (358).
[535] *Pieroth*, AöR Bd. 115 (1990), S. 39; *Papier/Möller*, AöR Bd. 122 (1997), S. 183.
[536] BVerfGE 95, 96 (128 ff.): Rückwirkende Strafverfolgung in Fällen von DDR-Unrecht.
[537] BVerfGE 95, 220 (242).

In lateinischer Klarheit: nemo tenetur se ipsum accusare.

Auch im Übrigen können Verstöße gegen das Rechtsstaatsprinzip verfahrensrechtlich als Grundrechtsverstoß geltend gemacht werden[538]. Das betrifft den rechtsstaatlichen Grundsatz des Vertrauensschutzes[539], das Verhältnismäßigkeitsprinzip[540] und den Anspruch auf ein faires Verfahren[541].

2. Grundrechte als Leistungsrechte

Diese sog. negatorische Funktion der Freiheitsrechte des Grundgesetzes ist von immensem Wert. Doch stellt sich im Sozialstaat die Frage nach einer Weiterentwicklung, die auch eine mögliche leistungsstaatliche Dimension der Freiheitsrechte einbezieht. Der sog. **status positivus** ist angesprochen. Unter sozialstaatlichem Aspekt der Grundrechte wird vor allem die Überlegung nach positiven Ansprüchen des Einzelnen gegen den Staat akut. Die einschlägige Debatte wird über die Existenz von sozialen Grundrechten, Leistungsrechten und/oder Teilhaberechten geführt.

a) Soziale Grundrechte

Soziale Grundrechte leiden indessen an spezifischen strukturellen Schwächen. Im Gegensatz zu den klassischen liberalen Grundrechtsverbürgungen, die in ihrer Funktion als Abwehrrechte verbindliche, gerichtlich durchsetzbare Rechtspositionen sind, fehlt jenen die Vollziehbarkeit und Durchsetzbarkeit. Dieses Schicksal teilen die sozialen Grundrechte mit dem Sozialstaatsprinzip, das selbst noch keine Rechte des Einzelnen vermittelt. Grundrechtliche Teilhaberechte stehen unter dem Vorbehalt des Möglichen im Sinne dessen, was der Einzelne vernünftigerweise von der Gesellschaft beanspruchen kann[542]. Soziale Grundrechte begründen unmittelbar keine einklagbaren Rechte, sondern stellen nur unverbindliche Versprechen dar. Anders geht es auch gar nicht. Ein Grundrecht auf Arbeit oder auf Wohnung kann sich nur in einer Staatszielbestimmung erschöpfen. Diese stellt einen Regelungsauftrag an den Gesetzgeber dar, der im Rahmen der finanziellen und wirtschaftlichen Möglichkeiten über die Verteilung der Mittel entscheidet. Wegen der Vielzahl der sozialpolitischen Aufgaben ist es Sache des Parlaments, die Prioritäten und Präferenzen bei der Mittelverteilung festzulegen[543]. Nicht nur Arbeits- und Wohnungssuchende, auch andere bedürftige Bevölkerungsgruppen, Kinder (Kindergartenplätze) und Rentner (Altenheime), müssen bei der Leistungsgesetzgebung berücksichtigt werden. Erst wenn der

---

[538] BVerfGE 56, 99 (106 f.).
[539] BVerfGE 102, 68 (96 f.).
[540] BVerfGE 113, 273 (299); 117, 202 (227).
[541] BVerfGE 103, 44 (64).
[542] BVerfGE 33, 303 (333); 90, 107 (116).
[543] BVerfGE 90, 107 (116).

Gesetzgeber entschieden hat, steht dem Einzelnen ein subjektiv öffentliches Recht zu. Leistungsrechte sind prinzipiell **gesetzesabhängig**.

> Im Unterschied dazu sind die Freiheitsrechte in ihrer klassischen staats-gerichteten Abwehrrichtung ohne weiteres vollziehbar. Sie sind **self-executing**.

Selbst der dem Grunde nach anerkannte Anspruch auf ein Existenzminimum ist vom Gesetzgeber zu realisieren, dem dabei ein Einschätzungsspielraum zu-steht[544].

b) Die Verwaltung des Mangels

Die Realisierung sozialer Anliegen hängt zudem entscheidend von der Leis-tungsfähigkeit der Wirtschaft und der öffentlichen Hand ab. Die Ressourcen sind indessen begrenzt. Der Mangel muss verwaltet werden. Die Leistungskraft einer Verfassung stößt an die Grenzen harter Fakten. Wenn eine Verfassung den-noch soziale Grundrechte verheißt, kann es sich nur um unverbindliche Gewäh-rungen handeln. Es sind bloße Maßgabe-Grundrechte (d.h. Rechte nach Maß-gabe des Möglichen, über dessen Verteilung der Staat befindet)[545]. Es sind Grundrechte minderer Art und Güte, die beim rechtsunkundigen, aber verfas-sungsgläubigen Bürger zudem falsche Erwartungen wecken.

c) Grundgesetzliche Anhaltspunkte

Das Grundgesetz ist zurückhaltend in der Formulierung bzw. Statuierung sozi-aler Grundrechte. Die Textfassung benennt als positives Leistungsrecht lediglich den Anspruch jeder Mutter auf den Schutz und die Fürsorge der Gemeinschaft (Art. 6 Abs. 4 GG). Doch kommt es auch hier primär auf konkretisierende Rege-lungen des Gesetzgebers an. Auch der Gleichheitssatz (Art. 3 Abs. 1 GG) kann trotz seines unverkennbar sozialen Bezuges den Umschwung zu sozialen Grundrechten nicht schaffen. Er setzt vorgängiges staatliches Handeln voraus und verschafft den gleichheitswidrig Benachteiligten nur dann das „gleiche Recht", wenn sich kein sachlicher Grund für die Ungleichbehandlung dartun lässt (Gleichheitssatz als Willkürverbot).

Das einzige lupenreine Teilhaberecht stellt der Zugangsanspruch des Abituri-enten auf einen Studienplatz aus Art. 12 Abs. 1 GG i.V.m. Art. 3 Abs. 1 GG und Art. 20 Abs. 1 GG dar[546]. Er ist die Konsequenz des faktischen staatlichen Hochschulmonopols. Bezeichnenderweise schließt er aber bei Überfüllung ei-nen numerus clausus, mithin eine objektive Zulassungsbeschränkung, nicht aus.

---

[544] BVerfGE 91, 93 (111); aktuell BVerfGE 125, 175 (222 ff.).
[545] Vgl. BVerfGE 33, 303 (329 f.).
[546] Dazu lehrreich BVerfGE 33, 303 ff.

Der numerus clausus darf allerdings nicht aus Gründen bloßer politischer Zweckmäßigkeit angeordnet werden. Als objektive Zulassungsbeschränkung ist er nur zulässig, wenn überragend wichtige Interessen der Gemeinschaft ihn rechtfertigen[547]. Er ist nur gerechtfertigt, wenn anderenfalls die Funktionsfähigkeit der Ausbildungsstätte Schaden nähme.

Noch weniger gibt es den originären Teilhabeanspruch auf Schaffung neuer Studienplätze, also auf Bau weiterer Hochschulen[548]. Auch die sozialen Grundrechte in den Landesverfassungen der (alten wie neuen) Länder können nur als Staatszielbestimmungen verstanden werden. Mehr als das Grundgesetz vermitteln sie nicht.

d) Die Gewährleistungspflicht des Staates

Die Skepsis gegenüber der Normierung sozialer Grundrechte ändert freilich nichts daran, dass den Staat die objektive Pflicht trifft, notleidende Freiheit zu schützen, indem er die gesetzlichen und faktischen Voraussetzungen für die Ausübung realer Freiheit schafft und sichert. Das macht die eigentliche **leistungsstaatliche Komponente** der Freiheitsrechte aus, die vom Sozialstaatsgrundsatz beeinflusst wird.

3. Grundrechte als demokratische Mitwirkungsrechte

Die Funktion der Grund- und Freiheitsrechte des Grundgesetzes erschöpft sich nicht in der beherrschenden Abwehrrichtung und in der behelfsmäßigen Leistungsperspektive.

a) Staatsbürgerliche Rechte

Zu beachten ist auch eine spezifisch staatsbürgerliche Dimension, die die aktive Teilhabe des Einzelnen an der Legitimation der Staatsgewalt zum Ausdruck bringt.

aa) Diesen eng mit dem Demokratieprinzip verknüpften **status activus** verkörpern namentlich die Wahlrechtsgrundsätze: Die Abgeordneten des Deutschen Bundestages werden in allgemeiner, unmittelbarer, freier, gleicher und geheimer Wahl gewählt (Art. 38 Abs. 1 Satz 1 GG). Die Wahlrechtsprinzipien, die das Prinzip der Volkssouveränität zur Geltung bringen, sind nicht nur objektive Prinzipien. Sie haben vor allem die Qualität von Individualgrundrechten des Aktivbürgers, deren Verletzung äußerstenfalls mithilfe der Verfassungsbeschwerde (Art. 93 Abs. 1 Nr. 4a GG) geltend gemacht werden kann[549]. Das Wahlrecht ist

---

[547] Vgl. BVerfGE 33, 303 (338); im Anschluss an 7, 377 (407 f.).
[548] Dazu BVerfGE 33, 303 (333); 43, 291 (325).
[549] Vgl. BVerfGE 49, 15 (23); 99, 1 (8 ff.).

der wichtigste vom Grundgesetz gewährleistete subjektive Anspruch des Bürgers auf demokratische Teilhabe (Art. 20 Abs. 1 und Abs. 2 GG[550]).

> Das Bundesverfassungsgericht verbindet das aktive Statusrecht des Wahlbürgers mit dem Erfordernis der Aufrechterhaltung demokratischer Verfassungsstaatlichkeit, um einem unbegrenzten Kompetenztransfer deutscher Staatsgewalt auf die Europäische Union entgegenzuwirken[551]. Der Sache nach wird damit ein Grundrecht auf Beibehaltung der Demokratie und/oder der nationalen Souveränität begründet[552].

Die Verknüpfung des Wahlrechts mit der deutschen Staatsbürgerschaft ist von daher konsequent. Die Preisgabe dieser Verknüpfung durch Einräumung eines allgemeinen Wahlrechts auch für Ausländer bedürfte einer Verfassungsänderung.

> Darum hat das Bundesverfassungsgericht zu Recht die Einführung des kommunalen Ausländerwahlrechts – d. h. ein Wahlrecht für Ausländer zu den gemeindlichen Vertretungsorganen – durch den Landesgesetzgeber für verfassungswidrig erklärt[553]. Das Kommunalwahlrecht für EU-Ausländer wurde konsequenterweise durch Grundgesetzänderung eingeführt (Art. 28 Abs. 1 Satz 3 GG).

bb) Staatsbürgerlicher Charakter im Sinne eines aktiven Statusrechts kommt ebenso Art. 33 Abs. 2 GG zu. Danach hat jeder Deutsche nach seiner Eignung, Befähigung und fachlichen Leistung gleichen Zugang zu jedem öffentlichen Amte.

> Die Vorschrift reduziert sich freilich inhaltlich weitgehend auf das Recht der gleichen Chance bei der Bewerbung zum öffentlichen Dienst. Einen Anspruch auf Übernahme in den öffentlichen Dienst gewährt sie nicht[554]. Ob sie der parteipolitischen Patronage (d. h. Günstlingswirtschaft) entgegenwirken kann, steht zu bezweifeln.

Eine aktuelle Streitfrage ist es, ob das Tragen eines Kopftuches durch eine muslimische Lehramtsbewerberin einen Mangel an „Eignung" begründet[555].

---

[550] BVerfGE 123, 267 (360).
[551] BVerfGE 89, 155 (172); siehe auch BVerfGE 97, 350 (368); 123, 267 (340 ff.).
[552] Kritisch *Bethge*, in: Maunz/Schmidt-Bleibtreu/Klein/Bethge (Hrsg.), BVerfGG, Vorb. Rdnrn. 347 f.
[553] Vgl. BVerfGE 83, 37 ff.; 83, 60 ff.
[554] BVerfGE 39, 334 (369); 108, 282 (295).
[555] BVerfGE 108, 282 ff.

b) Die Kommunikationsgrundrechte

Auch die Kommunikationsgrundrechte – Meinungsfreiheit, Informationsfreiheit, Presse- und Rundfunkfreiheit – sind mit dem Demokratiegrundsatz verbunden. Sie sind schlechthin konstituierend für die freiheitlich-demokratische Ordnung[556]. Den Rang eines aktiven Statusrechts nach Art der Wahlrechtsgrundsätze erlangen sie aber noch nicht. Entsprechendes gilt für die basisdemokratische Relevanz des Grundrechts der Versammlungsfreiheit (Art. 8 Abs. 1 GG)[557].

V. Multifunktionale Grundrechtsinterpretation

Die unterschiedlichen Dimensionen der Grundrechte sind Ursache und/oder Ergebnis einer außerordentlich intensiven Diskussion über die richtige Auslegung der Freiheitsrechte. Entsprechend existiert eine Reihe von Theorien und Interpretationsansätzen[558]. Es handelt sich um das meistumstrittene Thema der Grundrechtsdogmatik. Doch lassen sich einige Hauptlinien und Ordnungsmuster aufzeigen, die außer Streit stehen und namentlich von der Rechtsprechung des Bundesverfassungsgerichts abgesegnet wurden.

– Es bleibt dabei, dass die Freiheitsrechte in erster Linie Abwehrrechte gegenüber dem Staat sind. Insoweit dominiert die rechtsstaatlich-liberale Konzeption, die in den Freiheitsrechten Unterlassungsansprüche gegenüber dem Staat sieht und für Eingriffe des Staates in die Freiheitsrechte eine besondere Rechtfertigung verlangt.

– Die sog. negatorische Komponente der Freiheitsrechte schließt sozialstaatliche (teilhaberechtliche) Ansätze auf positive Leistungen des Staates nicht aus. Doch sind sie auf gesetzliche Konkretisierung (Mediatisierung) angewiesen. Originäre, d.h. gesetzes-unabhängige Teilhaberechte existieren nicht. Das gilt auch für soziale Grundrechte. Den Staat trifft die Pflicht, die Ausübung notleidender Grundrechte zu ermöglichen.

– Eine Reihe von Freiheitsrechten ist von Bedeutung für die demokratische Grundordnung. Eine totale Funktionalisierung (Umfunktionierung) der Grundrechte für die Demokratie würde sie indessen der Privatheit und Beliebigkeit entkleiden und sie zu Pflichtenpositionen umpolen. Nicht nur der Citoyen, auch der apolitische Bourgeois ist Grundrechtsträger.

> Falsch ist zum Beispiel die beliebte Wendung „Wahlrecht ist Wahlpflicht". Ob der Wahlbürger zur Wahl geht, ist seine freie Entscheidung. Eine Pflicht besteht allenfalls in moralischer Hinsicht. Sie ist aber als nicht juristisch einlösbare Verfassungserwartung zu werten.

---

[556] BVerfGE 10, 118 (121); s.a. BVerfGE 114, 371 (386); 117, 244 (258); 119, 181 (214).

[557] BVerfGE 69, 315 (343 ff.); 87, 399 (409); s.a. BVerfGE 124, 300 (319).

[558] *Böckenförde*, NJW 1974, 1536 ff.; Kurzübersicht(en) bei *Hufen*, Staatsrecht II, 2. Aufl., 2009, § 5 Rdnrn. 4 ff.; *Maurer*, Staatsrecht I, 6. Aufl., 2010, § 9 Rdnrn. 17 ff.

VI. Anerkannte Grundrechtsaspekte

Von den Kontroversen über die richtige Grundrechtsinterpretation unbeein-
flusst sind einige weitere, im Wesentlichen anerkannte Grundsätze.

1. Grundrechte als objektive Einrichtungsgarantien

Eine Reihe von Grundrechten enthält neben dem individualgrundrechtlichen
Abwehranspruch auch eine Einrichtungsgarantie objektiver Art. Das klassische
Beispiel für eine solche **Institutsgarantie** stellt das Eigentumsgrundrecht (Art. 14
Abs. 1 GG) dar[559]. Geschützt ist nicht nur der individuelle Abwehranspruch des
Eigentümers gegen den Staat. Die Vorschrift verbürgt zugleich das Institut Ei-
gentum als Einrichtung des objektiven Rechts und der Privatrechtsordnung.
Adressat ist der Gesetzgeber. Dieser hat dafür Sorge zu tragen, dass es die Kate-
gorie Eigentum als Einrichtung der Rechtsordnung gibt. Die Figur der Einrichtungsgarantie ergänzt den subjektiven Grundrechtsschutz um eine objektive
Komponente, die das „Leerlaufen" des Grundrechts verhindert. Die Existenz
solcher **Institutsgarantien** ist nicht auf Art. 14 Abs. 1 GG beschränkt. Art. 5 Abs. 1
Satz 2 GG enthält nicht nur die Pressefreiheit als Individualgrundrecht, sondern
auch das Institut Freie Presse. Diese Institutsgarantie ist Quelle konkreter Pflichten des Staates.

> Aufgrund dieser Institutsgarantie ist der Gesetzgeber verpflichtet, Maß-
> nahmen gegen die Pressekonzentration zu treffen, weil diese die Mei-
> nungsvielfalt bedroht[560].

Art. 9 Abs. 3 GG garantiert als Teilaussage der Koalitionsfreiheit die Tarifautonomie, zu der auch die Verpflichtung des Staates gehört, ein gesetzliches Tarif-
vertragsgerüst zur Verfügung zu stellen[561].

> Die Befugnis der Arbeitgeber und Gewerkschaften, die Arbeits- und
> Lohnbedingungen verbindlich festzulegen, würde leer laufen, wenn es
> nicht die rechtlichen Strukturen für den Abschluss von Tarifverträgen
> gäbe.

Ebenso vermitteln Einrichtungsgarantien Art. 6 Abs. 1 GG (Ehe als Institut)[562],
Art. 2 Abs. 1 GG (Vertrag als Institut) und Art. 5 Abs. 1 Satz 2 GG (Rundfunk als
Institutsgarantie privater Rundfunkveranstaltung)[563].

---

[559] BVerfGE 24, 367 (389); 58, 300 (339).
[560] Vgl. BVerfGE 20, 162 (175).
[561] BVerfGE 4, 96 (108); 44, 322 (340).
[562] Vgl. BVerfGE 105, 313 (342 ff.): Verstößt die eingetragene Lebenspartnerschaft für
     gleichgeschlechtliche Paare gegen die Institutsgarantie des Art. 6 Abs. 1 GG?
[563] *Bethge*, NVwZ 1997, 1 ff.

Von Institutsgarantien zu unterscheiden sind die sogenannten institutionellen Garantien, die öffentlich-rechtliche Einrichtungen schützen; z.B. das Berufsbeamtentum (Art. 33 Abs. 5 GG)[564].

2. Organisationsrechtliche Aspekte

Eine moderne Variante oder Spielart institutioneller Grundrechtsauslegung orientiert sich an organisations- und verfahrensrechtlichen Vorkehrungen, auf die eine erhebliche Zahl von Freiheitsrechten angewiesen ist. Verfahrensvorkehrungen und Verfahrenssicherungen verstärken den materiellen Grundrechtsschutz[565]. Verfahrensabhängige Grundrechte sind namentlich das Asylrecht (Art. 16a GG) und das Grundrecht der Kriegsdienstverweigerung (Art. 4 Abs. 3 GG)[566], aber auch die Rundfunkfreiheit (Art. 5 Abs. 1 Satz 2 GG)[567].

3. Grundrechte als Grundlage von Schutzpflichten

Der Rechtsfigur der Einrichtungsgarantien ähnlich sind Schutzpflichten des Staates, die aus den Freiheitsrechten abgeleitet werden[568]. Die Grundrechte enthalten nicht nur Abwehrrechte des Einzelnen gegenüber der öffentlichen Gewalt, sondern stellen zugleich Wertentscheidungen der Verfassung dar, aus denen sich Schutzpflichten für die staatlichen Organe ergeben[569]. Prominentes Beispiel ist Art. 2 Abs. 2 GG. Das Grundrecht auf Leben und Unversehrtheit ist nicht nur ein individuelles Abwehrrecht gegenüber dem Staat. Es verpflichtet den Staat auch zur Sicherung des Lebens bzw. der körperlichen Integrität gegenüber Gefährdungen durch andere, Private eingeschlossen[570]. Diese Schutzpflichten-Konzeption ist Grundlage dafür, dass der Staat das Lebensrecht der Leibesfrucht, d.h. das Grundrecht des werdenden Lebens, durch aktive Maßnahmen zu schützen hat. Gefordert ist in erster Linie der Gesetzgeber[571] (Schlagwort: Grundrechtliche Schutzpflichten bedürfen der „Gesetzesmediatisierung"). Der Gesetzgeber hat äußerstenfalls – als **ultima ratio** – das Strafrecht einzusetzen, um das werdende Leben gegen rechtswidrige Schwangerschaftsabbrüche zu schützen[572].

---

[564] BVerfGE 117, 330 (344); 119, 247 (260).
[565] BVerfGE 53, 30 (59 f.); 63, 131 (143); 90, 60 (96).
[566] Vgl. *Bethge*, NJW 1982, 1 ff.
[567] BVerfGE 57, 295 (320 f.).
[568] BVerfGE 77, 170 (214 f.); 92, 26 (46); *Isensee*, HStR V, 2. Aufl., 2000, § 111.
[569] BVerfGE 117, 202 (237); 121, 317 (356); 126, 112 (140).
[570] BVerfGE 39, 1 (42); 46, 160 (164).
[571] BVerfGE 88, 203 (262); vgl. auch BVerfGE 96, 56 (64).
[572] BVerfGE 88, 203 (257); 98, 265 (313).

Der Schwangerschaftsabbruch ist grundrechtswidrig, wenn er ohne Vorliegen einer Indikationslage nach der Dreimonatsfrist **oder** innerhalb dieser Frist ohne flankierende Schutzmaßnahmen zu Gunsten der Leibesfrucht (z.B. Beratung der Schwangeren) vorgenommen wird.

Genügt der Gesetzgeber seiner Schutzpflicht nur unvollständig, verstößt er gegen das **Untermaßverbot**, das ihn zum aktiven Handeln anhält[573].

---

[573] Dazu *Oliver Klein*, JuS 2006, 960.

B. Einzelaussagen der Grundrechte

I. Die systematische Anordnung im Grundgesetz

Der Hauptteil der Grundrechte ist im Katalog des ersten Abschnitts des Grundgesetzes geregelt. Doch sind nicht alle Bestimmungen der Art. 2 bis 19 GG Grundrechte. Art. 18 GG handelt von der Verwirkung der Grundrechte durch Entscheidung des Bundesverfassungsgerichts. Nur Absatz 4 des Art. 19 GG stellt ein Grundrecht dar; ansonsten enthält er vorwiegend Eingriffskautelen (sog. Schranken-Schranken). Auf der anderen Seite gibt es auch außerhalb des Grundrechtskatalogs, d.h. in den staatsorganisationsrechtlichen Teilen, Vorschriften mit Grundrechtscharakter. In Frage kommen das Widerstandsrecht des Art. 20 Abs. 4 GG, die Justizgrundrechte der Art. 101, 103 und 104 GG sowie einzelne Bestimmungen der Art. 33 und 38 GG. Einen hilfreichen Fingerzeig zur Ermittlung der Grundrechte bietet Art. 93 Abs. 1 Nr. 4a GG. Die dort näher geregelte Verfassungsbeschwerde ist die grundrechtsspezifische Verfahrensart. Sie führt als Beschwerdegrund die meisten Freiheitsrechte ausdrücklich nominell auf.

Doch ist bei der pauschalen Benennung der Art. 33 und 38 GG Vorsicht geboten. Nicht jeder Absatz der Art. 33 und 38 GG hat Grundrechtsqualität[574] Der Funktionsvorbehalt des Art. 33 Abs. 4 GG ist nicht als Grundrecht geregelt[575]; eine Verfassungsbeschwerde kann darauf nicht gestützt werden. Dagegen hat Art. 33 Abs. 5 GG auch die Dimension eines grundrechtsähnlichen Individualrechts des Beamten auf amtsangemessene Besoldung[576]. Aus dem komplexen Bereich des Art. 38 GG schließlich besitzen nur die Wahlrechtsgrundsätze (Art. 38 Abs. 1 Satz 1 GG) Grundrechtscharakter[577].

II. Grundrechte der Landesverfassungen

Grundrechte verbürgt nicht nur das Grundgesetz. Auch die Landesverfassungen gewährleisten Freiheitsrechte. Art. 142 GG setzt diese Gewährleistungen

---

[574] Vgl. BVerfGE 6, 445 (448); 8, 1 (11).

[575] Vgl. BVerfGE 6, 376 (385); 119, 247 (261).

[576] Vgl. BVerfGE 8, 1 (17); 99, 300 (314).

[577] Vgl. BVerfGE 6, 376 (384); weitergehend BVerfGE 108, 251 (266 f.) zum Schutz des Zeugnisverweigerungsrechts des Abgeordneten aus Art. 38 Abs. 1 Satz 2 GG i.V.m. Art. 47 ff. GG.

des Landesverfassungsrechts voraus[578]. Die durch Art. 28 Abs. 1 GG unmittelbar limitierte, aber mittelbar anerkannte Verfassungsautonomie der Länder ist auch eine Grundrechtsautonomie[579]. Die Einräumung von Landesgrundrechten kann rechtstechnisch durch eigene Grundrechtskataloge oder spezielle Verbürgungen, aber auch durch die pauschale Rezeption von Bundesgrundrechten erfolgen[580].

> Es entsteht dann die Frage, ob im Verhältnis des Landesgrundrechts zu den Grundrechten des Grundgesetzes lediglich eine weitere Verbürgung desselben Rechts oder ein materiell eigenständiges Recht vorliegt[581].

Soweit Bundes- und Landesgrundrechte deckungsgleich sind, bewährt sich der Wert der Landesverbürgungen in der Möglichkeit eines Grundrechtsträgers, auch die Landesverfassungsgerichte anzurufen. Dadurch kann auch das Bundesverfassungsgericht entlastet werden (s. aber § 90 Abs. 3 BVerfGG).

Eine stärkere Grundrechtsabsicherung nach Landesverfassungsrecht ist zwar zulässig, weil das grundgesetzliche Grundrechtsprogramm theoretisch nur eine Mindestverbürgung ist. Doch sind die Bundesgrundrechte insgesamt an praktischer Effektivität nicht zu übertreffen.

Gewährleistet das Landesgrundrecht weniger als das Bundesgrundrecht, ist das Landesgrundrecht darum nicht zwangsläufig wegen Art. 31 GG – Bundesrecht bricht Landesrecht – nichtig. Vielmehr ist das Landesgrundrecht als Mindestgarantie zu verstehen[582].

III. Die Stellung des Grundrechtsadressaten

1. Terminologische Klärung

Die Grund- oder Freiheitsrechte sind bzw. begründen verbindliche Normen. Es gibt aus ihnen Berechtigte, und es gibt aus ihnen Verpflichtete. Darum muss inhaltlich und terminologisch Klarheit über die Begriffe bestehen.

Mit den Begriffen Grundrechtsinhaberschaft und/oder Grundrechtsträgerschaft wird ausschließlich die **Grundrechtsberechtigung** umschrieben. Die **Grundrechtsverpflichtung** betrifft demgegenüber die Frage, wen die Grundrechte binden, d.h. an wessen **Adresse** die Grundrechte gerichtet sind.

---

[578] BVerfGE 96, 345 (364).

[579] *Johannes Dietlein*, DtZ 1993, 137; *v. Coelln*, Anwendung von Bundesrecht nach Maßgabe der Landesgrundrechte?, 2001, S. 157 ff.

[580] *Bethge*, in: Maunz/Schmidt-Bleibtreu/Klein/Bethge (Hrsg.), BVerfGG, Vorb. Rdnrn. 236 f. m.w.N.

[581] Vgl. BVerfGE 22, 267 (271 f.).

[582] BVerfGE 96, 345 (365).

2. Der Staat als Grundrechtsadressat

Grundrechtsadressat[583] in diesem verpflichtenden Sinne ist in erster Linie der Staat[584]. Der Staat als hoheitliches Machtgefüge war und ist der klassische und/ oder konstitutionelle Widersacher der Grundrechte.

Die primäre Funktion der Grundrechte wiederum entfaltet sich in der Abwehrrichtung gegen den Staat. Die nicht ganz unproblematische Vorstellung von der Vorstaatlichkeit der Grundrechte bekräftigt diese staatsgerichtete Abwehrfunktion der Grundrechte. Man spricht deshalb auch von der Staatsrichtung der Grundrechte.

Das Grundgesetz bedient sich zwar nicht solcher kämpferischer Bilder vom Staat als Grundrechtsgegner und Grundrechtswidersacher. Das würde die Funktion des Staates einseitig und polemisch überzeichnen, weil die staatliche Ordnung auf der anderen Seite ganz entscheidend der Grundrechtssicherung dient. Der Staat ist zugleich Grundrechtsverbürgungsanstalt. Der Staat des Grundgesetzes ist Ordnungs- und Friedensmacht[585]. Gleichwohl geht das Grundgesetz in Art. 1 Abs. 3 GG von der prinzipiellen und primären Grundrechtsverpflichtung des Staates aus. Die Staatsgewalt ist in allen ihren Funktionen – Gesetzgebung, Verwaltung und Rechtsprechung – an die Grundrechte gebunden. Als Staat fungieren neben dem Bund und den Ländern[586] auch die Träger mittelbarer Staatsverwaltung (z.B. Gemeinden und Gemeindeverbände)[587] wie überhaupt die Inhaber vom Staat verantworteter hoheitlicher Gewalt.

3. Drittwirkung der Grundrechte

Ob auch private Rechtsträger (Individuen, Verbände) aus den Grundrechten verpflichtet sind, richtet sich danach, ob den Grundrechten neben ihrer Staatsrichtung auch Drittwirkung oder Horizontalwirkung zukommt.

a) Bedarfslagen

Wenn Art. 1 Abs. 3 GG die Grundrechtsbindung des Staates als des klassischen und primären Widersachers der Freiheitsrechte anordnet, stellt sich die Frage, ob nicht auch Private und soziale bzw. gesellschaftliche Machtträger des nichtstaatlichen Bereichs an die Grundrechte gebunden sein müssen. Auf den ersten Blick erweist sich die Figur einer **Drittwirkung** oder **Horizontalwirkung** der Grundrechte von einiger Plausibilität, wenn nicht gar von Konsequenz. Machtgefälle und Ungleichheiten gibt es zweifellos auch zwischen Privaten, d.h. im Bereich des Zivilrechts.

---

[583] Zum Begriff BVerfGE 21, 362 (369 f.).
[584] Legendäre Leitentscheidung BVerfGE 7, 198 ff. (Leitsatz 1).
[585] BVerfGE 49, 24 (56); 120, 274 (319).
[586] Zur Staatsqualität der Länder BVerfGE 34, 9 (19).
[587] BVerfGE 61, 82 (106 f.); 79, 127 (148).

> Ein Arbeitgeber verpflichtet einen Arbeitnehmer, keiner Gewerkschaft anzugehören. – Ein christlicher Vater enterbt die Tochter, weil sie einen Mohammedaner geheiratet hat. – Ein Zeitungsverlag beliefert einen Händler nicht, weil dieser auch kommunistische Zeitungen vertreibt.

Von daher erscheint die Überlegung faszinierend, ob es nicht die Vollendung der Funktion der Freiheits- und Gleichheitsrechte bedeutet, sie auch uneingeschränkt zwischen Rechtssubjekten des Privatrechts zur Entfaltung zu bringen.

b) Gefährdung der Privatautonomie

Genau diese Funktionserweiterung würde indessen die Funktion der Freiheitsrechte um ihre spezifische Substanz bringen. Grundrechte schützen Freiheit und Eigentum, Gleichheit und Privatautonomie gegenüber dem Staat. Eine unmittelbare Drittwirkung der Grundrechte würde namentlich die Privatautonomie an der Wurzel treffen und verkennen, dass – anders als der Staat – auch der andere nichtstaatliche Rechtsträger in der Regel Grundrechtsträger ist[588]. Beide Vertragspartner sind Grundrechtsträger. Die grundrechtlich abgesicherte Privatautonomie darf nicht durch staatliche Bevormundung in Frage gestellt werden[589]. Aus diesen Gründen wird eine unmittelbare Drittwirkung zwischen Privaten abgelehnt. Alleiniger direkter Grundrechtsadressat bleibt der Staat, den die Freiheitsrechte als Abwehrrechte in Pflicht nehmen. Diese durch Art. 1 Abs. 3 GG hervorgehobene exklusive Staatsrichtung der Grundrechte wird vom Grundgesetz nur in einem Fall aufgegeben: Art. 9 Abs. 3 GG garantiert mit der Koalitionsfreiheit nicht nur das Recht, sich in Organisationen der Arbeitgeber und Arbeitnehmer zu engagieren (Satz 1). Art. 9 Abs. 3 Satz 2 GG zieht daraus die folgende Konsequenz: Entgegenstehende Abreden sind nichtig. Sie verstoßen gegen ein gesetzliches Verbot im Sinne des § 134 BGB.

> Die Abrede zwischen Arbeitgeber und Arbeitnehmer über dessen Pflicht zum Fernbleiben von der Gewerkschaft ist darum nichtig.

Verfassungssystematisch ist Art. 9 Abs. 3 Satz 2 GG Beleg dafür, dass in anderen Fällen die Grundrechte keine unmittelbare Drittwirkung entfalten. Methodisch ist das ein Umkehrschluss (argumentum e contrario).

c) Mittelbare Drittwirkung

Die Ablehnung einer unmittelbaren Drittwirkung der Grundrechte bedeutet freilich nicht, dass das Privatrecht sich jeglicher Grundrechtseinwirkung verschließt. Betroffen ist sowohl die Rechtsetzungsebene[590] als auch die Rechtsanwendungsebene[591]. Die Grundrechte verkörpern eine objektive Wertordnung,

---

[588] BVerfGE 89, 214 (232).
[589] BVerfGE 81, 242 (254).
[590] BVerfGE 81, 242 (254 f.); 112, 332 (354 f.).
[591] BVerfGE 18, 85 (92); 99, 185 (195 f.); 107, 299 (315).

die für alle Bereiche des Rechts Geltung beansprucht[592]. Auch dem Privatrecht teilt sich die universale Ausstrahlungswirkung der Grundrechte mit. Die Grundrechte wirken als „Richtlinien" ins Zivilrecht hinein[593].

> Banken dürfen mittellose Kinder und Ehepartner nicht als Bürgen in Anspruch nehmen, um die Schulden des Vaters bzw. anderen Ehepartners abzusichern[594].

Im Ergebnis führt dies zu einer **mittelbaren** Drittwirkung der Grundrechte. Sie nötigt zu Wertungen und Güterabwägungen zwischen den kollidierenden Grundrechtspositionen, bei denen die Grundlagen der Privatautonomie nicht vernachlässigt werden dürfen. Die Einzelfallgerechtigkeit dominiert.

> Die Enterbung der Tochter, weil sie einen Andersgläubigen geheiratet hat, ist kein Verstoß gegen das Nichtdiskriminierungsverbot des Art. 3 Abs. 3 GG. – Die Boykottierung des Zeitungshändlers ist unzulässig, wenn überlegene wirtschaftliche Macht eingesetzt wird[595].

Weitere Fallkonstellationen mittelbarer Drittwirkung beschäftigen sich mit dem Problem der Korrektur vertraglicher Disparitäten (Ungleichheiten)[596]. Zunehmend wird ein Konnex zwischen Privatrechtswirkung der Grundrechte und grundrechtlichen Schutzpflichten des Staates hergestellt[597].

d) Prozessuale Konsequenzen

Verfahrensrechtlich führt die grundrechtliche Aufladung des Zivilrechts dazu, dass gegen Entscheidungen der Zivilgerichte gemäß Art. 93 Abs. 1 Nr. 4a GG (Urteils-)Verfassungsbeschwerden zum Bundesverfassungsgericht erhoben werden mit der Begründung, die Zivilgerichte hätten die Ausstrahlungswirkung der Grundrechte verkannt[598]. Das Bundesverfassungsgericht ist auf die Überprüfung der Grundrechtskonformität der Auslegung des Privatrechts beschränkt. Es darf sich nicht in die Rolle einer Superrevisionsinstanz drängen lassen[599], so dass es nicht wie ein Rechtsmittelgericht die Richtigkeit der Anwendung des einfachen Rechts überprüft.

e) Die Fiskalbindung der Grundrechte

Von der Problematik der Drittwirkung der Grundrechte zu unterscheiden ist die **Fiskalbindung** der Grundrechte. Handelt der Staat privatrechtlich, tritt er also

---

[592] BVerfGE 7, 198 (206 f.); 89, 214 (229 f.); 96, 375 (398); 98, 365 (395).
[593] BVerfGE 115, 51 (67 f.).
[594] BVerfGE 89, 214 (231 ff.); 103, 89 (100); 115, 51 (67 f.)
[595] Vgl. BVerfGE 25, 256 ff.
[596] BVerfGE 81, 242 (254 f.); 89, 214 (232).
[597] *Ruffert*, JZ 2009, 398 ff.
[598] BVerfGE 96, 375 (398); 99, 185 (196); 101, 361 (388).
[599] Vgl. BVerfGE 7, 198 (207); 18, 85 (92).

als Fiskus z.B. durch den Abschluss privater Rechtsgeschäfte auf, unterliegt er gleichwohl der Grundrechtsbindung[600], weil er sich nicht durch eine Flucht ins Privatrecht seinen Verpflichtungen als Hoheitsträger entziehen darf. Das gilt auch für staatsverantwortete öffentlich-rechtliche Rechtsträger.

> Die als öffentlich-rechtliche Körperschaft strukturierte Universität darf keinen Buchhändler boykottieren, weil er auch atheistische Bücher vertreibt. Das verstieße gegen Art. 3 Abs. 3 GG. Ein Privatmann dürfte hingegen boykottieren.

IV. Die Grundrechtsträgerschaft

1. Die natürliche Person

Grundrechtsträgerin ist in erster Linie die **natürliche Person**. Das Individuum ist das originäre Grundrechtssubjekt[601]. Sein Schutz ist das primäre Anliegen der Freiheitsrechte auch unter dem Grundgesetz. Dessen Bekenntnis zu den unveräußerlichen und unverletzlichen Menschenrechten (Art. 1 Abs. 2 GG) ist Ausdruck dieser Grundkonzeption.

a) Deutschen- und Menschenrechte

Doch ist nicht jede einzelne Gewährleistung als Grundrecht jeder natürlichen Person formuliert. Zu unterscheiden ist zwischen Grundrechten, die jeder natürlichen Person, also allen Menschen gleichgültig welcher Staatsbürgerschaft zustehen, und Grundrechten, die nur Deutschen eingeräumt sind.

aa) Menschenrechte im Bedeutungsgehalt eines Jedermanns-Rechts[602] sind zum Teil ausdrücklich so formuliert. Klassischer Beispielsfall ist der Gleichheitssatz (Art. 3 Abs. 1 GG): Alle Menschen sind vor dem Gesetz gleich. Ähnlich verhält es sich, wenn **jeder** zum Inhaber des Grundrechts erklärt wird.

> Vgl. Art. 2 Abs. 1 GG: Jeder hat das Recht auf freie Entfaltung der Persönlichkeit. Oder Art. 5 Abs. 1 GG: Jeder hat das Recht, seine Meinung zu äußern.

Dem entspricht es, wenn **niemand** einer staatlichen Sanktion ausgesetzt werden darf.

> Vgl. Art. 103 Abs. 3 GG: Niemand darf wegen derselben Tat aufgrund der allgemeinen Strafgesetze mehrmals bestraft werden.

---

[600] BVerfGE 98, 365 (395); BVerwGE 113, 208 (211); BGH DÖV 2004, 439 f.
[601] BVerfGE 41, 126 (183); 75, 192 (195).
[602] Einen anderen Bedeutungsgehalt hat der Begriff Menschenrechte, wenn damit die Vorstaatlichkeit der Freiheitsrechte umschrieben werden soll.

Zum Teil ergibt sich die Jedermannsqualität aus einer unpersönlichen Formulierung,

> Vgl. Art. 10 Abs. 1 GG: Das Briefgeheimnis sowie das Post- und Fernmeldegeheimnis sind unverletzlich. Oder Art. 13 Abs. 1 GG: Die Wohnung ist unverletzlich.

der eine mehr passive Wortfassung gleichsteht.

> Vgl. Art. 14 Abs. 1 GG: Eigentum und Erbrecht werden gewährleistet.

bb) Eine Reihe anderer Grundrechte ist nur Deutschen eingeräumt. Aus dem Bereich der liberalen Abwehrrechte des status negativus sind es vier Gewährleistungen: Art. 8, 9, 11 und 12 GG. Hinzu kommen das Recht auf gleichen Zugang zu allen öffentlichen Ämtern (Art. 33 Abs. 2 GG) und die Wahlrechtsgarantien (Art. 38 Abs. 1 Satz 1 GG) sowie das Widerstandsrecht (Art. 20 Abs. 4 GG). Die Beschränkung namentlich der liberalen Freiheitsrechte auf deutsche Staatsbürger ist das Recht des Verfassungsgebers. Die Beschränkung verliert an Relevanz für die Bürger der Europäischen Union, die sich in Deutschland gegenüber der Staatsgewalt auf die qualitativ im Wesentlichen inhaltsgleichen Grundfreiheiten des Europäischen Gemeinschaftsrechts berufen können[603].

> Bei den auf deutsche Staatsbürger beschränkten politischen Mitwirkungsrechten schafft Art. 28 Abs. 1 Satz 3 GG einen Einbruch: Bei Wahlen zu den Vertretungsorganen der kommunalen Gebietskörperschaften haben auch EU-Bürger in Deutschland das aktive und passive Wahlrecht. Ein allgemeines kommunales Ausländerwahlrecht könnte nur durch Verfassungsänderung eingeführt werden[604].

cc) Die Unanwendbarkeit eines Deutschen-Grundrechts – z.B. des Art. 12 Abs. 1 GG – auf Ausländer wirft die Frage auf, ob der Ausländer, dem die Berufung auf Art. 12 Abs. 1 GG versagt ist, denselben Schutz über Art. 2 Abs. 1 GG beanspruchen kann. Dieses Ergebnis würde die Spezialität des Art. 12 Abs. 1 GG und seine ausdrückliche Beschränkung auf Deutsche vernachlässigen[605].

> Nach BVerfGE 104, 337 (345 ff.) kann sich der „nichtdeutsche, gläubige muslimische Metzger", der Tiere ohne Betäubung schlachten (schächten) will, auf Art. 2 Abs. 1 GG berufen.

Doch kann der Nichtdeutsche immerhin über Art. 2 Abs. 1 GG die Beachtung des Vorbehalts des Gesetzes beanspruchen.

---

[603] Zu den juristischen Konstruktionen siehe *Hufen*, Staatsrecht II, 2. Aufl., 2009, § 28 Rdnr. 11.
[604] Vgl. BVerfGE 83, 37 ff.; 83, 60 ff.
[605] BVerfGE 78, 179 (196 f.).

> Ein Berufsverbot für Ausländer muss sich auf eine gesetzliche Grundlage zurückführen lassen. Entspricht eine Rechtsverordnung, die Ausländer ausschließt, nicht den Anforderungen des Art. 80 GG, ist Art. 2 Abs. 1 GG verletzt[606].

Nicht hierher gehört der Kopftuchfall. Die muslimische Lehramtsbewerberin war deutsche Staatsangehörige[607].

b) Pränataler Grundrechtsschutz

Die Grundrechtsinhaberschaft ist nicht auf die lebende natürliche Person beschränkt. Auch das werdende Leben – die Leibesfrucht oder der nasciturus – hat teil am Grundrechtsschutz. Das sich im Mutterleib entwickelnde Leben steht als selbstständiges Rechtsgut unter dem Schutz der Verfassung (Art. 2 Abs. 2 Satz 1, Art. 1 Abs. 1 GG)[608].

> Darum trifft den Staat die Pflicht, das werdende Leben notfalls mit den Mitteln des Strafrechts gegen rechtswidrige Schwangerschaftsabbrüche zu schützen[609]. Das Selbstbestimmungsrecht der Schwangeren aus Art. 2 Abs. 1 GG findet seine Schranke im kollidierenden Lebensrecht der Leibesfrucht.

Die aktuelle Diskussion betrifft auch (andere) pränatale Lebensformen (Stichwort: extrakorporale Befindlichkeiten, Präimplantationsdiagnostik).

c) Postmortaler Grundrechtsschutz

Der Grundrechtsschutz endet nicht zwangsläufig mit dem Tode. Der Grundsatz der Menschenwürde aus Art. 1 Abs. 1 GG gewährleistet Schutz auch nach dem Ableben vor Verunglimpfungen durch andere. Geltend gemacht wird das Recht des Verstorbenen in der Regel durch Verwandte.

> Das **postmortale** Persönlichkeitsrecht des (verstorbenen) *Gustaf Gründgens* war stark genug, um ein zeitweiliges Verbot des Romans „Mephisto" von *Klaus Mann* zu erwirken, obwohl das Werk seinerseits den Schutz der Kunstfreiheit (Art. 5 Abs. 3 Satz 1 GG) genoss[610].

---

[606] Vgl. BVerfGE 78, 179 (196 ff.); 104, 337 (346).
[607] BVerfGE 108, 282 (295).
[608] BVerfGE 39, 1 ff.
[609] Vgl. BVerfGE 88, 203 ff.
[610] Vgl. BVerfGE 30, 173 ff.

d) Grundrechtsmündigkeit

Von der Grundrechtsinhaberschaft zu unterscheiden ist die **Grundrechtsmündigkeit**. Sie betrifft die Frage, ob ein Minderjähriger befugt ist, sein Grundrecht ohne Zustimmung der gesetzlichen Vertreter klageweise geltend zu machen. Ein brauchbares Kriterium ist die Einsichtsfähigkeit (Grundrechtsreife[611]). Fehlt sie, kommen Vertretungsrechte anderer zum Zuge[612].

Auf einem anderen Blatt steht die Beschränkung des Grundrechts von Minderjährigen durch das elterliche Erziehungsrecht, das im **fiduziarischen**[613] Elternrecht (Art. 6 Abs. 2 GG) wurzelt. Die Erziehungspflicht der Eltern rechtfertigt faktische Grundrechtsbeschränkungen.

> Eine Ausnahme besteht dann, wenn Minderjährige schon von einem bestimmten Alter über ihre Glaubensfreiheit selbst bestimmen dürfen (Religionsunterricht!).

Zur Erhebung der Verfassungsbeschwerde (Art. 93 Abs. 1 Nr. 4a GG) bedarf der Minderjährige der Zustimmung des gesetzlichen Vertreters; es sei denn, er darf ausnahmsweise selbst – wie im Falle der Religionsmündigkeit – schon vor Erreichung der generellen Volljährigkeit über das materielle Grundrecht verfügen.

2. Die juristische Person des Privatrechts

Art. 19 Abs. 3 GG ist von Bedeutung für die **personelle** Reichweite der Grundrechte. Das Grundgesetz erstreckt die Grundrechtsgeltung in subjektiver Hinsicht, d.h. auf der Rechtsträgerseite auf inländische juristische Personen, soweit die Grundrechte ihrem Wesen nach auf diese Rechtssubjekte anwendbar sind. Die Bestimmung beendet eine Kontroverse unter der Weimarer Reichsverfassung und stellt nunmehr klar, dass die Freiheitsrechte sich nicht allein im Schutz der natürlichen Person, des Individuums also, erschöpfen, sondern auch Personengesamtheiten zukommen. Die Handhabung der Vorschrift ist schwierig.

a) Der Begriff der juristischen Person

Noch die geringsten Probleme scheint das Tatbestandsmerkmal **juristische Person** selbst aufzuwerfen. Doch sind auch hier Komplikationen nicht von der Hand zu weisen. Mit der juristischen Person ist nicht nur die vollrechtsfähige Trägerin von Rechten und Pflichten gemeint, wie sie im Privatrecht verstanden wird (AG, GmbH, eingetragener Verein). Da Art. 19 Abs. 3 GG den Grundrechtsschutz der natürlichen Person zu erweitern bzw. fortzuentwickeln be-

---

[611] BVerfGE 28, 243 (255).
[612] BVerfGE 72, 122 (132 ff.).
[613] BVerfGE 59, 360 (376 f.); 107, 104 (121).

absichtigt, kann die Grundrechtsinhaberschaft nicht von der – insoweit zu-
fälligen – Vollrechtsfähigkeit des Rechtsträgers im zivilrechtlichen Sinne
abhängen. Ergänzt wird dieser Befund durch den Eindruck, dass der Begriff
„juristische Person" nicht so eindeutig ist und nicht selten als Sammelbegriff
für recht heterogene Gebilde erscheint. Er ist ein Zweckgebilde der Rechtsordnung[614]. Im Interesse der personalen Effektivität des Grundrechtsschutzes
muss der Begriff der juristischen Person darum **teleologisch** verstanden werden. Dieser Zweck der Vorschrift ist die Erweiterung der Grundrechtsträgerschaft über die natürliche Person hinaus auch für Personengesamtheiten. Po-
tentielle Grundrechtsträger sind darum alle Personenvereinigungen, die – das
ist freilich nicht unumstritten – ein personelles Substrat erkennen lassen. Das
betrifft nichteingetragene Vereine[615], Miterbengemeinschaften, Personalhan-
delsgesellschaften (OHG, KG)[616], ja sogar Stiftungen. Erforderlich sind eine gewisse Zusammengehörigkeit (Konsistenz) und Dauer (Permanenz): Die
Spontandemonstration als solche ist – anders als die einzelnen Demonstranten
selbst[617] – keine Grundrechtsträgerin aus Art. 8 Abs. 1 GG (Grundrecht der
Versammlungsfreiheit).

b) Die „inländische" juristische Person

Nur **inländischen** juristischen Personen kommt die Erweiterung des Grundrechtsschutzes zugute. Als inländisch sind juristische Personen anzusehen, die
ihren Sitz, d.h. ihren tatsächlichen Handlungsort, in Deutschland haben. Ein Anlass, ausländischen juristischen Personen den verfassungsrechtlichen Grundrechtsschutz zu gewähren, besteht nicht. Doch gibt es Ausnahmen von dieser
Regel. Die Justizgrundrechte aus Art. 101 Abs. 1 Satz 2 GG (gesetzlicher Richter)
und Art. 103 Abs. 1 GG (rechtliches Gehör) können jedem zustehen, gleichgültig, ob er eine natürliche oder juristische, eine inländische oder ausländische Person ist[618]. Juristische Personen, die ihren Sitz im EU-Ausland haben, sind den inländischen juristischen Personen gleichgestellt[619].

c) Das „Wesen" des Grundrechts

Das Grundrecht muss seinem **Wesen** nach auf eine Personenvereinigung
anwendbar sein. Das Freiheitsrecht darf inhaltlich nicht nur auf individuelle
Befindlichkeiten zugeschnitten sein. Die – zumindest auch – wirtschaftlich
motivierten Grundrechte lassen unschwer ein überindividuelles Substrat erkennen:

---

[614] BVerfGE 95, 220 (242); 106, 28 (42).
[615] BVerfGE 6, 273 (277); 24, 236 (243).
[616] BVerfGE 20, 162 (171); 53, 1 (13); 97, 125 ff.
[617] BVerfGE 84, 203 (209).
[618] BVerfGE 64, 1 (11).
[619] Dazu *Jarass/Pieroth*, GG, 11. Aufl. 2011, Art. 19 Rdnr. 23.

Die AG kann sich auf Art. 14 Abs. 1 GG (Eigentum) berufen[620]. Die Berufsfreiheit (Art. 12 Abs. 1 GG) steht in ihrer Aussage als Gewerbefreiheit auch der GmbH zur Verfügung[621]. Der Arbeitgeberverband und die Gewerkschaft sind aus der kollektiven Komponente des Grundrechts der Koalitionsfreiheit (Art. 9 Abs. 3 GG) berechtigt.

Höchstpersönlichen Charakter hat demgegenüber das Grundrecht der Gewissensfreiheit (Art. 4 Abs. 1 GG); desgleichen seine spezielle Ausformung: das Grundrecht der Kriegsdienstverweigerung (Art. 4 Abs. 3 GG). Zwischenlagen sind kennzeichnend für die Komplexität der Problematik:

Das aus Art. 2 Abs. 1 i.V.m. Art. 1 Abs. 1 GG folgende Recht, sich nicht selbst einer Straftat bezichtigen zu müssen, ist „wesensmäßig" nicht gemäß Art. 19 Abs. 3 GG auf juristische Personen anwendbar[622], sondern nur natürlichen Personen vorbehalten.

Andererseits ist die Glaubensfreiheit (Art. 4 Abs. 1 GG) trotz ihrer primär individuellen Ausrichtung sehr wohl ein Grundrecht auch der Religionsgesellschaften, ja sogar der als Körperschaft öffentlichen Rechts anerkannten Kirchen[623].

3. Juristische Personen des öffentlichen Rechts

Die Rechtsordnung kennt nicht nur juristische Personen des Privatrechts, sondern auch juristische Personen des **öffentlichen Rechts**. Darunter werden in der Regel Körperschaften, Anstalten und Stiftungen verstanden, die typischerweise staatliche Aufgaben erfüllen. Juristische Person des öffentlichen Rechts ist vor allen Dingen der Staat selbst, d.h. Bund und Länder.

a) Die prinzipielle Grundrechtsunfähigkeit des Staates

Wegen des staatlichen Aufgabenbezuges scheidet ein Grundrechtsschutz zu Gunsten des Staates und der ihm gleichstehenden anderen juristischen Personen des öffentlichen Rechts grundsätzlich aus[624].

aa) Mit Art. 19 Abs. 3 GG, der scheinbar pauschal von allen juristischen Personen (unabhängig ob privatrechtlich oder öffentlich-rechtlich) spricht, stimmt diese Sichtweise sehr wohl überein. Es widerspricht dem Wesen der Grundrechte, den Staat als den konstitutionellen Widersacher der Grundrechte zu deren Nutznießer zu machen[625]. Die Grundrechte sind Abwehrrechte gegen den Staat, nicht Schutzrechte für den Staat. Der Staat ist Adressat, d.h. Gegner der

---

[620] BVerfGE 66, 116 (145).
[621] Vgl. BVerfGE 97, 228 (253); vgl. auch BVerfGE 105, 252 (265).
[622] BVerfGE 95, 220 (242).
[623] BVerfGE 18, 385 (386); 75, 192 (196).
[624] BVerfGE 21, 362 (369 f.); 61, 82 (101); 107, 299 (309 f.).
[625] BVerfGE 21, 362 (369 f.); 68, 193 (205 ff.); 75, 192 (196).

Grundrechte (Art. 1 Abs. 3 GG), nicht aber Grundrechtsträger. Oder anders formuliert: Der Staat ist Schuldner fremder Freiheit, nicht Gläubiger eigener Freiheit. Eine Konfusion (Mischung) beider Rollen findet nicht statt. Ihr Ergebnis wäre eine völlige Verdrehung der Grundrechtsidee. Auch die Länder sind nicht Sachwalter der Grundrechte des Einzelnen[626].

bb) Grundrechtsunfähig in diesem Sinne ist nicht nur der Staat im engeren Sinne, sondern jede juristische Person des öffentlichen Rechts, wenn und soweit sie staatliche Aufgaben erfüllt. Das gilt für Gemeinden und (Land-)Kreise, die als kommunale Gebietskörperschaften zur mittelbaren Staatsverwaltung gehören[627].

> Aufschlussreich ist die (grund-)rechtsdogmatische Entwicklung des kommunalen Selbstverwaltungsrechts[628]. Ursprünglich handelte es sich bei der „Gemeindeautonomie" um eine Freiheitsposition. Heute sichert das Selbstverwaltungsrecht der kommunalen Gebietskörperschaften die Wahrnehmung öffentlicher Aufgaben der mittelbaren Staatsverwaltung gegenüber Bund und Ländern. Daraus folgt, dass Gemeinden und Kreise prinzipiell nicht grundrechtsberechtigt sind[629].

Ebenso trifft der Ausschluss der Grundrechtsträgerschaft berufsständische Zwangskörperschaften[630] nach Art der Handwerkskammern oder Anwaltskammern, die anstelle des Staates diesen entlastend Berufskontrolle betreiben; genauso die gleichfalls auf Pflichtmitgliedschaft beruhenden verfassten Studentenschaften.

> Das sog. **allgemeine politische Mandat** dieser Zwangskörperschaften lässt sich also nicht auf die Meinungsfreiheit (Art. 5 Abs. 1 Satz 2 GG) der (Organe dieser) Körperschaften stützen, weil diesen die Grundrechtsberechtigung fehlt. Vielmehr stellt die Inanspruchnahme eines solchen allgemeinen politischen Mandats einen Verstoß gegen die allgemeine Handlungsfreiheit (Art. 2 Abs. 1 GG) der Mitglieder der Zwangskörperschaft dar[631].

cc) Als Fazit lässt sich also ziehen: Während die (inländische) juristische Person des Privatrechts entsprechend Art. 19 Abs. 3 GG in der Regel grundrechtsfähig ist[632] (sofern nur das konkrete Grundrecht inhaltlich passt), ist die juristische Person des öffentlichen Rechts prinzipiell nicht grundrechtsberechtigt.

---

[626] BVerfGE 81, 310 (334); 104, 238 (246).
[627] BVerfGE 61, 82 (103 f.).
[628] Vgl. BVerfGE 79, 127 (143 ff.); *Bethge*, in: Maunz/Schmidt-Bleibtreu/Klein/Bethge (Hrsg.), BVerfGG, § 91 Rdnrn. 2 ff.
[629] BVerfGE 61, 82 ff.; vgl. auch BVerfGE 45, 63 ff.
[630] BVerwGE 59, 231 (239 f.); vgl. auch BVerfGE 68, 193 (210 f.).
[631] BVerwGE 59, 231 ff.; 64, 301 ff.
[632] BVerfGE 39, 302 (312).

b) Ausnahmen

Juristische Personen des öffentlichen Rechts sind dann ausnahmsweise doch grundrechtsfähig, wenn sie trotz ihrer öffentlich-rechtlichen Organisationsform keine staatlichen Funktionen wahrnehmen, sondern sich – dem Bürger vergleichbar – in einer ähnlichen **grundrechtstypischen Gefährdungslage**[633] befinden. Exemplarisch für diese Ausnahmesituation stehen drei Fälle:

aa) Die **Kirchen**, die vom Staat als Körperschaften des öffentlichen Rechts anerkannt sind, können sich auf die korporative Komponente der Glaubensfreiheit (Art. 4 Abs. 1 GG) berufen (bei privaten Religionsgesellschaften gilt dies ohnehin). Der Grund für die Grundrechtsfähigkeit auch der als öffentlich-rechtliche Körperschaften organisierten Kirchen liegt in der Tatsache, dass diese Rechtsträger auch nicht mittelbar in die staatliche Ämterhierarchie eingebunden sind und dass sie spezifisch kirchliche, aber keine staatlichen Aufgaben erfüllen (vgl. auch Art. 140 GG i.V.m. Art. 137 Abs. 1 WRV: Es gibt keine Staatskirche)[634].

bb) Der zweite Fall betrifft die öffentlich-rechtlichen **Rundfunkanstalten**. Sie unterliegen dem medienspezifischen Gebot der Staatsfreiheit[635]. Das rechtfertigt, ja gebietet auch ihre Grundrechtsträgerschaft nach Art. 5 Abs. 1 Satz 2 GG[636].

> Private Rundfunkunternehmen sind ohnehin Träger dieses Grundrechts[637] und können sich auch auf andere Grundrechte (Art. 12 Abs. 1 GG[638]) berufen.

cc) Schließlich können sich die vom Staat errichteten **Universitäten** – als Körperschaften des öffentlichen Rechts – und die Fakultäten bzw. Fachbereiche[639] – als zumindest teilrechtsfähige Verbände des öffentlichen Rechts – auf Art. 5 Abs. 3 Satz 1 GG berufen: Die Freiheit von Forschung und Lehre steht auch diesen öffentlich-rechtlichen Funktionseinheiten zu[640], weil die Hochschule sich nicht in staatlich-administrativem Aufgabenvollzug erschöpft, sondern der Wissenschaft dient. Die Freiheit der Wissenschaft ist auch das korporative Grundrecht der Universität.

> Privatuniversitäten sind ohnehin Träger des Grundrechts der Wissenschaftsfreiheit und anderer Freiheitsrechte.

dd) Doch genießen die öffentlich-rechtlichen Rundfunkanstalten und die auf einer Staatsgründung beruhenden Universitäten keine Existenzgarantie.

---

[633] BVerfGE 45, 63 (79); 102, 370 (387 f.); 106, 28 (43).
[634] BVerfGE 56, 216 (230 f.); 75, 192 (196); 102, 370 (387 f.).
[635] BVerfGE 31, 314 (322); 59, 231 (254).
[636] BVerfGE 97, 298 (310); 107, 299 (310); 119, 181 (211).
[637] Vgl. *Bethge*, NVwZ 1997, 1 ff.; BVerfGE 95, 220 (234).
[638] BVerfGE 97, 228 (253 f.).
[639] BVerfGE 15, 256 (262); 75, 192 (196); 93, 85 (93); 111, 333 (352).
[640] BVerfGE 15, 256 (262); 75, 192 (196).

Sie können vom Staat aufgelöst werden[641]. Der Funktionsschutz während des Bestehens impliziert keinen Bestandsschutz.

c) Besonderheiten der Kunstfreiheit

Auch die Kunstfreiheit (Art. 5 Abs. 3 Satz 1 GG) ist nicht nur ein höchstpersönliches Recht allein der natürlichen Person. Sie steht ebenso der juristischen Person zu[642] einschließlich öffentlich-rechtlicher Funktionseinheiten. Dafür besteht Bedarf. Die öffentliche Hand – das sind Bund, Länder und Gemeinden – unterhält Theater, Museen, Opernhäuser. Diese **kunstvermittelnden Medien** sind trotz ihrer organisatorischen und finanziellen Abhängigkeit vom Staat Träger des Grundrechts der Kunstfreiheit[643]. Der Intendant bestimmt den Spielplan, nicht der Oberbürgermeister. Aber auch für diese Einrichtungen gilt, dass das Grundrecht nur ihre künstlerische Autonomie (Spielplangestaltung) während ihrer Existenz, nicht aber ihre Existenz selbst sichert (Funktions-, aber kein Bestandsschutz)[644].

Darum durfte das Land Berlin nach der Wende das Schiller-Theater liquidieren. Auch Kunst-Akademien sind nicht vor der Auflösung durch den Staat geschützt[645].

d) Die Justizgrundrechte

Eine besondere Situation ergibt sich bei den Justiz- oder Prozessgrundrechten (Art. 101–104 GG).

Der Staat und die ihm gleichgestellten öffentlich-rechtlichen Verbände (zusammenfassend: die „öffentliche Hand") unterliegen im Rechtsstaat des Grundgesetzes der Kontrolle durch die Gerichtsbarkeit. Die öffentliche Hand ist z.B. im Verwaltungsrechtsstreit Prozesspartei.

Der Bauherr klagt gegen die kreisfreie Stadt auf Erteilung einer (verweigerten) Baugenehmigung. Ein Wehrpflichtiger ficht vor dem Verwaltungsgericht einen Einberufungsbescheid des Bundes an.

Darum kommt der beklagten öffentlichen Hand aus Gründen der prozessualen Waffengleichheit wie auch dem klagenden Bürger der Schutz der Justizgrundrechte (gesetzlicher Richter: Art. 101 Abs. 1 Satz 2 GG; rechtliches Gehör: Art. 103 Abs. 1 GG) zugute[646].

---

[641] BVerwGE 75, 318 (322 f.); BVerfGE 85, 360 (384); 89, 144 (153).
[642] Z.B. einer GmbH; vgl. BVerfGE 30, 173 ff.
[643] BVerwGE 62, 55 (59); *Bethge*, NJW 1995, 558.
[644] BVerfGE 85, 360 (385).
[645] Vgl. dazu *Bethge/Rozek*, JuS 1997, 832.
[646] BVerfGE 6, 45 (49 f.); 61, 82 (103); 75, 192 (196 f.); vgl. auch BVerfGE 107, 299 (309 f.).

e) Die öffentliche Hand im Privatrechtsverkehr

Wenn staatliche Funktionsträger – von den genannten Ausnahmen abgesehen – keinen Grundrechtsschutz genießen, gilt dies auch für den Fall, dass sie sich zur Erfüllung ihrer Aufgaben privatrechtlicher Rechts- und Organisationsformen bedienen. Der Staat darf zwar privatrechtlich tätig werden. Das geschieht auch vielfältig.

> Die Universität kauft Bleistifte. Das Finanzamt mietet ein Haus. Das Studentenwerk gewährt ein Darlehen.

Die Bezeichnung „Flucht" ins Privatrecht für diese Inanspruchnahme privatrechtlicher Organisationsformen ist darum unangemessen bzw. schief, weil der Staat dabei nicht seinen öffentlich-rechtlichen Verantwortlichkeiten und Besonderheiten entgehen kann.

aa) Darum bleibt auch der privatrechtlich handelnde Staat, der **Fiskus**[647], insoweit Widersacher der Grundrechte; er wird nicht zu deren Nutznießer. Das Recht des Staates auf Teilnahme am Privatrechtsverkehr wurzelt nicht in seiner – des Staates – angeblichen Freiheit oder Privatautonomie. Der Staat macht nur von seiner organisationsrechtlichen Gestaltungsmöglichkeit Gebrauch.

> Dem entspricht es, dass die öffentliche Hand im Falle ihrer Teilnahme am Privatrechtsverkehr an die Grundrechte gebunden ist (Art. 1 Abs. 3 GG); sogenannte **Fiskalbindung der Grundrechte**[648]. Beispiel: Die Universität, die Bücher kauft, darf Angebote von Lieferanten nicht aus unsachlichen Gründen unberücksichtigt lassen. Unsachlich wäre ein Abstellen auf die atheistische Einstellung des Buchlieferanten (Art. 3 Abs. 3 GG).

bb) Das Prinzip muss weiterentwickelt werden: Die Rechtsmacht des Staates zu fiskalischem Handeln schließt zwar die Befugnis ein, privatrechtsförmliche Gesellschaften zu gründen (Eigengesellschaften) bzw. sich an diesen neben Privaten zu beteiligen (gemischtwirtschaftliche Unternehmen).

> Öffentliche Energieversorgungsunternehmen sind regelmäßig als juristische Person des Privatrechts (AG, GmbH) organisiert, an denen die öffentliche Hand (z. B. eine Gemeinde) beteiligt ist.

Doch sind auch diese Eigengesellschaften als bloße organisationsrechtliche Erscheinungsformen der Staatsgewalt wie diese prinzipiell grundrechtsunfähig[649].

---

[647] Nicht zu verwechseln mit dem Finanzamt, das mit der Steuererhebung Hoheitsgewalt ausübt.

[648] BVerwGE 39, 329 ff.; BGH DÖV 2004, 439 f. m. w. N.

[649] BVerfGE 45, 63 (80).

> Eine Eigengesellschaft der Gemeinde, die Strom produziert, kann sich nicht auf das Grundrecht der Gewerbefreiheit (Art. 12 Abs. 1 GG) berufen. Es gibt keine Gewerbefreiheit der öffentlichen Hand.

V. Die Schranken der Grundrechte

1. Die Grundrechte mit Begrenzungsvorbehalt

Die Freiheitsrechte sind nicht unbegrenzt. Allerdings stehen sie nicht unter einem allgemeinen Gemeinwohlvorbehalt. Das Gemeinwohl ist nicht Schranke der Grundrechte, sondern Voraussetzung ihrer Beschränkbarkeit[650]. Die meisten Grundrechte sind mit Schrankenvorbehalten ausgestattet, die dem Grundrechtsgebrauch Grenzen setzen bzw. solche Grenzziehungen erlauben. Diese Vorbehalte sind unterschiedlich strukturiert. Die Terminologie ist uneinheitlich. Es gibt den Schrankenvorbehalt der allgemeinen Gesetze in Art. 5 Abs. 2 GG, der die Kommunikationsgrundrechte betrifft. Andere Freiheitsrechte haben Regelungs- bzw. inhaltliche Formulierungsvorbehalte, die den Gesetzgeber auf den Plan rufen; so die Berufsfreiheit (Art. 12 Abs. 1 Satz 2 GG) und das Eigentumsgrundrecht (Art. 14 Abs. 1 Satz 2 GG). Eine Reihe von Grundrechten kennt ausdrückliche Gesetzesvorbehalte (Art. 9 Abs. 2 und Art. 10 Abs. 2 GG). Art. 2 Abs. 1 GG wird einem Verfassungsvorbehalt (hier: der Schranke der verfassungsmäßigen Ordnung) unterstellt.

In Art. 8 Abs. 1 GG erscheinen Friedlichkeit und Gewaltlosigkeit als verfassungsunmittelbare Vorbehaltsschranken des Gewährleistungsbereichs.

Die Gesetzesvorbehalte sind einfacher und qualifizierter Art. Als qualifiziert erscheinen Gesetzesvorbehalte, deren Begrenzungsmöglichkeit an bestimmte inhaltliche Voraussetzungen gebunden sind.

> Die Freizügigkeit darf nach Art. 11 Abs. 2 GG nur für bestimmte Gefahrenkonstellationen sozialer Art eingeschränkt werden. Die Überwachung von Wohnungen durch technische Mittel (Lauschangriff![651]) ist nach Art. 13 Abs. 4 GG nur zur Abwehr dringender Gefahren für die öffentliche Sicherheit zulässig. Art. 16 Abs. 2 Satz 2 GG erlaubt als qualifizierter Gesetzesvorbehalt eine Auslieferung Deutscher nur, „soweit rechtsstaatliche Grundsätze gewahrt sind"[652].

---

[650] *Bethge*, VVDStRL Heft 57 (1998), S. 23 mit Fn. 97; BVerfGE 101, 331 (348 f.); 107, 186 (196).
[651] BVerfGE 109, 279 ff.
[652] BVerfGE 113, 273 (299).

2. Grundrechte ohne ausdrückliche Schranken

Einige Freiheitsrechte haben keinen geschriebenen Gesetzes- oder Schrankenvorbehalt. Sie sind **vorbehaltlos** gewährleistet. Art. 5 Abs. 3 Satz 1 GG ordnet lapidar an, dass die Kunst frei ist. Art. 4 Abs. 1 GG verbürgt ohne jede Beschränkung die Glaubens-, Gewissens- und Bekenntnisfreiheit. Für die Koalitionsfreiheit gilt entsprechendes[653].

a) Die Unmöglichkeit schrankenloser Grundrechte

Doch kann es eine schlechthin schrankenlose Freiheit nicht geben[654]. Die Rechtsordnung eines freiheitlich verfassten Staates ist eine Gegenseitigkeitsordnung, in der die Freiheit des einen zwangsläufig auf die Freiheit des anderen stößt. Auch von der reinen Textfassung her gesehen schrankenfreie Freiheitsrechte lösen im Falle ihrer Ausübung Sozialkontakt aus. Sie stoßen auf die Rechte anderer. Beispiel: In einem Kunstwerk wird das Persönlichkeitsrecht eines anderen angegriffen.

> In *Klaus Manns* Roman „Mephisto", der durch die Kunstfreiheit geschützt ist, wurde das Persönlichkeitsrecht von *Gustaf Gründgens* aus Art. 2 Abs. 1 GG i.V.m. Art. 1 Abs. 1 GG beeinträchtigt[655].

Oder: Eine religiöse Prozession gerät auf der Straße in Kollision mit Verkehrsteilnehmern, die von ihrer Bewegungsfreiheit Gebrauch machen. In solchen Fällen muss der Konflikt zwischen den aufeinanderstoßenden Freiheitsrechten – Art. 4 Abs. 1 GG auf der einen, Art. 2 Abs. 1 GG auf der anderen Seite – durch die Rechtsordnung geschlichtet werden. Dem vorbehaltlosen Grundrecht kommt kein absoluter Geltungsvorrang zu, weil es keine starre Rangordnung der Grundrechte gibt[656].

b) Keine Verkürzung des Gewährleistungsbereichs

Zur Lösung des Schrankenproblems darf nicht der Freiheitsbereich als solcher enger zugeschnitten werden[657]. Die Aufrechterhaltung der Idee der Schrankenlosigkeit darf nicht zu Lasten des Inhalts der Freiheit gehen. Insbesondere geht es nicht an, den Gewährleistungsbereich des Freiheitsrechts um den Schutz des notwendigen Außenkontakts zu kappen. Die Kunstfreiheit umschließt neben dem Herstellungsakt, dem Werkbereich, auch die Einwirkung nach außen, den

---

[653] BVerfGE 92, 26 (41).

[654] BVerfGE 4, 7 (15 f.); BVerwGE 102, 304 (308, 310).

[655] Dazu die Grundsatzentscheidung BVerfGE 30, 173 ff. Mit dem Tod des Menschen folgt der postmortale Persönlichkeitsschutz allein aus Art. 1 Abs. 1 GG. Art. 2 Abs. 1 GG setzt einen lebenden Menschen voraus. Meist ist es aber ein Konfliktsfall unter noch lebenden Personen. Zum Konflikt Persönlichkeitsschutz – Kunstfreiheit siehe den aktuellen Fall „Esra" BVerfGE 119, 1 ff.

[656] BVerfGE 81, 278 (289); *Bethge*, HGR III, 2009, § 71 Rdnr. 82.

[657] BVerfGE 85, 386 (397); 87, 399 (406).

Wirkbereich[658]. Ebenso erschöpft sich die Glaubensfreiheit nicht nur im bloßen Innehaben der religiösen Überzeugung (sog. forum internum); sie schließt auch deren Demonstration (forum externum) ein. Die Gewissensfreiheit erfasst nicht nur das Innenleben der betreffenden Person, sondern auch die Verweigerung des Kriegsdienstes mit der Waffe (Art. 4 Abs. 3 GG)[659].

c) Der Verfassungsvorbehalt

Um so drängender stellt sich aber die Begrenzungsfrage. Sie wird bei diesen verbal schrankenlosen Grundrechten dadurch gelöst, dass die Freiheitsrechte einem **Verfassungsvorbehalt** unterstellt werden: Kollidierende Grundrechte Dritter und andere mit Verfassungsrang ausstaffierte Werte schränken als **verfassungsimmanente** Schranken auch die dem Wortlaut nach schrankenlosen Grundrechte ein[660].

> Im Fall „Mephisto"[661] war das Persönlichkeitsrecht von *Gustaf Gründgens* die verfassungsrechtliche Schranke der Kunstfreiheit und ging im konkreten Fall dieser vor. Beim Konflikt zwischen der Religionsfreiheit von Demonstranten und dem Fortbewegungsrecht der Verkehrsteilnehmer muss ebenfalls eine Güterabwägung vorgenommen werden.

VI. Die Lückenlosigkeit des Grundrechtsschutzes

Der Grundrechtsverfassung des Grundgesetzes eigentümlich ist das Gebot des umfassenden und lückenlosen Grundrechtsschutzes für alle von der verfassungsrechtlichen Wertordnung gebilligten Freiheitsbetätigungen[662]. Der Grundsatz kommt in mehrfacher Hinsicht zum Tragen.

1. Die Fortschreibung der Grundrechte

Die Freiheitsrechte sind zwar Reaktionen auf historische Gefährdungslagen[663]. Sie stellen aber keine geschichtlichen Momentaufnahmen dar. Das Grundgesetz ist eine **living constitution**. Auch die Grundrechte müssen sich neuen Herausforderungen stellen. Diese Fortschreibung wird erleichtert durch die Tatsache, dass die Freiheitsrechte vielfach fragmentarisch formuliert sind. Die Rede ist von lapidaren Generalklauseln[664] und von entwicklungsoffenen Bestimmungen[665]. Die

---

[658] BVerfGE 30, 173 (189).
[659] Dazu *Bethge*, HStR VII, 3. Aufl., 2009, § 158 Rdnrn. 37 ff.
[660] BVerfGE 28, 243 (261); 30, 173 (192); 83, 130 (142); 93, 1 (21); 108, 282 (297).
[661] BVerfGE 30, 173 ff.
[662] *Dürig*, JZ 1957, 170; *Bethge*, Der Staat Bd. 24 (1985), S. 360.
[663] BVerfGE 6, 55 (71).
[664] BVerfGE 79, 127 (143).
[665] Vgl. BVerwGE 49, 202 (206).

angeführte dynamische Auslegung von Grundrechten bei gleichbleibendem Verfassungstext lässt sich an einer Reihe von Beispielen nachweisen:

Für die Eigentumsgarantie hatte sich schon zur Weimarer Zeit die Auffassung durchgesetzt, dass als Eigentum nicht nur das Sacheigentum des bürgerlichen Rechts, sondern jedes vermögenswerte private Recht anzusehen ist. Inzwischen schließt das Eigentumsgrundrecht auch den Schutz vermögenswerter **öffentlich-rechtlicher** Positionen ein, sofern sie sich der Berechtigte **erdient** hat (z.B. Rentenanwartschaften aus staatlichen Zwangsversicherungen)[666].

Das Grundrecht der Berufsfreiheit ist nicht auf überkommene Berufsbilder fixiert. Die Gewährleistung des Art. 12 Abs. 1 GG erfasst auch atypische[667] und neuartige Betätigungen[668].

Das Grundrecht der Rundfunkfreiheit (Art. 5 Abs. 1 Satz 2 GG) schützt als Veranstalterfreiheit nicht nur die Programmtätigkeit öffentlich-rechtlicher Anstalten, sondern auch die Veranstaltung privaten Rundfunks[669].

Das Grundrecht der Unverletzlichkeit der Wohnung (Art. 13 Abs. 1 GG) bezieht sich auch auf Arbeits-, Geschäfts- und Betriebsräume[670].

2. Die Ergänzungsfunktion des Art. 2 Abs. 1 GG

Der Grundsatz des lückenlosen Grundrechtsschutzes kommt vor allem in der Ergänzungsfunktion des Art. 2 Abs. 1 GG zur Geltung.

a) Die Einzelaussagen des Art. 2 Abs. 1 GG

Das Grundrecht der freien Entfaltung der Persönlichkeit ist inhaltlich ein Doppelgrundrecht. Es gewährleistet zum einen i.V.m. Art. 1 Abs. 1 GG das allgemeine Persönlichkeitsrecht[671]. Dieses ergänzt als „unbenanntes" Freiheitsrecht die speziellen („benannten") Freiheitsrechte, die, wie etwa die Gewissens- oder die Meinungsfreiheit, ebenfalls konstituierende Elemente der Persönlichkeit schützen. Seine Aufgabe ist es, die engere persönliche Lebenssphäre auch gegenüber neuartigen Gefährdungen zu schützen[672].

> Schutzgüter des allgemeinen Persönlichkeitsrechts sind die Privat-, Geheim- und Intimsphäre sowie die persönliche Ehre und das Verfügungsrecht über die Darstellung der eigenen Person[673]. Es umfasst auch den Schutz einer Person vor Abbildungen durch Dritte[674].

---

[666] BVerfGE 72, 175 (193).

[667] BVerwGE 22, 286 (287); siehe auch BVerfGE 115, 276 (300 f.).

[668] BVerfGE 119, 59 (77 ff.).

[669] BVerfGE 95, 220 (234); 97, 238 (267 f.).

[670] BVerfGE 32, 54 (68 ff.); 76, 83 (88); 97, 228 (265).

[671] BVerfGE 101, 361 (380); 106, 28 (39).

[672] BVerfGE 54, 148 (153); 95, 220 (241).

[673] Vgl. BVerfGE 54, 148 (154).

[674] BVerfGE 101, 361 (380) – Caroline v. Monaco-Urteil.

Das allgemeine Persönlichkeitsrecht des Art. 2 Abs. 1 GG i.V.m. Art. 1 GG eröff-
nete sich darum auch dem Datenschutz in Gestalt des Grundrechts der informa-
tionellen Selbstbestimmung[675].

> Instruktiv BVerfGE 115, 320 (341): Das Grundrecht auf informationelle
> Selbstbestimmung gewährleistet die Befugnis des Einzelnen, grund-
> sätzlich selbst zu entscheiden, wann und innerhalb welcher Grenzen
> persönliche Lebenssachverhalte offenbar werden müssen. Es sichert sei-
> nen Trägern insbesondere Schutz gegen unbegrenzte Erhebung, Spei-
> cherung, Verwendung und Weitergabe der auf sie bezogenen individu-
> alisierten oder individualisierbaren Daten[676].

Als Teil des allgemeinen Persönlichkeitsrechts ist auch der Schutz des Einzelnen
vor einem Zwang zur Selbstbezichtigung anerkannt[677]. Neuerdings wird darunter auch das Grundrecht der Sprachenfreiheit „subsumiert"[678].

Daneben garantiert Art. 2 Abs. 1 GG auch die **allgemeine Handlungsfreiheit**[679]
(im Anschluss unter b). Sie ist darum in der Tat das wichtigste **materielle** Haupt-
freiheitsrecht.

> Das wichtigste **formelle** Hauptfreiheitsrecht ist das Recht auf Justizge-
> währung (Art. 19 Abs. 4 GG), mithilfe dessen Verletzungen vor allem
> der Grundrechte durch die öffentliche Gewalt des Staates vor den Ge-
> richten gerügt werden können[680].

b) Die Auffangfunktion

Die allgemeine Handlungsfreiheit ist Auffangtatbestand für alle sozialverträgli-
chen Verhaltensweisen, die nicht durch besondere Freiheitsrechte, durch Spezi-
algrundrechte also, erfasst werden.

> Bei einschlägigem Spezialgrundrecht ist Art. 2 Abs. 1 GG konsequenter-
> weise thematisch verbraucht. Soweit z.B. die berufliche Dispositions-
> freiheit von Art. 12 Abs. 1 GG erfasst wird, kommt Art. 2 Abs. 1 GG
> nicht zur Anwendung[681]. Das Brief-, Post- und Fernmeldegeheimnis
> (Art. 10 GG) geht Art. 2 Abs. 1 GG vor[682].

---

[675] BVerfGE 65, 1 (43).
[676] BVerfGE 65, 1 (43); 115, 166 (190); 117, 202 (228); 118, 168 (184).
[677] BVerfGE 95, 220 (241).
[678] *Kahl*, JuS 2007, 201 ff.
[679] BVerfGE 6, 32 (36 ff.); 54, 148 (153); 80, 137 (152 ff.).
[680] Lesenswert die Plenarentscheidung (alle 16 Richter) BVerfGE 107, 395 ff.
[681] Vgl. BVerfGE 70, 1 (32); 95, 173 (188); 126, 286 (300).
[682] BVerfGE 110, 33 (53).

aa) Zu den von Art. 2 Abs. 1 GG „aufgefangenen" Tätigkeiten zählen auch (scheinbar) banale, gewöhnliche und triviale Aktivitäten. Grundrechtsschutz erschöpft sich nicht in elitären Verhaltensweisen.

> Zum Grundrechtsschutz der Beliebigkeit gehört z.B. das Reiten im Walde[683].

Beliebigkeit heißt nicht Schrankenlosigkeit! Es kann nicht jeder machen, was er will, ohne Rücksicht auf andere zu nehmen. Verhindert werden muss aber, dass arrogante Geschmacksdiktatoren scheinbar banale Tätigkeiten schon aus dem Schutzbereich des Grundrechts herausnehmen, so dass staatliche Einschränkungen gar nicht mehr nach der Schrankenregelung des Art. 2 Abs. 1 GG gerechtfertigt zu werden brauchen.

bb) Von der allgemeinen Handlungsfreiheit erfasst werden auch neuartige Bedrohungen der Freiheit. Art. 2 Abs. 1 GG schützt daher auch das Grundrecht auf Mobilität, d.h. auch das Fahren mit dem Auto. Natürlich schließt ein derartiger Grundrechtsschutz Geschwindigkeitsbeschränkungen nicht aus. Dem Freiheitsblankett des Art. 2 Abs. 1 GG korrespondiert zwangsläufig ein umfassendes Ordnungsblankett[684] in Gestalt der Schranken der verfassungsmäßigen Ordnung, zu der alle Normen zählen, die formell und materiell mit dem Grundgesetz vereinbar sind[685]. Die Lückenlosigkeit des Grundrechtsschutzes ist also nicht gleichbedeutend mit einer Schrankenlosigkeit des Grundrechtsgebrauchs. Doch muss der Staat für Geschwindigkeitsbeschränkungen geradestehen; er muss sie begründen und rechtfertigen.

> Die Zuordnung des Autofahrens zum Gewährleistungsbereich des Art. 2 Abs. 1 GG bedeutet, dass der Staat gemäß dem rechtsstaatlichen Verteilungsprinzip die Rechtfertigungslast für die Zulässigkeit von Grundrechtseingriffen hat. Geschwindigkeitsbeschränkungen sind deshalb nicht von der Natur der Sache her legitimiert, sondern müssen gegenüber der prinzipiellen Freiheitsvermutung besonders gerechtfertigt werden[686]. Das kann der Staat meist unschwer (Umweltschutz, Kinderschutz, Energiesparen u.ä.).

c) Rückgriffs- oder Regressverbote

Allerdings ist die Auffangfunktion des Art. 2 Abs. 1 GG auch vom Tatbestand her nicht unbegrenzt. Zu beachten sind **Regressverbote**, welche die Regel bestätigen, dass die allgemeine Handlungsfreiheit durch spezielle Gewährleistungen

---

[683] BVerfGE 80, 137 (152 ff.). Vgl. demgegenüber die brillante, wiewohl falsche Gegenposition in der dissenting vote (abweichenden Meinung) von *Grimm*, in: BVerfGE 80, 137 (164 ff.).

[684] *Isensee*, VVDStRL Heft 32 (1974), S. 80 Fn. 73; siehe auch BVerfGE 6, 32 (37); 96, 375 (398).

[685] BVerfGE 6, 32 (37 f.); 80, 137 (152 ff.).

[686] Vgl. *Bethge*, VVDStRL Heft 57 (1998), S. 22 f.

thematisch verbraucht wird. Solche Rückgriffsverbote bestehen in persönlicher und sachlicher Hinsicht. Wenn Art. 19 Abs. 3 GG nur inländischen juristischen Personen Grundrechtsschutz zuspricht, darf Art. 2 Abs. 1 GG nicht ohne weiteres für die Begründung des Gegenteils reklamiert werden[687]. Der von Art. 12 Abs. 1 GG – einem Deutschengrundrecht – ausgeschlossene Ausländer erlangt Berufsfreiheit nicht über Art. 2 Abs. 1 GG[688]. Oder: Da Art. 8 Abs. 1 GG nur die friedliche und gewaltlose Versammlung schützt, darf die unfriedliche und gewalttätige Demonstration nicht auf Art. 2 Abs. 1 GG gestützt werden[689]. Oder: Wenn Art. 5 Abs. 1 Satz 1 GG die Lüge aus dem Geltungsbereich der Meinungsäußerungsfreiheit verbannt[690], kann Art. 2 Abs. 1 GG keinen Ausweg bieten[691].

VII. Der Grundrechtseingriff

Die Freiheitsrechte werden zwar als unverletzlich und unantastbar proklamiert. Doch sind sie damit weder schrankenlos noch eingriffsresistent. Unverletzlichkeit und staatlicher Eingriff sind keine unvereinbaren Gegensätze.

> Vgl. Art. 2 Abs. 2 GG: Die Freiheit der Person ist **unverletzlich**. In diese Rechte darf nur aufgrund eines Gesetzes **eingegriffen** werden.

Die Verfassungsordnung setzt in der Gegenseitigkeitsordnung einer Massengesellschaft auch vorbehaltlosen Grundrechten immanente Schranken[692]. Der Staat ist auch nicht gehalten, sich jeglicher Einwirkungen auf die Grundrechte zu enthalten.

1. Die Eingriffsbefugnis des Staates

Der Staat darf in Grundrechte eingreifen, d.h. den Freiheitsbereich verkürzen.

> Dem kriminellen Heilpraktiker darf ein Berufsverbot auferlegt werden. Dem Eigentümer darf zwangsweise das Eigentum entzogen werden (Enteignung). Gegen den Autofahrer darf bei Verletzung der Straßenverkehrsordnung ein Fahrverbot verhängt werden.

Diese Grundrechtseingriffe des Staates sind nicht per definitionem unzulässig. Grundrechtseingriff heißt also noch nicht Grundrechtsverstoß[693].

---

[687] Vgl. BVerfGE 12, 6 (8).
[688] A.A. BVerfGE 78, 179 (196 f.); siehe auch BVerfGE 104, 337 (345 f.), wo Art. 4 Abs. 1 und 2 GG als Grundrechtsverstärker herangezogen wurden.
[689] *Bethge*, ZBR 1988, 209; *Schmitt Glaeser*, Festschrift für Günter Dürig, 1990, S. 101 Fn. 52.
[690] So BVerfGE 85, 1 (15).
[691] *Isensee*, Festschrift für Martin Kriele, 1997, S. 5.
[692] BVerfGE 28, 243 (260 f.); 30, 173 (192); 108, 282 (297).
[693] *Bethge*, HGR III, 2009, § 58 Rdnrn. 7 ff.

a) Die Rechtfertigungslast des Staates

Doch löst der Grundrechtseingriff nach dem rechtsstaatlichen Verteilungsprinzip[694] gegenüber dem dafür verantwortlichen Staat die fundamentale Sicherungsfunktion und Legitimationslast der Freiheitsrechte aus. Der Staat bedarf für einen Grundrechtseingriff einer besonderen verfassungsrechtlichen Rechtfertigung in Gestalt einer gesetzlichen Grundlage.

> Berufsverbot, Enteignung und Fahrverbot müssen darum auf ein Gesetz gestützt werden.

Liegt sie vor und hält sich der Staat an bestimmte Eingriffsvoraussetzungen, ist der Grundrechtseingriff legitimiert. Der Grundrechtsträger hat den Eingriff hinzunehmen.

> Nicht immer ohne jede Kompensation: Der Eigentümer, der sich den zwangsweisen Eigentumsentzug gefallen lassen muss, erhält immerhin Entschädigung (Art. 14 Abs. 3 GG).

Ist der Grundrechtseingriff dagegen nicht gerechtfertigt, weil er nicht von einer durch die Verfassung legitimierten Rechtsgrundlage gedeckt ist, entfalten die Freiheitsrechte ihre spezifische Abwehrfunktion. Die Eingriffsabwehr zielt auf Unterlassung bzw. auf Folgenbeseitigung, d.h. auf Ausräumung der Ergebnisse des schon vollzogenen Eingriffs.

> War das Berufsverbot unverhältnismäßig, muss es aufgehoben werden. Liegen die Voraussetzungen einer zulässigen Enteignung nicht vor, weil es am Gemeinwohlzweck fehlt, kann der Eigentümer die Enteignung abwehren. Wurde sie dennoch vollzogen, darf er Rückübereignung verlangen.

b) Der Begriff des Grundrechtseingriffs

Entscheidendes Kriterium ist damit zunächst das Vorliegen eines Eingriffs des Staates in das Freiheitsrecht. Nur dieser bedarf einer besonderen verfassungsrechtlichen Rechtfertigung, die der Staat darzutun hat. Bloße Belästigungen und sonstige Beeinträchtigungen oder Gefährdungen des Grundrechtsträgers unterhalb der Eingriffsschwelle lösen nicht die Abwehrfunktion der Freiheitsrechte aus; sie unterliegen darum auch nicht der besonderen Rechtfertigungspflicht des Staates. Der Betroffene muss sie hinnehmen.

aa) Der **klassische** bzw. **traditionelle** Grundrechtseingriff ist durch die Merkmale Rechtsförmigkeit, Unmittelbarkeit, Finalität und Imperativität geprägt. Das klingt gewichtig. Gemeint ist Folgendes: In geordnetem Verfahren wird ei-

---

[694] Dazu im Anschluss an *Carl Schmitt* z.B. *Isensee*, HStR II, 3. Aufl., 2004, § 15 Rdnrn. 174 f.

nem bestimmten Rechtssubjekt vom Staat zielgerichtet eine verbindliche Verhaltensweise, eine Pflicht also, auferlegt.

> Dem Autofahrer wird durch Verwaltungsakt die Fahrerlaubnis entzogen. Dem Bauherrn wird durch Verwaltungsakt die Baugenehmigung verweigert.

In Konstellationen dieser Art muss der Staat für sein Handeln eben wegen des Grundrechtsschutzes des Betroffenen eine besondere Legitimation zum Handeln, d.h. eine Rechtsgrundlage haben. Nur dann ist der Grundrechtseingriff gerechtfertigt.

bb) Doch erweist sich dieser klassische Begriff des Grundrechtseingriffs als zu eng. Was soll gelten, wenn der Staat ohne ausreichende gesetzliche Grundlage vor Sekten und Produkten warnt? Scheidet ein Grundrechtseingriff darum aus, weil die staatliche Aufklärung primär den Bürger begünstigt, d.h. allein ihn anspricht und die Sekte bzw. den Produzenten selbst gar nicht unmittelbar behelligt? Oder genügt es für den Grundrechtseingriff, dass die Sekten oder Produzenten mittelbar betroffen sind und die Aufklärungstätigkeit sehr wohl auch diesen gegenüber verhaltenssteuernden Effekt hat?

> Die Rechtsprechung geht in diesen Fällen zu Recht von einem informalen Grundrechtseingriff in die Freiheitsposition der Sekte bzw. des Warenproduzenten aus[695]. D.h. der Abwehrgehalt der Grundrechte kann auch bei faktischen oder mittelbaren Beeinträchtigungen betroffen sein, wenn diese in ihren Wirkungen Eingriffen gleichkommen[696]. Dann stellt sich also die Frage nach einer Rechtsgrundlage des Staates für eine grundrechtseingreifende Aufklärungsarbeit.

cc) Wie bedeutsam die Figur bzw. die Konstruktion des Grundrechtseingriffs für die Abgrenzung der Freiheitssphäre einerseits und die Einwirkungsmöglichkeiten des Staates andererseits ist, zeigt(e) die Diskussion über die juristischen Dimensionen der Rechtschreibreform[697].

> Stellen die Änderungen der Rechtschreibreform einen Eingriff in Grundrechte der Schüler, Lehrer, Eltern, Verleger dar, so dass es darum eines formellen Gesetzes bedurfte?

dd) Eine ebenso wichtige Rolle spielte der Begriff des Grundrechtseingriffs bei der Frage, ob die Anbringung eines Kruzifixes an der Wand bayerischer Volksschulen gegen die negative Religionsfreiheit nichtchristlicher Schüler verstieß.

---

[695] Vgl. BVerwGE 90, 112 (115); vgl. auch BVerfGE 105, 252 (273); 105, 279 (303).
[696] BVerfGE 105, 279 (303); 110, 177 (191); 113, 63 (76); 116, 202 (222).
[697] Vgl. BVerfGE 98, 218 ff.

Ein solcher Verstoß konnte denkgesetzlich nur angenommen werden, wenn man das religiöse Symbol allein wegen seiner Aussage als Grundrechtseingriff wertete, für den trotz der gesetzlichen Anordnung keine verfassungsrechtliche Rechtfertigung bestand. Das Bundesverfassungsgericht sprach dem Kruzifix wegen seines „appellativen Charakters" die Wirkung eines Grundrechtseingriffs zu[698].

ee) Im Versammlungsrecht gilt auch der Einsatz von Wagen zur Kameraübertragung von Demonstrationen als Grundrechtseingriff[699].

2. Die Voraussetzungen für die Eingriffsrechtfertigung

a) Gesetzesvorbehalt als Eingriffsermächtigung

Grundrechtseingriffe des Staates bedürfen aus verfassungsrechtlichen Erfordernissen einer gesetzlichen Ermächtigung. Damit ist der freiheitssichernde Schutzmechanismus des **Gesetzesvorbehalts** angesprochen, der in doppelter Aufmachung auftritt.

aa) Zum einen ist es der allgemeine rechtsstaatliche Vorbehalt des Gesetzes: Er verlangt für Eingriffe in Freiheit und Eigentum eine gesetzliche Grundlage[700]. Er verbietet der Verwaltung ein gesetzloses Eindringen in Freiheitsbereiche.

bb) Dem allgemeinen Vorbehalt des Gesetzes zur Seite stehen die den einzelnen Freiheitsrechten beigefügten **besonderen** Gesetzesvorbehalte, die Eingriffe durch Gesetz bzw. aufgrund eines Gesetzes gestatten (z.B. Art. 13 Abs. 2 GG).

b) Fehlen der Eingriffsermächtigung

Der Vorbehalt des Gesetzes verlangt mithin zur Rechtfertigung eines Eingriffs die Zwischenschaltung eines vom Parlament erlassenen Gesetzes[701]. Diese Art von Eingriffsermächtigung ist Zulässigkeitsbedingung für Eingriffe. Die Einhaltung des Gesetzesvorbehalts bedeutet vorgelagerten Grundrechtsschutz[702]. Es handelt sich um eine vorverlagerte Verteidigungslinie der Grundrechte als Abwehrrechte[703]. Fehlt die gesetzliche Eingriffsermächtigung oder ist das Gesetz nicht hinreichend bestimmt[704], ist der Grundrechtseingriff nicht gerechtfertigt; er gerät zum Grundrechtsverstoß; er ist verfassungswidrig.

---

[698] Vgl. BVerfGE 93, 1 ff.
[699] OVG Münster, NVwZ 2010, 1442; dazu JuS 2011, 479.
[700] BVerfGE 40, 237 (248 f.); 88, 103 (116); BVerwGE 90, 112 (122); vgl. *Voßkuhle*, JuS 2007, 118 f.
[701] BVerfGE 84, 212 (226).
[702] *Sachs*, JuS 1995, 304.
[703] *Di Fabio*, JZ 1993, 691.
[704] BVerfGE 83, 130 (142); 108, 282 (297).

Bei informalem Staatshandeln (Warnungen der Regierung vor gefährlichen Produkten und Sekten) bedarf der informale Grundrechtseingriff keiner gesetzlichen Grundlage. Die „verfassungsunmittelbare Aufgabe der Regierung zur Staatsleitung" reicht aus[705].

3. Schranken des Grundrechtseingriffs

Grundrechtseingriffe sind nicht schon dadurch endgültig gerechtfertigt, dass eine gesetzliche Grundlage die Beschränkung deckt. Die Verfassung stellt an grundrechtsbeschränkende Gesetze zusätzliche Anforderungen. Die den Eingriff legitimierenden Schranken unterliegen also ihrerseits Schranken. Man spricht darum – sprachlich unschön, aber plastisch – von **Schranken-Schranken** oder – sprachlich eleganter, aber nicht so eingängig – von Eingriffskautelen oder Eingriffsmodalitäten.

Solche Schranken-Schranken sind teils formeller, teils inhaltlicher Natur.

a) Verbot des Einzelfallgesetzes

Nach Art. 19 Abs. 1 Satz 1 GG muss ein Gesetz, das Grundrechte einschränkt, allgemein und nicht nur für den Einzelfall gelten. Das Verbot des **grundrechtseinschränkenden Einzelpersonengesetzes** bzw. **Einzelfallgesetzes** sichert die Allgemeinheit des Gesetzes und damit die Gleichheit der Grundrechtsträger vor dem Gesetz und unter dem Gesetz[706].

Beispiel für ein Einzel**personen**gesetz: Einer inhaftierten Person wird der Kontakt mit dem Strafverteidiger durch Gesetz untersagt. Beispiel für ein Einzel**fall**gesetz: Eine konkrete Demonstration wird durch Gesetz verboten.

Davon zu unterscheiden sind sonstige Einzelfallgesetze, die nicht in Grundrechte eingreifen[707]. Nicht jedwedes Exekutivgesetz des Parlaments ist untersagt[708].

Die Auflösung einer Gemeinde z.B. ist ein von Art. 19 Abs. 1 Satz 1 GG **nicht** erfasstes und darum zulässiges Einzelfallgesetz, da Gemeinden nicht Träger von Grundrechten sind[709].

---

[705] Bedenklich BVerfGE 105, 252 (268); 105, 279 (301).
[706] BVerfGE 25, 371 (399); 85, 360 (374).
[707] BVerfGE 95, 1 (17).
[708] BVerfGE 95, 1 (21 ff.).
[709] Vgl. BVerfGE 61, 82 ff.

Ebenso irrelevant im Hinblick auf Art. 19 Abs. 1 Satz 1 GG ist das Maßnahmegesetz[710], bei dem lediglich ein konkreter Fall zum Anlass einer generell-abstrakten Regelung genommen wird.

> Beispiel: Aufgrund eines erstmals auftretenden Seuchenfalls werden für alle Bewerber zum öffentlichen Dienst einschlägige Untersuchungen gesetzlich angeordnet. Das ist zulässig.

b) Zitiergebot

Nach Art. 19 Abs. 1 Satz 2 GG muss das grundrechtseinschränkende Gesetz das Grundrecht unter Angabe des Artikels nennen. Das **Zitiergebot** hat eine Warn- und Besinnungsfunktion[711], die den Gesetzgeber trifft. Er soll sich seines beschränkenden Zugriffs bewusst sein. Die Ermächtigung zum Freiheitseingriff soll im Gesetz nicht nur unausgesprochen vorausgesetzt, sondern ausdrücklich offen gelegt sein[712]. Die Vorschrift wird freilich äußerst restriktiv gehandhabt, weil der Gesetzgeber nicht durch übermäßige Förmelei behindert werden soll[713]. Sie läuft damit ebenfalls praktisch leer[714]. Die Nichtbeachtung des Zitiergebots führt zur Nichtigkeit des Gesetzes[715].

c) Die Wesensgehaltsgarantie

Nach Art. 19 Abs. 2 GG darf der Gesetzgeber in keinem Fall den **Wesensgehalt** des Grundrechts antasten. Der Kernbereich des Grundrechts soll vor jedem staatlichen Eingriff bewahrt werden. Die lebenslange Freiheitsstrafe ist jedenfalls dann kein Fall des Art. 19 Abs. 2 GG[716], wenn seitens der zuständigen Staatsorgane die Möglichkeit einer vorzeitigen Entlassung geprüft werden muss.

Art. 19 Abs. 2 GG gilt nur als Korrektiv für den einfachen Gesetzgeber. Der verfassungsändernde Gesetzgeber ist nur an die Ewigkeitsgarantie des Art. 79 Abs. 3 GG gebunden, die aber über Art. 1 GG einen Kernbereich der Menschenwürde dem Regelungsanspruch auch verfassungsändernder Mehrheiten entzieht[717].

d) Das Übermaßverbot

Die wichtigste Schranken-Schranke ist das **Übermaßverbot** (oder der Grundsatz der Verhältnismäßigkeit im weiteren Sinne[718]). Das Übermaßverbot verbietet Grundrechtseingriffe, die ihrer Intensität nach außer Verhältnis zur Bedeutung

---

[710] BVerfGE 42, 263 (305).
[711] BVerfGE 64, 72 (79 f.); 113, 348 (366).
[712] BVerfGE 85, 386 (403 f.).
[713] BVerfGE 28, 36 (46).
[714] Siehe auch *Bethge,* DVBl. 1972, 365 ff.
[715] BVerfGE 113, 348 (367).
[716] BVerfGE 45, 187 (270).
[717] BVerfGE 109, 279 (310 f.).
[718] Dazu *Voßkuhle,* JuS 2007, 429 ff.

der Sache stehen[719]. Der mit Verfassungsrang ausgestattete Grundsatz folgt aus dem Wesen der Grundrechte selbst: Sie dürfen als Ausdruck des allgemeinen Freiheitsanspruchs des Bürgers gegenüber dem Staat jeweils nur insoweit beschränkt werden, als es zum Schutz öffentlicher Interessen unerlässlich ist[720].

aa) Der Grundrechtseingriff muss auf ein **legitimes** Ziel ausgerichtet, d.h. gemeinwohlorientiert sein[721].

> Die Geschwindigkeitsbegrenzung dient dem Gesundheits-, Kinder- oder Umweltschutz.

Er muss **geeignet, erforderlich** und **angemessen** sein. Der Grundrechtseingriff ist geeignet, wenn er das angestrebte Ziel zu verwirklichen vermag[722]. Er ist erforderlich, wenn das Ziel der Regelung nicht durch ein milderes, gleichwirksames Mittel erreicht werden kann[723]. Bei der Einschätzung der Erforderlichkeit verfügt der Gesetzgeber über einen Beurteilungs- und Prognosespielraum[724]. Er ist angemessen, wenn bei einer Gesamtabwägung zwischen der Schwere des Eingriffs und dem Gewicht und der Dringlichkeit der ihn rechtfertigenden Gründe die Grenze der Zumutbarkeit gewahrt bleibt, die Maßnahme den Betroffenen nicht übermäßig belastet[725].

bb) Ein konkretes Beispiel: Ordnet ein Gesetz ein Berufsverbot gegen Ärzte an, die ihre minderjährigen Patienten sexuell missbrauchen, sieht die nach dem Übermaßverbot vorzunehmende Prüfungsprozedur wie folgt aus:

– Der Schutz von Patienten vor Übergriffen von Ärzten ist ein **legitimes Ziel**; er ist gemeinwohlgeprägt.
– Das Berufsverbot ist **geeignet**, weil es der Gefährdung der Patienten entgegenwirkt bzw. entgegenwirken kann.
– Das Berufsverbot ist **erforderlich**, weil das Ziel der Regelung in schwerwiegenden Fällen nicht durch minder schwere Maßnahmen (Abmahnung, Verwarnung) erreicht werden kann.
– Das Berufsverbot ist (u.U. auch bei einer lebenslänglichen Sperre) **angemessen**, d.h. nicht unverhältnismäßig, wenn die Maßnahme bei der Gesamtabwägung zwischen der Schwere des Eingriffs (dem Verbot) und dem Gewicht der den Eingriff rechtfertigenden Gründe (Grad der Verfehlung) zumutbar ist.

e) Der Wechselwirkungsgrundsatz

Eine spezifische Ausprägung des Übermaßverbots (des Grundsatzes der Verhältnismäßigkeit) ist die ursprünglich zu Art. 5 Abs. 1 und 2 GG entwickelte

---

[719] BVerfGE 113, 39 (54).
[720] BVerfGE 65, 1 (44).
[721] BVerfGE 78, 77 (85); 95, 173 (183); 115, 276 (308); 116, 202 (223).
[722] BVerfGE 67, 157 (175 f.); 96, 10 (23); 116, 102 (224).
[723] Vgl. BVerfGE 83, 1 (18).
[724] BVerfGE 115, 276 (309); 116, 202 (225).
[725] BVerfGE 68, 193 (219); 81, 70 (92); 90, 145 (173); 102, 197 (220).

Wechselwirkungslehre[726]. Die Beschränkung muss im Lichte des Grundrechts gewürdigt werden. Sie trägt dem Rangunterschied zwischen dem Grundrecht als Verfassungsrechtsgrundsatz und dem beschränkenden einfachen Gesetz Rechnung. Sie will verhindern, dass das ranghöhere Grundrecht beliebig und maßstabslos durch das einfache Gesetz inhaltlich bestimmt und begrenzt wird. Die aus den allgemeinen Gesetzen sich ergebenden Grenzen der Grundrechte müssen vielmehr ihrerseits im Lichte dieser Grundrechte gesehen werden. Die Grenzen sind in ihrer die Grundrechte beschränkenden Wirkung selbst wieder einzuschränken[727].

Der – zuweilen abschätzig als Schaukeltheorie bezeichnete – Wechselwirkungsgrundsatz ist auch bei anderen Grundrechten anzuwenden[728].

f) Das Untermaßverbot

Eine Gegenfigur des Übermaßverbots ist das **Untermaßverbot**[729]. Das Übermaßverbot ist abwehrrechtlich, das Untermaßverbot ist schutzrechtlich strukturiert. Das Übermaßverbot diszipliniert den übereifrigen Gesetzgeber. Das Untermaßverbot aktiviert den untätigen Gesetzgeber. Das Untermaßverbot steht in engem Zusammenhang mit dem Interpretationsansatz, der den Freiheitsrechten Schutzpflichten entnimmt, die der Staat zu realisieren hat. Der Gesetzgeber muss für ausreichenden Grundrechtsschutz Sorge tragen. Tut er zu wenig, bleibt er also „unter Maß", verstößt er gegen das zu sichernde Grundrecht. Die Argumentationsfigur des Untermaßverbots erlangte bislang praktische Relevanz bei der Frage, ob und inwieweit Abtreibungen (Schwangerschaftsabbrüche) vom Staat notfalls durch Strafandrohung verhindert werden müssen.

> Das Lebensrecht der Leibesfrucht – des nasciturus – aus Art. 2 Abs. 2 GG verpflichtet den Gesetzgeber zu Schutzmaßnahmen gegen unkontrollierte Schwangerschaftsabbrüche. Der Staat darf nicht untätig bleiben; er darf nicht zu wenig tun. Beschränkt sich der Gesetzgeber auf bloße Aufklärungs- und Beratungsmaßnahmen und versäumt er, äußerstenfalls das Strafrecht zum Schutz des werdenden Lebens einzusetzen, verstößt er gegen das Untermaßverbot[730].

g) Die Kompetenzgemäßheit des Grundrechtseingriffs

Ein gerechtfertigter Grundrechtseingriff liegt ferner nur vor, wenn das grundrechtsbeschränkende Gesetz **kompetenzgemäß**[731] ist. Damit ist die bundesstaatliche Kompetenzverteilung zwischen Bund und Ländern angesprochen. Der Gesetzgeber, der den Eingriff vermittelt, muss nach Art. 30, 70 Abs. 1 GG überhaupt

---

[726] BVerfGE 7, 198 (208 f.); 67, 157 (173).
[727] BVerfGE 59, 231 (265).
[728] BVerfGE 83, 130 (143) zu Art. 5 Abs. 3 GG; BVerfGE 69, 315 (349) zu Art. 8 GG; BVerfGE 67, 157 (173) zu Art. 10 GG.
[729] Dazu *Oliver Klein*, JuS 2006, 960.
[730] Vgl. BVerfGE 88, 203 (254).
[731] BVerfGE 93, 85 (94 f.); 98, 265 (298).

zuständig sein. Nur ein kompetenzgemäßes Gesetz vermag einen grundrechtsgemäßen Eingriff zu vermitteln. Konsequenz: Schon der Kompetenzverstoß des in Grundrechte eingreifenden Gesetzes begründet den Grundrechtsverstoß.

> Schreibt der Bundesgesetzgeber den allgemein bildenden Schulen bestimmte Lehrinhalte oder Höchstausbildungszeiten vor, liegt ein Verstoß gegen Grundrechte der Schüler und Eltern schon deshalb vor, weil der Bund überhaupt keine Gesetzgebungskompetenz auf dem Gebiet des Schulwesens hat.

Die Freiheitsrechte enthalten mithin den Schutz vor dem Eingriff des inkompetenten Gesetzgebers[732]. Das ist nicht nur eine Funktion des Art. 2 Abs. 1 GG als eines Auffangtatbestandes[733]. Dieser Argumentationsansatz findet auch bei den Spezialgrundrechten Anwendung, sofern sie thematisch einschlägig sind. Das Eigentumsgrundrecht (Art. 14 Abs. 1 GG) darf nur vom zuständigen Gesetzgeber eingeschränkt werden[734]. Die Berufsfreiheit (Art. 12 Abs. 1 GG) ist schon verletzt, wenn das Berufsverbot vom unzuständigen Gesetzgeber angeordnet wird[735]. Vorschriften, die die Wissenschaftsfreiheit (Art. 5 Abs. 3 Satz 1 GG) regulieren, müssen mit der Kompetenzverteilung des Grundgesetzes in Einklang stehen[736]. Fehlt es allerdings an einem Spezialgrundrecht, ist es Art. 2 Abs. 1 GG, der den Anspruch verbürgt, durch die Staatsgewalt nicht mit Nachteilen belastet zu werden, die nicht in der verfassungsmäßigen Ordnung – dazu gehört auch die Kompetenzordnung – begründet sind[737]. Verfassungsprozessual hat das zur Konsequenz, dass mithilfe der auf behauptete Grundrechtsverletzungen gestützten Verfassungsbeschwerde (Art. 93 Abs. 1 Nr. 4a GG) die vom unzuständigen Gesetzgeber verursachten Kompetenzverstöße als Grundrechtsverstoß gerügt werden können[738].

h) Sonderbeispiele

Schranken-Schranken gibt es auch – dann freilich auf diese beschränkt – bei einzelnen Grundrechten.

aa) Nach Art. 5 Abs. 1 Satz 3 GG findet eine Zensur nicht statt. Verboten ist die staatliche Vorzensur[739]. Zwar sind die (Grund-)Rechte aus Art. 5 Abs. 1 GG – z.B. die Meinungs- und Pressefreiheit – nicht schrankenfrei. Sie unterliegen namentlich den Schranken der allgemeinen Gesetze (Art. 5 Abs. 2 GG). Doch setzt die Ver-

---

[732] Dazu *Bethge*, Festschrift für Josef Isensee, 2007, S. 613 ff.; *ders.*, in: Maunz/Schmidt-Bleibtreu/Klein/Bethge (Hrsg.), BVerfGG, § 90 Rdnrn. 61, 105.

[733] So BVerfGE 6, 32 ff.; vgl. auch BVerfGE 80, 137 ff.; 97, 332 (340 f.).

[734] BVerfGE 24, 367 (400).

[735] BVerfGE 98, 265 (298).

[736] BVerfGE 93, 85 (94 f.).

[737] BVerfGE 19, 206 (215 f.); 29, 402 (408); 97, 332 (340); 108, 186 (234).

[738] Seit BVerfGE 6, 32 ff. st. Rspr.; Vgl. auch BVerfGE 112, 1 (21).

[739] BVerfGE 83, 130 (155); 87, 209 (230); dazu *Ossenbühl*, Festschrift für Martin Kriele, 1997, S. 160 f.

fassung der Schrankenziehung eine absolute Grenze in Gestalt des an die Adresse des Staats gerichteten Verbots, präventive Zensurmaßnahmen einzusetzen.

bb) Eine Reihe von Grundrechten (Art. 13 Abs. 2 GG, Art. 104 Abs. 2 und 3 GG) ordnet an, dass Grundrechtseingriffe nur vom Richter verfügt werden dürfen[740].

VIII. Grundpflichten

1. Der Begriff

Grundpflichten sind ebenso wie die Grundrechtsschranken die Ausnahme gegenüber der Regel vom prinzipiell unbeschränkt gewährleisteten Freiheitsbereich. Grundrechtsschranken und Grundpflichten heben also diese Regel auf. Während sich aber die Grundrechtsschranken gemeinhin in der Statuierung einer Duldungspflicht des Grundrechtsinhabers erschöpfen, handelt es sich bei den Grundpflichten in aller Regel um eine darüber hinaus gehende Leistungspflicht gegenüber dem Staat[741]. Die klassischen Grundpflichten im Sinne republikanischer Bürgerpflichten waren der Gesetzesgehorsam sowie die allgemeine Wehr- und Steuerpflicht. Von den Grundpflichten als **rechtlichen** Verhaltenspflichten zu unterscheiden sind bloße moralische oder ethische Pflichten bzw. Verfassungserwartungen.

> Dazu rechnet z.B. der Verfassungspatriotismus. Auch eine normative Wahlpflicht gibt es nicht. Der Satz „Wahlrecht ist Wahlpflicht" stimmt – in Deutschland – juristisch nicht.

2. Die Asymmetrie von Grundrechten und Grundpflichten

Dem Grundgesetz immanent ist das Prinzip der **Asymmetrie** von Grundrechten und Grundpflichten[742]. Die totale Gleichwertigkeit und Gleichrangigkeit von Grundrechten und Grundpflichten ist ein Spezifikum totalitärer Staaten. Ein negatives Beispiel: Jeder hat das Recht und die Pflicht zu arbeiten. Der Grundgesetzgeber hat mit Bedacht davon Abstand genommen, die Grundrechte mit gleichgewichtigen Grundpflichten zu konfrontieren und damit letztlich zu demontieren. Es ist ein Baustein der rechtsstaatlichen Verfassung, dass die Grundpflichten als gesetzlich ausgeformte Pflichten nach Inhalt und Umfang begrenzt sind und – anders als die Grundrechte – gegenüber den Freiheitsverbürgungen in einer Begründungs- und Notwendigkeitslast stehen[743]. Diese Last trifft den Staat. Auch eine Generalklausel für Grundpflichten besteht nicht. Sie sind sporadisch geregelt.

---

740 BVerfGE 96, 27 (39); 104, 220 (231 ff.); 107, 395 (404).
741 *Bethge*, JA 1985, 252.
742 *Isensee*, DÖV 1982, 614.
743 *Böckenförde*, VVDStRL Heft 41 (1983), S. 115.

3. Beispiele

Prominente Grundpflichten verfassungsgesetzlicher, also **grundgesetzlich** normierter, Art sind die Elternpflicht des Art. 6 Abs. 2 GG (auch Pflichtengrundrecht oder fiduziarisches[744] Grundrecht genannt), die Steuerpflicht und (bis vor kurzem) die Wehrpflicht[745] und die Sozialbindung des Eigentums (Art. 14 Abs. 2 GG).

> Nur **landesverfassungsgesetzlich** begründet ist die Schulpflicht, weil der Kultusbereich Sache der Länder ist.

Weiter besteht die allgemeine Rechtsgehorsamspflicht des Staatsbürgers als ein Apriori (Existenzbedingung) des modernen Staates schlechthin[746]. Ähnliches gilt für die den Bürger treffende **Friedenspflicht**[747], sofern man in ihr nicht ohnehin nur eine Variante der allgemeinen Rechtsgehorsamspflicht sieht. Die Pflicht zum Respekt gegenüber der durch Gesetz, Recht und Grundrechte anderer repräsentierten staatlichen Friedensordnung sowie zur Anerkennung des Staates als des legitimen Inhabers physischer Gewalt ist im Grundgesetz ausdrücklich nirgends geregelt. Will man sich nicht mit der eher beispielhaften Angabe im Friedlichkeitsgebot des Art. 8 GG begnügen, muss davon ausgegangen werden, dass das Verbot der privaten Gewalt die Grundlage des staatsbürgerlichen Zusammenlebens und damit eine apriorische Voraussetzung des modernen Staates darstellt[748].

Dagegen lässt sich im Grundgesetz keine verfassungsrechtliche Ermächtigungsgrundlage für eine besondere, die allgemeine Rechtsgehorsams- und Friedenspflicht übersteigende **Verfassungstreuepflicht** des einzelnen Staatsbürgers ausmachen. Platz einer politischen Treuepflicht, die mehr als nur eine formal korrekte, im Übrigen uninteressierte, kühle, innerlich distanzierte Haltung gegenüber Staat und Verfassung erfordert, ist die für das Funktionieren des Staates unverzichtbare Garantie des **Berufsbeamtentums**. Diese Grundpflicht zur Verfassungstreue besteht aber nur für den öffentlichen Dienst[749]. Der einzelne Bürger hingegen ist zwar an die durch Grundrechte legitimierte verfassungsmäßige Ordnung gebunden. Er ist aber nicht verpflichtet, der freiheitlich demokratischen Grundordnung besonders zu dienen. Ihn trifft nur das seinerseits in die allgemeine Rechtsgehorsamspflicht eingebettete Gebot, die Grundrechte nicht zum Kampf gegen die freiheitliche-demokratische Grundordnung zu missbrauchen (Art. 18 GG)[750].

---

[744] BVerfGE 59, 360 (376 f.); *Jestaedt*, DVBl. 1997, 697.
[745] Dazu BVerfGE 12, 45 (49 ff.); 105, 61 (71).
[746] *Isensee*, VVDStRL Heft 41 (1983), S. 131.
[747] *Bethge*, JA 1985, 256.
[748] *Isensee*, aaO.
[749] BVerfGE 39, 334 (346 ff.).

C. Einzelgrundrechte

I. Freiheitsrechte von wirtschaftlicher Relevanz

1. Das Eigentumsgrundrecht (Art. 14 GG)

Dem Eigentum kommt die Aufgabe zu, dem Träger des Grundrechts einen Freiheitsraum im vermögensrechtlichen Bereich sicherzustellen und ihm eine eigenverantwortliche Gestaltung des Lebens zu ermöglichen[751].

a) Allgemeine Grundlagen

Art. 14 GG ist ein Menschenrecht, das nicht nur deutschen Staatsbürgern zusteht. Es kann auch von Ausländern und Personengesamtheiten in Anspruch genommen werden (vgl. Art. 19 Abs. 3 GG). Es ist Abwehrrecht gegenüber dem Staat, setzt aber die Innehabung des Eigentums voraus; geschützt werden also die „beati possidentes". Es ist kein Eigentumsverschaffungsanspruch. Art. 14 Abs. 1 GG schützt das bereits Erworbene, nicht den Erwerb selbst.

Die letztere Funktion übernimmt Art. 12 Abs. 1 GG[752].

Art. 12 Abs. 1 GG schützt allerdings Arbeitnehmer vor einem Verfall von betrieblichen Versorgungsanwartschaften, soweit dadurch die freie Wahl eines anderen Arbeitsplatzes unverhältnismäßig eingeschränkt wird[753].

b) Institutsgarantie

Art. 14 Abs. 1 GG enthält darüber hinaus eine objektive Einrichtungsgarantie des Instituts Eigentum. Die Institutsgarantie verpflichtet den Gesetzgeber, das Eigentum als Einrichtung der Rechtsordnung zur Verfügung zu stellen und es als privatrechtliche und privatnützige Kategorie innehabbar, ausübbar und übertragbar zu machen[754]. Man kann auch von einer Schutzpflicht des Staates sprechen[755]. Inhalt und Schranken des Eigentums werden durch die Gesetze bestimmt (Art. 14 Abs. 1 Satz 2 GG). Insofern gehört das Eigentumsgrundrecht zu den **normgeprägten** Freiheitsrechten.

---

[750] Vgl. *Bethge*, NJW 1982, 2150.
[751] BVerfGE 24, 367 (389); 102, 1 (15 ff.); *Jarass/Pieroth*, GG, 11. Aufl., 2011, Art. 14 Rdnrn. 1 ff.
[752] Vgl. BVerfGE 30, 292 (334 f.); 84, 133 (157); 85, 360 (383).
[753] BVerfGE 98, 365 (397).
[754] BVerfGE 50, 290 (339); 91, 207 (220).
[755] *Jarass/Pieroth*, GG, 11. Aufl., 2011, Art. 14 Rdnrn. 4, 34.

Den Gegensatz bilden die **sachgeprägten** Grundrechte, die sich einer Definition und Konkretisierung durch den Gesetzgeber entziehen und die allenfalls immanenten Schranken unterliegen. Paradebeispiele: Kunst, Gewissen, Glaube.

c) Der Begriff des Verfassungseigentums

Von fundamentaler Bedeutung ist der Begriff des Eigentums. Maßgebend ist nicht der enge und strenge zivilrechtliche Eigentumsbegriff[756] vom dinglichen Sachenrecht. Eigentum im Sinne des Grundgesetzes ist darüber hinaus jedes vermögenswerte private Recht, also auch ein solches schuldrechtlicher Art[757].

> Z.B. der schuldrechtliche Anspruch gegen ein Kreditinstitut auf Rückzahlung eines angesparten Betrages. Oder das Urheberrecht[758]. Das Bundesverfassungsgericht misst sogar dem Besitz des **Mieters** an der Wohnung Eigentumsqualität zu[759].

aa) Verfassungseigentum ist auch das geistige Eigentum[760] (Patente, urheberrechtsähnliche Positionen). Mangels Konkretisierung fallen aus dem verfassungsrechtlichen Eigentumsbegriff bloße Aussichten und Erwartungen – Chancen und Expektanzen – heraus[761]. Das Vermögen als solches ist kein Eigentum[762], wohl aber die dazu gehörigen konkreten Teile: Grundstück, Patentrecht, Aktien, Gesellschaftsanteile.

> Schwierigkeiten bereitet die dogmatische Einordnung der staatlichen Steuergewalt. Da Art. 14 Abs. 1 GG nicht das Vermögen als solches schützt, wird die Eigentumsgarantie durch die Auferlegung von Geldleistungspflichten grundsätzlich nicht beeinträchtigt[763]. Eine Verletzung des Art. 14 Abs. 1 GG ist nur in Betracht zu ziehen, wenn die Geldleistungspflichten den Betroffenen übermäßig belasten und seine Vermögensverhältnisse grundlegend beeinträchtigen[764] – Stichwort: Erdrosselungssteuer[765].

bb) Eigentum sind auch die aufgrund eigenen Kapital- und/oder Arbeitseinsatzes des Berechtigten entstandenen Anwartschaften bzw. Vollrechte aus öffentlich-rechtlichen (Zwangs-)Versicherungen[766]. Ähnliches gilt für die öffentlich-

---

[756] Dieser ist natürlich auch erfasst und geschützt; vgl. BVerfGE 70, 191 (199).
[757] BVerfGE 83, 201 (208 f.).
[758] BVerfGE 31, 229 (240 f.); 81, 12 (16).
[759] Vgl. BVerfGE 89, 1 (6).
[760] BVerfGE 31, 229 (239); 79, 1 (25).
[761] BVerfGE 28, 119 (142); 30, 292 (334); 105, 252 (277).
[762] BVerfGE 91, 207 (220); 95, 267 (300).
[763] BVerfGE 75, 108 (154).
[764] Vgl. BVerfGE 68, 287 (310); 89, 48 (61).
[765] BVerfGE 78, 232 (243); 82, 159 (190).
[766] BVerfGE 76, 220 (235).

rechtlichen Besoldungs- und Versorgungsansprüche von Berufssoldaten[767]. In dem Maße, in dem im modernen Sozialstaat an die Stelle des früheren privaten Sacheigentums ihm funktionell gleichstehende öffentlich-rechtliche Absicherungen treten, müssen auch diese **publizistischen Eigentumssurrogate** den Schutz der Eigentumsgarantie genießen[768]. Eine beliebige Kürzung von Renten ist daher nicht zulässig. Es handelt sich – in der etwas altmodischen Terminologie der Juristen[769] – um wohlerworbene, um erdiente Rechte.

> Anders verhält es sich bei Leistungen, die der Staat aufgrund seines allgemeinen Sozialstaatsauftrags gewährt (Sozialhilfe, BAFöG) oder die auf sonstiger einseitiger staatlicher Gewährung beruhen und denen kein Äquivalent eigener Leistung gegenüber steht[770]. Sie sind nicht aufgrund von eigenem Kapital- und/oder Arbeitseinsatz erworben und daher nicht durch Art. 14 Abs. 1 GG geschützt[771]. Hingegen genießen sozialversicherungsrechtliche Positionen (Renten) Eigentumsschutz, wenn sie auf nicht unerheblichen Eigenleistungen des Versicherten beruhen[772].

d) Die Sozialbindung

Das Eigentum verpflichtet. Sein Gebrauch soll zugleich dem Wohl der Allgemeinheit dienen (Art. 14 Abs. 2 GG). Diese Sozialbindung des Eigentums ist eine Abkehr von einer rein liberalistischen Eigentumsauffassung, wie sie noch dem BGB zugrundeliegt (§ 903 BGB: Der Eigentümer kann mit seiner Sache machen, was er will). Es handelt sich um eine Grundpflicht nicht nur ethischer Art. Eigentümer denkmalgeschützter Gebäude kann eine gesteigerte Sozialbindung treffen[773].

e) Enteignung und Eigentumsbindung

Gleichfalls von existenzieller Bedeutung ist die Unterscheidung von Eigentumsbindung und Enteignung. Die Eigentumsbindung ist prinzipiell ausgleichsfrei. Die Enteignung löst demgegenüber die Entschädigungspflicht des Staates aus, ja, ihre Rechtmäßigkeit hängt von der Entschädigungsbereitschaft des Staates ab.

aa) Das Vorliegen einer Enteignung – in Abgrenzung von einer bloßen Eigentumsbindung – ist von mehreren Voraussetzungen abhängig[774]:

---

[767] BVerfGE 44, 249 (281). Für die Beamten ist Art. 33 Abs. 5 GG einschlägig, der als lex specialis Art. 14 Abs. 1 GG verdrängt; vgl. BVerfGE 8, 1 (16 ff.); 107, 218 (236 f.).

[768] BVerfGE 83, 182 (199); 87, 1 (40).

[769] Vgl. zur Gesetzessprache Art. 129 Abs. 1 Satz 3 der Weimarer Reichsverfassung.

[770] BVefGE 95, 64 (82).

[771] Dazu BVerfGE 72, 175 (195); siehe auch BVerfGE 125, 175 (222 ff.).

[772] BVerfGE 92, 365 (405); siehe auch BVerfGE 116, 96 (121).

[773] BVerfGE 100, 226 (242).

[774] Vgl. BVerfGE 24, 367 (394); 58, 300 (331).

– Notwendig ist ein gezielter konkret-individueller Zugriff auf das Eigentum.

> Diese **Finalität** unterscheidet die Enteignung von anderen ausgleichs-
> pflichtigen Eingriffstatbeständen. Die versehentliche Eigentumsverlet-
> zung durch die öffentliche Hand (eine abirrende Granate der Bundes-
> wehr setzt ein Gebäude in Brand) ist keine Enteignung, sondern ein
> rechtswidriger enteignungsgleicher Eingriff.

– Der Zugriff erfolgt durch ein Gesetz oder – auf der Grundlage eines Gesetzes
  – durch Verwaltungsakt. Insofern unterscheidet man zwischen Legalenteig-
  nung und Administrativenteignung.
– Schließlich muss der Zugriff zu einer vollständigen oder teilweisen Entzie-
  hung konkreter subjektiver Eigentumspositionen führen.

bb) Die Zulässigkeit einer Enteignung hängt von weiteren Voraussetzungen ab
(Art. 14 Abs. 3 GG):

– Die Enteignung ist nur zum Wohle der Allgemeinheit zulässig; d.h. sie darf
  nicht erfolgen, um rein private Zwecke zu befriedigen.

> Eine Enteignung zu Gunsten eines privatrechtlich betriebenen Unter-
> nehmens (PKW-Konzern) ist nicht schon generell unzulässig. Der Nutzen
> für das öffentliche Wohl kann auch mittelbare Folge der Unternehmens-
> tätigkeit sein (Arbeitsplätze, Steuereinnahmen). Doch muss der Gesetz-
> geber dies ausdrücklich festschreiben[775].

– Sie darf nur durch Gesetz oder aufgrund eines Gesetzes erfolgen, das Art und
  Ausmaß der Entschädigung regelt. Zwischen Zulässigkeit der Enteignung
  und Pflicht zur Entschädigungsregelung besteht ein Junktim (sog. Junktim-
  klausel)[776].
– Die Entschädigung ist unter gerechter Abwägung der Interessen der Allgemeinheit und der Beteiligten zu bestimmen.

2. Die Berufsfreiheit (Art. 12 GG)

a) Allgemeine Funktion

Art. 12 Abs. 1 GG schützt die Freiheit des Bürgers, jede Tätigkeit, für die er sich
geeignet glaubt, als Beruf zu ergreifen, d.h. zur Grundlage seiner Lebensfüh-
rung zu machen[777]. Es ist unmaßgeblich, ob die Tätigkeit selbstständig oder un-
selbstständig ausgeübt wird[778]. Geschützt wird auch das Recht, einen Beruf auf-
zugeben[779], bis zur negativen Berufsfreiheit, also dem Recht, nicht zu arbeiten.

---

[775] Vgl. BVerfGE 74, 264 ff.
[776] BVerfGE 4, 219 (235).
[777] BVerfGE 7, 377 (397); 30, 292 (334).
[778] BVerfGE 108, 150 (165).
[779] BVerfGE 97, 169 (175).

Art. 12 Abs. 1 GG umgreift mehrere Freiheiten, die freilich thematisch zusammengehören. Im Vordergrund steht die Berufsfreiheit. Sie ist Abwehrrecht gegenüber dem Staat; auch objektives Prinzip u.a. im Wertgehalt einer Entscheidung für eine freie, wenngleich sozial eingebundene Marktwirtschaft.

Ein positives Teilhaberecht, namentlich in Gestalt eines Grundrechts **auf** Arbeit, vermittelt die Vorschrift nicht[780].

> Für Berufe im öffentlichen Dienst (Berufsbeamtentum), die Art. 12 Abs. 1 GG auch erfasst, für die aber die Spezialregelungen des Art. 33 GG gelten[781], gewährt Art. 33 Abs. 2 GG jedem Deutschen nach seiner Eignung, Befähigung und fachlichen Leistung gleichen Zugang zu jedem öffentlichen Amt. Doch ist dies nur ein Recht auf die gleiche Chance. Der Staat entscheidet über die Zahl der Beamtenstellen. Es gibt kein Grundrecht auf „Verbeamtung"[782]. Art. 12 Abs. 1 schützt auch „staatlich gebundene" Berufe (Notar)[783].

Art. 12 Abs. 1 GG enthält eine staatliche Schutzpflicht, die den Gesetzgeber zum Erlass von Vorschriften des Kündigungsschutzes anhält[784].

b) Die Grundrechtsträger

Das Grundrecht der Berufsfreiheit benennt nur Deutsche als Grundrechtsträger. Ein allgemeines Menschenrecht stellt die Verbürgung nicht dar. Für die Ausländer, die Bürger der Europäischen Union sind, ergibt sich keine Grundrechtsverkürzung. Weil Art. 18 Abs. 1 AEUV EG als allgemeines Diskriminierungsverbot und die besonderen Diskriminierungsverbote der Grundfreiheiten verlangen, dass andere EU-Bürger mit Deutschen gleichgestellt werden, müssen um dem Anwendungsvorrang des Europarechts gerecht zu werden entweder Art. 12 GG und die anderen Deutschenrechte auch für EU-Ausländer gelten oder es muss den EU-Bürgern ein den Deutschenrechten gleichwertiger Schutz über Art. 2 Abs. 1 GG zuteil werden. Ausländer außerhalb des EU-Bereichs können sich als „Ersatz" nur auf die Minimalkauteln der allgemeinen Handlungsfreiheit (Art. 2 Abs. 1 GG) berufen, die als begrenzter Aufnahmetatbestand fungiert[785]. Nach Art. 19 Abs. 3 GG kommen als Träger des Grundrechts der Berufsfreiheit auch inländische juristische Personen des privaten Rechts in Frage[786]. Eine Gewerbefreiheit auch der öffentlichen Hand gibt es nicht. Ihre Kompetenz, wirtschaftlich tätig zu werden, braucht eine andere Legitimation (z.B. das Sozialstaatsprinzip).

---

[780] BVerfGE 84, 133 (146 f.).
[781] BVerfGE 7, 377 (398); 84, 133 (147).
[782] BVerfGE 108, 282 (295).
[783] BVerfGE 112, 255 (262).
[784] BVerfGE 97, 169 (175).
[785] BVerfGE 78, 179 (196 f.); vgl. auch BVerfGE 104, 337 (345 ff.).
[786] BVerfGE 50, 290 (363); 97, 228 (252 f.); 105, 252 (265).

c) Der Berufsbegriff

Beruf ist nicht nur die höchstpersönliche, individuelle Entfaltung des Einzelnen. Beruf ist ebenso das Gewerbe, das wesensmäßig auch von Personengemeinschaften ausgeübt werden kann. Beruf ist jede Tätigkeit, die auf Dauer angelegt ist und der Schaffung und Aufrechterhaltung einer Lebensgrundlage dient[787]. Beruf ist nicht nur am herkömmlichen Berufsbild orientiert[788]. Auch neuartige Berufe sind geschützt (private Rundfunkveranstalter)[789], ebenso atypische Betätigungen (Heilmagnetiseur[790]).

aa) Zuweilen ist von **erlaubter** Tätigkeit die Rede. Das Merkmal der Erlaubnis freilich darf nicht so verstanden werden, dass nur die vom Staat ausdrücklich oder mittelbar zugelassene Erwerbstätigkeit unter die Berufsfreiheit fällt. Anderenfalls geriete die Verfassungsgarantie zu einer Verbürgung kraft einfachen Gesetzesrechts. Unter dem Einfluss des Art. 12 Abs. 1 GG ist gerade zu prüfen, ob das Verbot einer bestimmten Tätigkeit vor Art. 12 Abs. 1 GG Bestand hat.

> Dass die Veranstaltung und Vermittlung von Sportwetten mit fester Gewinnquote privaten Unternehmen aufgrund eines Staatsmonopols unter Strafandrohung verboten war, entzog die privaten gewerblichen Wettaktivitäten nicht dem Schutzbereich des Art. 12 Abs. 1 GG. Vielmehr musste das Staatsmonopol als objektive Zugangssperre Privater wegen Art. 12 Abs. 1 GG besonders gerechtfertigt werden (Gefahr der Spiel- und Wettsucht[791]).

Gemeint mit „erlaubt" ist ein Mindestmaß an sozialer bzw. ethischer Adäquanz. Das – zumal organisierte – Verbrechen erfüllt von vornherein nicht den sachlichen Gewährleistungsbereich des Grundrechts. Das Verbot berufsmäßigen Verbrechens braucht also nicht erst durch die Schranken des Art. 12 Abs. 1 Satz 2 GG gerechtfertigt zu werden.

bb) Vorsicht ist freilich geboten, von einer vermeintlichen Sozialschädlichkeit bestimmter Handlungen kurzerhand auf den von vornherein fehlenden Grundrechtsschutz zu schließen[792].

> Selbstverständlich sind Betreiber von Kernkraftwerken (auch nach Tschernobyl und Fukushima) erst einmal vom Schutzbereich des Art. 12 Abs. 1 GG geschützt. Der staatlich verfügte Ausstieg aus der friedlichen Nutzung der Kernkraft muss sich also vor Art. 12 Abs. 1 GG (und Art. 14 Abs. 1 GG!) rechtfertigen. Das ist der Fall: Schutz der Menschheit!

---

[787] BVerfGE 7, 377 (397); 54, 301 (313).
[788] BVerfGE 13, 97 ff.; 97, 12 (25 f.); 119, 59 (78).
[789] BVerwGE 96, 269 (277).
[790] BVerfGE 97, 228 (252); siehe auch BVerfGE 119, 59 (77 ff.): Hufpfleger.
[791] BVerfGE 115, 276 (300 f.; 304 ff.); siehe auch BVerfGE 117, 126 (137).
[792] *Bethge*, VVDStRL Heft 57 (1998), S. 23.

Ein verwandtes Problem betrifft die Frage, ob die für zwingend erachtete Einschätzung jedes Schwangerschaftsabbruchs als rechtswidrig[793] dazu führt, dass die Tätigkeit eines „Abtreibungsarztes" von der Schutzwirkung des Art. 12 Abs. 1 GG ausgenommen werden muss. Der Freistaat Bayern hatte in seinem Schwangerenhilfeergänzungsgesetz die Tätigkeit von Ärzten zur Verhinderung von „Abtreibungspraxen" stark eingeschränkt. Das Bundesverfassungsgericht ging von der tatbestandlichen Einschlägigkeit des Art. 12 Abs. 1 GG aus[794].

d) Die Schranken der Berufsfreiheit

aa) Nach dem Wortlaut des Art. 12 Abs. 1 GG darf nur die Ausübung des Berufs gesetzlich geregelt werden, der Zugang zum Beruf, d.h. die Berufswahl, hingegen nicht. Das Bundesverfassungsgericht hat indessen im legendären und klassischen Apotheken-Urteil[795] die reine Wortauslegung verworfen und die kompakt verstandene Berufsfreiheit in drei Phasen – besser in drei Stufen – aufgeteilt und danach die Zulässigkeit gesetzlicher Einschränkungen bemessen[796]. Gesetzliche Einschränkungen sind auf allen Stufen zulässig. Es wird zwischen Berufswahl und Berufsausübung unterschieden. Die **Berufsausübung** betrifft (nur) die Modalitäten der Wahrnehmung eines innegehabten Berufs.

Ladenschlusszeiten; Nachtbackverbot[797]; Beschränkungen von Nachtfahrzeiten (für LKW); Rauchverbot in Gaststätten[798].

Bei der Berufswahl geht es um den Zugang zum Beruf. Hier werden zwei Stufen zugrundegelegt. **Subjektive** Berufszulassungsvoraussetzungen sind in der Person des Bewerbers wenn nicht beherrschbar, so doch jedenfalls verantwortbar.

Vor- und Ausbildung; Zuverlässigkeit. Aufgepasst: Auch Alter und Geschlechtszugehörigkeit sind **subjektive** Voraussetzungen.

Objektive Zulassungsbeschränkungen sind vom Bewerber nicht beeinflussbar. Sie dürfen nur ausnahmsweise und unter strengen Voraussetzungen vom Gesetzgeber angeordnet werden.

Bedürfnisprüfungen z.B. sind nur zur Abwehr schwerer Gefahren für ein überragend wichtiges Gemeinschaftsgut zulässig. Konsequenz: Bedürfnisprüfungen bei der Konzessionierung im Gaststättengewerbe sind un-

---

[793] Vgl. dazu BVerfGE 88, 203 (255), im Anschluss an BVerfGE 39, 1 (44).
[794] Vgl. BVerfGE 98, 265 (297).
[795] BVerfGE 7, 377 ff.
[796] Vgl. auch BVerfGE 98, 106 (117).
[797] BVerfGE 87, 363 (382).
[798] BVerfGE 121, 317 (345).

zulässig. Alkoholkonsum kann nicht durch Limitierung der Zahl von Kneipen reguliert werden; getrunken wird sonst zu Hause. Dagegen sind Bedürfnisprüfungen bei der Zulassung von Droschken (Taxis) u. U. zulässig[799].

bb) Die Drei-Stufen-Theorie lautet:

1. Die Regelungsbefugnis nach Art. 12 Abs. 1 Satz 2 GG erstreckt sich auf Berufsausübung und Berufswahl, aber nicht auf beide in gleicher Intensität. Sie ist um der Berufsausübung willen gegeben und darf nur unter diesem Blickpunkt allenfalls auch in die Freiheit der Berufswahl eingreifen. Inhaltlich ist sie umso freier, je mehr sie reine Ausübungsregelung ist, umso enger begrenzt, je mehr sie auch die Berufswahl berührt.

2. Das Grundrecht soll die Freiheit des Individuums schützen, der Regelungsvorbehalt ausreichenden Schutz der Gemeinschaftsinteressen sicherstellen. Aus der Notwendigkeit, beiden Forderungen gerecht zu werden, ergibt sich für das Eingreifen des Gesetzgebers ein Gebot der Differenzierung etwa nach folgenden Grundsätzen:

a) Die Freiheit der **Berufsausübung** kann beschränkt werden, soweit vernünftige Erwägungen des Gemeinwohls es zweckmäßig erscheinen lassen; der Grundrechtsschutz beschränkt sich auf die Abwehr in sich verfassungswidriger, weil etwa übermäßig belastender und nicht zumutbarer Auflagen.

b) Die Freiheit der **Berufswahl** darf nur eingeschränkt werden, soweit der Schutz besonders wichtiger Gemeinschaftsgüter es zwingend erfordert. Ist ein solcher Eingriff unumgänglich, so muss der Gesetzgeber stets diejenige Form des Eingriffs wählen, die das Grundrecht am wenigsten beschränkt.

c) Wird in die Freiheit der Berufswahl durch Aufstellung bestimmter Voraussetzungen für die Aufnahme des Berufs eingegriffen, so ist zwischen subjektiven und objektiven Voraussetzungen zu unterscheiden. Für die **subjektiven** Voraussetzungen (insbesondere Vor- und Ausbildung) gilt das Prinzip der Verhältnismäßigkeit in dem Sinn, dass sie zu dem angestrebten Zweck der ordnungsmäßigen Erfüllung der Berufstätigkeit nicht außer Verhältnis stehen dürfen. Erforderlich für die subjektive Berufswahlbeschränkung ist ein hinreichend legitimes Ziel[800]. An den Nachweis der Notwendigkeit **objektiver** Zulassungsvoraussetzungen sind besonders strenge Anforderungen zu stellen; im Allgemeinen wird nur die Abwehr nachweisbarer oder höchstwahrscheinlicher, schwerer Gefahren für ein überragend wichtiges Gemeinschaftsgut diese Maßnahmen rechtfertigen können[801].

---

[799] BVerfGE 11, 168 ff.
[800] BVerfGE 119, 59 (83 ff.): Tierschutz gemäß Art. 20a GG.
[801] BVerfGE 7, 377 (407 f.); 126, 112 (141).

d) Regelungen nach Art. 12 Abs. 1 Satz 2 GG müssen stets auf der „Stufe" vorgenommen werden, die den geringsten Eingriff in die Freiheit der Berufswahl mit sich bringt; die nächste „Stufe" darf der Gesetzgeber erst dann betreten, wenn mit hoher Wahrscheinlichkeit dargetan werden kann, dass die befürchteten Gefahren mit (verfassungsmäßigen) Mitteln der vorausgehenden „Stufe" nicht wirksam bekämpft werden können.

Daraus erhellt, dass die Stufentheorie strikt am Grundsatz der Verhältnismäßigkeit (Übermaßverbot) ausgerichtet ist[802].

cc) Nicht nur gezielte Eingriffe des Staates sind am Maßstab des Art. 12 Abs. 1 GG zu rechtfertigen. Der Schutzbereich ist auch dann berührt, wenn Normen, die zwar die Berufstätigkeit selbst unberührt lassen, aber Rahmenbedingungen der Berufsausübung verändern, objektiv eine berufsregelnde Tendenz haben[803]. Auch die Erhebung von Steuern greift in den Schutzbereich des Art. 12 Abs. 1 GG ein, wenn sie in engem Zusammenhang mit der Ausübung eines Berufs steht und – objektiv – eine berufsregelnde Tendenz deutlich erkennen lässt[804].

Die Verpackungssteuer ist deshalb an Art. 12 Abs. 1 GG zu messen[805]; ebenso die Gebührenbegrenzung für Anwälte[806].

Die Strom- und die Mineralölsteuer hat hingegen keine berufsregelnde Tendenz, weil die Steuer alle Verbraucher trifft[807].

e) Der teilhaberechtliche Zulassungsanspruch zur Universität

Eine im Vergleich zur Berufsfreiheit unterschiedliche Struktur weist Art. 12 Abs. 1 GG auf, soweit die dem Beruf vorgelagerte freie Wahl der Ausbildungsstätte angesprochen ist[808]. Das Freiheitsrecht hat nicht allein die Funktion eines Abwehrrechts. Es verbürgt dem Studierwilligen ein Teilhaberecht auf Zugang zur Universität. Die Mutation des Art. 12 GG vom Unterlassungsanspruch zum positiven Leistungsanspruch ist die Konsequenz des faktischen staatlichen Hochschulmonopols. In dem Maße, in dem der Staat die Universitäten in eigener Verantwortung betreibt, resultiert aus Art. 12 Abs. 1 GG i.V.m. dem Gleichheitssatz (Art. 3 Abs. 1 GG) und dem Sozialstaatsprinzip (Art. 20 Abs. 1, 28 Abs. 1 GG) ein Anspruch auf Zugang zu den **vorhandenen** Hochschulen. Die Anordnung eines numerus clausus ist dadurch nicht völlig ausgeschlossen. Doch bewegt er sich am Rande des verfassungsrechtlich Hinnehmbaren[809]. In

---

[802] BVerfGE 33, 125 (160); 93, 213 (235); 97, 12 (26); vgl. auch BVerfGE 115, 276 (304 ff.).
[803] BVerfGE 13, 181 (186); 98, 218 (258).
[804] BVerfGE 37, 1 (17).
[805] Vgl. BVerfGE 98, 106 (117).
[806] BVerfGE 118, 1 (37).
[807] BVerfGE 110, 274 (287 f.).
[808] BVerfGE 33, 303 ff.; 85, 36 (53 f.).
[809] BVerfGE 33, 303 (345 ff.).

den Kategorien der Drei-Stufen-Theorie des Apothekenurteils hat ein numerus clausus die Qualität einer objektiven Zulassungsbeschränkung. Deren Anordnung ist nur zulässig zur Sicherung eines überragend wichtigen Gemeinschaftsguts. Die verfügbaren Plätze sind vorzugsweise nach dem Leistungsprinzip zu vergeben (subjektive Zulassungsvoraussetzung). Die staatlicherseits verfügte Zuweisung eines Studienplatzes bewegt sich auf der Stufe einer Berufsausübungsregelung.

> Einen Anspruch auf Bau neuer Universitäten, d.h. einen **originären** Teilhabeanspruch, gewährt Art. 12 Abs. 1 GG nicht.

3. Die Vereinigungs- und die Koalitionsfreiheit (Art. 9 Abs. 1 und 3 GG)

Es handelt sich zwar um zwei selbstständige Gewährleistungen. Doch ist der systematische Zusammenhang – auch inhaltlich – unverkennbar. Die Koalitionsfreiheit des Art. 9 Abs. 3 GG ist eine besondere Form der Vereinigungsfreiheit des Art. 9 Abs. 1 GG. Art. 9 Abs. 3 GG ist die Spezialnorm, die die generelle Vorschrift des Art. 9 Abs. 1 GG verdrängt. Beide Grundrechte sind konstituierend für die demokratische und rechtsstaatliche Ordnung des Grundgesetzes[810].

a) Die Vereinigungsfreiheit (Art. 9 Abs. 1 GG)

aa) Sie ist Deutschen-Grundrecht, das aber nicht nur natürlichen Personen, sondern auch juristischen Personen zusteht (vgl. Art. 19 Abs. 3 GG).

> Beispiel: Mehrere Aktiengesellschaften bilden eine Holding.

Art. 9 Abs. 1 GG schützt auch die Tätigkeit der Vereinigung selbst. Der Begriff der Vereinigung ist weit zu fassen.

> Die politischen Parteien – wiewohl auch Vereinigungen – haben ihre abschließende Sonderregelung in Art. 21 GG gefunden[811].

Verbürgt ist ein individuelles Abwehrrecht gegenüber dem Staat, aber auch ein objektiver Grundsatz freier sozialer Gruppenbildung[812].
bb) Inhaltlich wird nicht nur das Recht gewährleistet, sich freiwillig[813] in Vereinigungen zusammenzuschließen (positive Vereinigungsfreiheit), sondern auch das Recht, ihnen fernzubleiben (negative Vereinigungsfreiheit). Allerdings ist davon nicht der Schutz vor der gesetzlich angeordneten Mitgliedschaft in berufsständischen Zwangskörperschaften des öffentlichen Rechts erfasst.

---

[810] BVerfGE 50, 290 (353); 100, 214 (223).
[811] Vgl. BVerfGE 12, 296 (304).
[812] BVerfGE 38, 281 (303); 100, 214 (223).
[813] BVerwGE 106, 177 (181).

Die Zulässigkeit der Pflichtmitgliedschaft in solchen Organisationen (Ärztekammern, Anwaltskammern) wird am Maßstab des Art. 2 Abs. 1 GG geprüft[814]. Gefordert wird die Erfüllung einer legitimen öffentlichen Aufgabe[815].

cc) Für politische Parteien ist Art. 21 GG lex specialis; für kommunale Wählervereinigungen, die keine Parteien sind, gilt Art. 9 Abs. 1 GG[816].

b) Die Koalitionsfreiheit (Art. 9 Abs. 3 GG)

Der Begriff „Koalition" hat nichts mit parteipolitisch geprägten Regierungsformationen zu tun. Gemeint sind die Arbeitnehmer- und Arbeitgebervereinigungen zur Wahrung und Förderung der Arbeits- und Wirtschaftsbedingungen.

aa) Das Menschenrecht, Vereinigungen zur Wahrung und Förderung der Arbeits- und Wirtschaftsbedingungen zu bilden, steht dem Einzelnen, aber auch der Koalition als solcher[817], der Gewerkschaft und dem Arbeitgeberverband also, zu. Die Koalitionsfreiheit gehört zu den **normgeprägten** Grundrechten; das Grundrecht bedarf also der Ausgestaltung durch die Rechtsordnung[818]. Es ist zwar vorbehaltlos gewährleistet, kann aber durch Grundrechte Dritter und andere mit Verfassungsrang ausgestattete Rechte beschränkt werden[819].

bb) Art. 9 Abs. 3 GG ist Abwehrrecht gegenüber dem Staat und enthält eine Einrichtungsgarantie (Institutsgarantie) für einen Kernbestand des Tarifvertragssystems[820]. Darüber hinaus stellt die Bestimmung aber auch ein Grundrecht mit ausnahmsweise unmittelbarer Drittwirkung dar. Verträge, die das Grundrecht der Koalitionsfreiheit behindern, sind nichtig (Art. 9 Abs. 3 Satz 2 GG).

Beispiel: Ein Arbeitgeber verpflichtet den Arbeitnehmer vertraglich, keiner Gewerkschaft beizutreten. Eine solche Vereinbarung verstößt gegen Art. 9 Abs. 3 Satz 2 GG.

cc) Zentrale Bedeutung hat die Vorschrift für die **Tarifautonomie**[821] und den **Arbeitskampf**. Die Tarifautonomie betrifft das Recht der Koalitionspartner, Tarifverträge zu vereinbaren, d.h. mit normativer Wirkung die Arbeits- und Lohnbedingungen für die ihrer Tarifgewalt unterworfenen Mitglieder zu regeln. Die Koalitionsfreiheit gewährleistet auch Kampfmittel: Streik und Aussperrung.

---

[814] Vgl. BVerfGE 10, 89 ff.
[815] Vgl. BVerfGE 38, 281 (301).
[816] BVerfGE 78, 350 (358).
[817] BVerfGE 50, 290 (367); 103, 293 (304).
[818] BVerfGE 84, 212 (228).
[819] Im Anschluss an BVerfGE 30, 173 (193), nunmehr zu Art. 9 Abs. 3 GG BVerfGE 84, 212 (228); 103, 293 (306).
[820] BVerfGE 4, 96 (108); 44, 322 (340); 84, 212 (228); vgl. auch BVerfGE 116, 202 (224).
[821] BVerfGE 50, 290 (369); 100, 271 (282); 103, 293 (304).

Notstandsmaßnahmen dürfen sich nicht gegen Arbeitskämpfe richten (Art. 9 Abs. 3 Satz 3 GG).

Elemente der Gewährleistung sind die Gründungs- und Beitrittsfreiheit; aber auch die Freiheit des Austritts und des Fernbleibens (negative Koalitionsfreiheit!)[822].

4. Die allgemeine Handlungsfreiheit (Art. 2 Abs. 1 GG)

Das Grundrecht der freien Entfaltung der Persönlichkeit ist ein Doppelgrundrecht. Es verbürgt nicht nur das Persönlichkeitsrecht im engeren Sinne. Es sichert auch die allgemeine Handlungsfreiheit[823]. Zum Gewährleistungsbereich rechnet auch die Vertragsfreiheit als Ausdruck der Privatautonomie, die Strukturelement einer freiheitlichen Gesellschaftsordnung ist[824]. Doch ist die Vertragsfreiheit nicht zwangsläufig erst ein Schutzgegenstand des Art. 2 Abs. 1 GG. Das allgemeine Freiheitsrecht des Art. 2 Abs. 1 GG findet seine Ausformung in den besonderen Freiheitsrechten, die auch Erscheinungen und Anliegen der Privatautonomie ergreifen. Soweit Verträge die Berufstätigkeit tangieren, ist Art. 12 Abs. 1 GG einschlägig, der das Recht auf freie Entfaltung der Persönlichkeit im beruflichen Umfeld erfasst[825]. Verträge auf der Grundlage des Eigentums schützt Art. 14 Abs. 1 GG. Wenn diese speziellen Grundrechte einschlägig sind, tritt Art. 2 Abs. 1 GG zurück[826]; er ist durch die speziellen Grundrechte „thematisch verbraucht". Umgekehrt gilt: Wenn die Voraussetzungen dieser Subsidiarität nicht vorliegen, genießt die wirtschaftliche Betätigung als Ausfluss der allgemeinen Handlungsfreiheit den Schutz des Art. 2 Abs. 1 GG[827].

II. Wirtschaftliche Implikationen anderer Freiheitsrechte

1. Freiheitsrechte persönlicher und ideeller Art

Neben den vornehmlich wirtschaftlich relevanten Grundrechten gibt es Freiheitsrechte, die hauptsächlich den persönlichen bzw. privaten Bereich absichern. In Betracht kommen das Grundrecht von Ehe und Familie (Art. 6 Abs. 1 GG), die Versammlungs- oder Demonstrationsfreiheit (Art. 8 Abs. 1 GG), die Freizügigkeit (Art. 11 GG), schließlich das Brief- und Fernmeldegeheimnis (Art. 10 Abs. 1 GG). Doch lässt sich diese strikte Separierung nicht in allen Fällen durchhalten. Schon das Brief- und Fernmeldegeheimnis kommt zweifellos natürlichen wie ju-

---

[822] Siehe umfassend BVerfGE 50, 290 (367).
[823] BVerfGE 6, 32 ff.
[824] BVerfGE 81, 242 (254).
[825] BVerfGE 98, 365 (398).
[826] BVerfGE 98, 265 (328); vgl. auch allgemein BVerfGE 6, 32 (37); 67, 157 (171).
[827] BVerfGE 91, 207 (221); 98, 218 (259).

ristischen Personen (Art. 19 Abs. 3 GG) als Teilnehmern des Wirtschaftsverkehrs zugute[828]. Die Unverletzlichkeit der Wohnung (Art. 13 Abs. 1 GG) schließlich schützt auch Betriebs- und Geschäftsräume vor nicht gerechtfertigten Grundrechtseingriffen[829].

2. Die Ambivalenz der Mediengrundrechte

Ambivalenten Charakter haben die Medienfreiheiten und/oder Kommunikationsgrundrechte (Art. 5 Abs. 1 Satz 2 GG).

a) Die demokratische Komponente

Vorderhand überwiegt ein nichtökonomischer Bezug. Vor allem Pressefreiheit und Rundfunkfreiheit weisen eine deutliche Affinität zum Demokratieprinzip auf. Presse und Rundfunk sind Faktoren und Medien der öffentlichen Meinungsbildung[830]. Sie sind von schlechthin konstituierender Bedeutung für die freiheitlich-demokratische Grundordnung[831]. Ihnen kommt eine öffentliche Aufgabe zu. Namentlich der Rundfunk hat integrierende Funktion für das Staatsganze[832]. Den öffentlich-rechtlichen Rundfunkanstalten schließlich ist die Berufung auf wirtschaftlich relevante Grundrechte versagt[833]. Die Rundfunkfreiheit, die eine Veranstalterfreiheit ist[834], wird als dienende Freiheit eingestuft[835], die ihrem Träger nicht zu privater Beliebigkeit und wirtschaftlichem Eigennutz eingeräumt ist[836].

b) Ökonomische Komponenten

Dennoch kann den Medienfreiheiten nicht jede ökonomische Bedeutung abgesprochen werden.

aa) Presse, Rundfunk und Film sind von beträchtlichem wirtschaftlichem Gewicht und werden gerade in dieser kommerziellen Orientierung – wenngleich in unterschiedlicher Akzentuierung – gewährleistet. Die Presse ist nicht nur im Privatrecht angesiedelt; verfassungsrechtlich abgesichert ist auch ihre privatwirtschaftliche Struktur, die eine Überführung des Privatmediums in öffentlich-rechtliche Organisationsformen ausschließt. Die Pressefreiheit schließt die kommerzielle Aufmerksamkeitswerbung ein[837]. Ähnlich dürfte die Einschätzung für die Filmfreiheit ausfallen.

---

[828] BVerfGE 67, 157 (172); *Jarass/Pieroth,* GG, 11. Aufl., 2011, Art. 10 Rdnrn. 3 ff.

[829] BVerfGE 32, 54 (68 ff.); 120, 274 (309).

[830] BVerfGE 12, 205 (260); 97, 228 (257).

[831] BVerfGE 10, 118 (121).

[832] BVerfGE 31, 314 (329).

[833] BVerfGE 59, 231 (254); 78, 101 (102); 107, 299 (309 f.).

[834] *Bethge,* NVwZ 1997, 1 ff.

[835] BVerfGE 57, 295 (320).

[836] BVerfGE 87, 181 (197).

[837] BVerfGE 102, 347 (359); 107, 275 (280).

bb) Auch der Rundfunk ist keine ausschließlich ideelle Veranstaltung, der kommerzielle Komponenten fremd wären. Schon der gemeinnützige öffentlich-rechtlich organisierte Anstaltsfunk finanziert sich neben den Gebühren (demnächst Beiträgen) – das sind öffentliche Abgaben – auch aus der Wirtschaftswerbung, die relativen Funktionsschutz nach Art. 5 Abs. 1 Satz 2 GG genießt.

> Relativ deshalb, weil den öffentlich-rechtlichen Rundfunkanstalten vom Gesetzgeber die Werbung untersagt werden kann, wenn das Finanzaufkommen anderweitig gesichert ist[838].

Mehr noch gilt die wirtschaftliche Ausrichtung für den ebenfalls durch Art. 5 Abs. 1 Satz 2 GG geschützten Privatfunk. Auch kommerziellen Veranstaltern kommt in eben dieser Qualität verfassungsrechtlicher Funktionsschutz zu[839]. Zusätzliche Absicherung erfahren private Rundfunkveranstalter durch Art. 12 Abs. 1 GG, der die berufsmäßige bzw. gewerbliche Dimension erfasst[840]. Soweit es um Bestandsschutz geht, ist die Eigentumsgarantie (Art. 14 Abs. 1 GG) einschlägig.

III. Der Gleichheitssatz

1. Der Grundrechtsträger

Der Gleichheitssatz ist ein Menschenrecht; er berechtigt Deutsche wie Ausländer. Auch juristische Personen sind Grundrechtsträger (Art. 19 Abs. 3 GG). Juristische Personen des öffentlichen Rechts können sich auf den Gleichheitssatz in seiner Qualität als objektives Prinzip der Gerechtigkeit berufen, das im Rechtsstaatsprinzip (Art. 20 Abs. 3 GG) wurzelt[841].

2. Der Gleichheitssatz als akzessorisches Grundrecht

Der Gleichheitssatz allein kann keine originären Leistungsansprüche gegen den Staat begründen. Voraussetzung ist, dass der Staat schon einmal gegenüber Begünstigten geleistet hat und dass sich die Nichtberücksichtigung eines anderen als gleichheitswidrig erweist. Art. 3 Abs. 1 GG ist ein akzessorisches Grundrecht nach dem Wenn-Dann-Schema (Wenn A, dann auch B). Ein bekanntes derivatives Teilhaberecht ist der auf Art. 12 Abs. 1 GG i.V.m. Art. 3 Abs. 1 GG und Art. 20 Abs. 1 GG (Sozialstaat) gestützte Anspruch auf Zulassung zum Hochschulstudium[842].

---

[838] Vgl. BVerfGE 74, 297 (342).
[839] BVerfGE 95, 220 (234); 97, 298 (310).
[840] BVerfGE 97, 228 (252).
[841] BVerfGE 35, 263 (271 f.); 113, 167 (262).
[842] BVerfGE 33, 303 (331).

Ein Anspruch gegen den Staat auf Schaffung neuer Studienplätze lässt sich auch aus Art. 3 Abs. 1 GG nicht herleiten.

3. Die Bindung des Staates

Die Grundrechtsbindung trifft alle drei Staatsfunktionen (Art. 1 Abs. 3 GG).

a) Die Bindung des Gesetzgebers

Art. 3 Abs. 1 GG gebietet, alle Menschen vor dem Gesetz gleich zu behandeln. Gebunden ist auch der Gesetzgeber. Das Grundrecht ist vor allem dann verletzt, wenn eine Gruppe von Normadressaten im Vergleich zu anderen Normadressaten anders behandelt wird, obwohl zwischen beiden Gruppen keine Unterschiede von solcher Art und solchem Gewicht bestehen, dass sie die ungleiche Behandlung rechtfertigen können[843]. Die rechtliche Unterscheidung muss in sachlichen Unterschieden eine ausreichende Stütze finden[844].

Im Bereich der gewährenden Staatstätigkeit (Leistungsverwaltung) unterliegt die Abgrenzung der begünstigten Personenkreise dem Gestaltungsspielraum des Gesetzgebers.

Gleichheitskonform: Alle Hochwassergeschädigten erhalten eine Ausgleichszahlung. Gleichheitswidrig: Nur verheiratete Hochwassergeschädigte erhalten eine Ausgleichszahlung.

Eine Ungleichbehandlung liegt vor, wenn wesentlich **Gleiches ungleich** behandelt wird. Aber auch die **Gleichbehandlung** von wesentlich **Ungleichem** betrifft den Schutzbereich[845].

Der Gleichheitssatz verbietet vor allem Willkür. Willkür liegt nicht vor, wenn ein sachlicher Grund für die Ungleichbehandlung bzw. Gleichbehandlung besteht[846].

Gleichheit vor dem Gesetz heißt nicht Nivellierung durch das Gesetz.

Für den Gesetzgeber ergeben sich je nach Regelungsgegenstand und Differenzierungsmerkmalen unterschiedliche Grenzen, die vom bloßen Willkürverbot bis zu einer strengen Bindung an Verhältnismäßigkeitserfordernisse reichen[847].

---

[843] BVerfGE 74, 9 (24).
[844] BVerfGE 87, 1 (36).
[845] BVerfGE 98, 365 (385).
[846] BVerfGE 107, 218 (244).
[847] BVerfGE 97, 169 (180 f.); siehe *Jarass/Pieroth*, GG, 11. Aufl., 2011, Art. 3 Rdnrn. 40 ff.

b) Die Bindung der Verwaltung

Die Verwaltung ist an den Gleichheitssatz vor allem bei der Vergabe öffentlicher Leistungen gebunden. Der Gleichheitssatz kann zu einer Selbstbindung der Verwaltung führen und das Ermessen der Verwaltung auf Null reduzieren[848].

Der Gleichheitssatz bindet die Verwaltung auch dann, wenn sie sich privatrechtlich betätigt (**Fiskalbindung** der Grundrechte).

> Die Universität kauft nur bei einem ortsansässigen Händler Bücher. Die Stadt Passau gewährt nur einem Hochwassergeschädigten ein zinsgünstiges Darlehen. Hier greift korrigierend der Gleichheitssatz ein, der zumindest einen sachlichen Grund für die Ungleichbehandlung anderer verlangt.

Der Gleichheitssatz findet vielfach seine Konkretisierung in Vorschriften des einfachen Gesetzesrechts.

> Im Gemeinderecht hat jeder Gemeindeeinwohner das Recht auf gleichen Zugang zu den öffentlichen Einrichtungen (das sind Sport- und Kultureinrichtungen, Stadthallen). Oder § 5 ParteiG: Die politischen Parteien müssen bei der Vergabe öffentlicher Leistungen gleich behandelt werden.

c) Die Bindung der Rechtsprechung

> Schlechterdings unverständliche Urteile der Fachgerichte können willkürlich sein. Sie müssen dann aufgrund einer auf Art. 3 Abs. 1 GG gestützten Verfassungsbeschwerde aufgehoben werden[849]. Oder: Der Strafrichter darf nicht nur ausgesuchten Medienvertretern Zugang zur Hauptverhandlung gewähren.

4. Gleichheit im Privatrecht

Die Frage der Anwendung des Gleichheitssatzes im Privatrecht, d.h. zwischen Rechtssubjekten des Privatrechts, ist ein Fall der **Drittwirkung** der Grundrechte. Die Anwendung des Art. 3 Abs. 1 GG darf nicht dazu führen, dass die Privatautonomie gefährdet wird, die durchaus Unsachlichkeiten und Beliebigkeiten schützt.

> Ein katholischer Vater enterbt eine seiner Töchter, weil sie einen Atheisten geheiratet hat. Ein Beispiel aus dem letzten Jahrtausend: Ein Ver-

---

[848] BVerwGE 44, 72 (74 f.).
[849] BVerfGE 42, 64 (72 ff.).

mieter kündigt einem seiner Mieter, obwohl er – wie die anderen – zwar pünktlich seine Miete zahlt, jedoch häufig Damenbesuch hat. Das ist u.U. zulässig.

5. Spezialregelungen

Spezielle Gleichheitssätze betreffen die Gleichbehandlung von Männern und Frauen (Art. 3 Abs. 2 Satz 1 GG) und die Differenzierungsverbote des Art. 3 Abs. 3 Satz 1 GG. Art. 3 Abs. 2 Satz 2 GG zielt auf die Angleichung der Lebensverhältnisse von Männern und Frauen[850]. Ein neuartiges Verbot regelt Art. 3 Abs. 3 Satz 2 GG, der die Benachteiligung Behinderter verbietet. Schon älteren Datums ist die aus Art. 6 Abs. 5 GG folgende Verpflichtung des Gesetzgebers, durch positive Maßnahmen nichtehelichen Kindern die gleichen Bedingungen wie ehelichen Kindern einzuräumen[851]. Auch Art. 6 Abs. 1 GG enthält einen besonderen Gleichheitssatz. Er verbietet, Ehe und Familie gegenüber anderen Lebens- und Erziehungsgemeinschaften schlechter zu stellen (Diskriminierungsverbot)[852].

Sonderformen des Gleichheitssatzes regeln Art. 33 Abs. 2 GG mit dem Recht auf chancengleichen Zugang zum öffentlichen Dienst und die formalisierte Wahlrechtsgleichheit des Art. 38 Abs. 1 Satz 1 GG[853] (vgl. auch Art. 28 Abs. 1 Satz 2 GG)[854].

Gleichheit der Wahl bedeutet vor allem den gleichen Erfolgswert der Stimme (Ausschluss eines Dreiklassenwahlrechts). Allgemeinheit der Wahl bedeutet, dass möglichst jeder das Wahlrecht hat. Der Wahlrechtsgleichheit korrespondiert das Gebot, die Abgeordneten in Statusfragen formal gleich zu behandeln[855].

6. Gleichstellungsverpflichtung

Nach Art. 3 Abs. 2 GG fördert der Staat die tatsächliche Durchsetzung der Gleichberechtigung von Frauen und Männern und wirkt auf die Beseitigung bestehender Nachteile hin.

Primärer Adressat (also Verpflichteter) dieses Gleichstellungsauftrags ist der Staat und hier wiederum vorzugsweise der Gesetzgeber.

---

[850] BVerfGE 92, 91 (109); 104, 373 (393).
[851] BVerfGE 85, 80 (87 f.).
[852] BVerfGE 76, 1 (72); 99, 216 (232).
[853] BVerfGE 82, 322 (337). Dazu *Jarass/Pieroth*, GG, 11. Aufl., 2011, Art. 38 Rdnr. 7.
[854] BVerfGE 99, 1 (10 ff.).
[855] BVerfGE 102, 224 (238 f.).

Problematisch ist, ob solche Verfassungsaufträge im Falle ihrer Nicht-einlösung gerichtlich einklagbar sind. In Betracht kommt nur eine Ver-fassungsbeschwerde zum Bundesverfassungsgericht wegen Unterlas-sens des Gesetzgebers. Das Gericht könnte eine „Appell"-Entscheidung erlassen, die den Gesetzgeber zum Handeln auffordert.

7. Gleichheitssatz und Bundesstaat

Im Bundesstaat hat der Gleichheitssatz (Art. 3 Abs. 1 GG) eine eigentümliche, aber systemimmanente Schwäche. Die Gliedstaaten (Länder) sind unter dem Grundgesetz zur unterschiedlichen Ausfüllung ihrer Kompetenzräume berufen. Rechtsverschiedenheit und Institutionenvielfalt sind die Legitimationsgrund-lage der Bundesstaatlichkeit. Mit Rücksicht auf die föderalistische Struktur der Bundesrepublik Deutschland kann die Verfassungsmäßigkeit eines Landesge-setzes grundsätzlich nicht deshalb in Zweifel gezogen werden, weil es vermeint-lich sachwidrig von verwandten Regelungen in anderen Ländern oder im Bund abweicht[856]. Art. 3 Abs. 1 GG ist nicht einschlägig[857]. Der Landesgesetzgeber ist nur gehalten, den Gleichheitssatz innerhalb des ihm zugeordneten Gesetzge-bungsbereichs zu wahren[858].

Der Freistaat Bayern darf z.B. durch Gesetz anordnen, dass in Bayern keine „Ju-nior-Professur" eingeführt wird, auch wenn in einem anderen Bundesland (NRW) diese Möglichkeit besteht. Bayern dürfte aber ohne sachlichen Grund die Junior-Professur nicht allein den Münchner Universitäten gestatten, deren Ein-führung den anderen bayerischen Universitäten aber untersagen.

---

[856] BVerfGE 10, 354 (371).
[857] BVerfGE 98, 265 (328).
[858] BVerfGE 51, 43 (59).

D. Exkurs: Die Verfassungsbeschwerde
(Art. 93 Abs. 1 Nr. 4a GG, §§ 13 Nr. 8a, 90 ff. BVerfGG)

Die Verfassungsbeschwerde zum Bundesverfassungsgericht ist der außerordentliche[859], spezifische Rechtsbehelf des Grundrechtsträgers zur Durchsetzung der Grundrechte gegenüber dem Staat[860].

I. Die Beschwerdeberechtigung

Sie ist scheinbar jedermann eingeräumt (§ 90 Abs. 1 BVerfGG). Die juristische Problematik des Begriffs besteht aber darin, dass „jedermann" eben nicht ein x-beliebiger Rechtsträger ist; jedenfalls ist nicht jedwedes Rechtssubjekt oder jedwede Person zur Erhebung der Verfassungsbeschwerde berechtigt. Nur derjenige ist beschwerdeberechtigt, der in einem **seiner Grundrechte** tangiert ist. „Jedermann" knüpft an die Grundrechtsinhaberschaft oder Grundrechtsträgerschaft an. Nur wer Grundrechtsschutz genießt, ist berechtigt, Verfassungsbeschwerde zu erheben; andernfalls ist sie von vornherein unzulässig.

> Juristische Personen des öffentlichen Rechts sind prinzipiell nicht Grundrechtsträger[861]. Bei natürlichen Personen wird an dieser Stelle die Unterscheidung zwischen Deutschen- und Menschenrechten relevant, EU-Bürger stehen u.U. Deutschen gleich.

Von der Beschwerdefähigkeit zu unterscheiden ist die Verfahrensfähigkeit (Prozessfähigkeit), die z.B. Geschäftsunfähigen (Geisteskranken) fehlt. Bei Minderjährigen kommt es auf die Grundrechtsmündigkeit (Grundrechtsreife, Einsichtsfähigkeit)[862] an. 14-jährige, die selbstständig über ihre Teilnahme am Religionsunterricht entscheiden können, sind insoweit (Art. 4 Abs. 1 GG!) auch verfahrensfähig.

II. Der Beschwerdegegenstand

Beschwerdegegenstand ist jeder Akt öffentlicher Gewalt (§ 90 Abs. 1 BVerfGG). Entsprechend der Funktion der Verfassungsbeschwerde, die Grundrechtsbin-

---

[859] BVerfGE 107, 395 (413); 115, 81 (92).
[860] BVerfGE 15, 298 (302); 64, 301 (312); 115, 81 (92).
[861] Vgl. BVerfGE 21, 362 ff.
[862] BVerfGE 99, 145 (162 f.); vgl. auch BVerfGE 107, 150 (168).

dung aller drei Staatsfunktionen (Art. 1 Abs. 3 GG) prozessual sicherzustellen, können Hoheitsakte der Gesetzgebung, der Verwaltung und der Rechtsprechung angegriffen werden. Für einen Teil der Beschwerden haben sich die Begriffe „Rechtssatzverfassungsbeschwerde" und „Urteilsverfassungsbeschwerde" eingebürgert.

Nur Akte „deutscher" öffentlicher Gewalt sind angreifbar. Ein Problem bereiten Akte, die von der supranationalen Rechtsordnung der Europäischen Union verantwortet werden, die eine von der Staatsgewalt der Mitgliedstaaten geschiedene öffentliche Gewalt darstellt[863].

III. Die Beschwerdebefugnis

Der Rechtsbehelf eröffnet keine von subjektiver Betroffenheit des Beschwerdeführers befreite Beschwerdemöglichkeit. Dem Anliegen des Individualgrundrechtsschutzes ist eine Popularverfassungsbeschwerde fremd[864]. Die Berufung auf Grundrechte Dritter ist nur ausnahmsweise statthaft[865]. Die Verfassungsbeschwerde ist nur zulässig, wenn der Beschwerdeführer **selbst, gegenwärtig und unmittelbar** in einem Grundrecht betroffen ist (§ 90 Abs. 1 BVerfGG: „Behauptung")[866].

> Vorsicht bei der Terminologie: Auf die Betroffenheit bzw. auf die Beschwer, d.h. auf den Eingriff kommt es an. Ob der Eingriff auch grundrechtswidrig ist, d.h. ob der Beschwerdeführer in seinem Grundrecht **verletzt** ist, betrifft eine Frage der Begründetheit der Verfassungsbeschwerde, nicht schon ihrer Zulässigkeit. Im Rahmen der Zulässigkeit reicht die bloße **Möglichkeit** einer Verletzung.

Im Rahmen der Beschwerdebefugnis ist wie folgt zu prüfen:

1. Möglichkeit einer Grundrechtsverletzung

Sie fehlt nur, wenn es undenkbar ist, dass durch den eingreifenden Hoheitsakt ein Grundrecht des Beschwerdeführers verletzt ist.

---

[863] BVerfGE 89, 155 (175, 182); 123, 267 (399); 126, 286 (302).
[864] BVerfGE 43, 291 (386); 79, 1 (14).
[865] BVerfGE 25, 256 (263); 95, 267 (299).
[866] BVerfGE 79, 1 (14 f.); 102, 197 (206); 108, 370 (384).

2. Betroffenheit des Beschwerdeführers

a) selbst

Der Beschwerdeführer muss selbst betroffen sein. Das ist vor allem dann der Fall, wenn der Beschwerdeführer Adressat der angegriffenen Maßnahme der öffentlichen Gewalt ist[867].

> Beispiel: Der Grundstücksnachbar ist von dem an den Grundstückseigentümer (Bauherrn) gerichteten Bauverbot nicht selbst betroffen.

b) gegenwärtig

Der Beschwerdeführer muss bereits jetzt betroffen sein, nicht nur virtuell (in der Zukunft). Eine (scheinbare) Ausnahme ist dann gegeben, wenn er durch die erst später wirksam werdende Maßnahme bereits jetzt zu später nicht mehr korrigierbaren Dispositionen gezwungen wird.

> Beispiel: Aufgrund eines in einem Jahr in Kraft tretenden neuen Umweltschutzgesetzes muss eine Fabrik bereits jetzt mit der Umrüstung von Filtern beginnen. Sie ist schon gegenwärtig betroffen.

c) unmittelbar

Die Belastung muss im Beschwerdegegenstand selbst liegen, ohne dass es noch eines weiteren konkreten Umsetzungsaktes, meistens der Verwaltung, bedarf. Unmittelbarkeit liegt nur bei Gesetzen vor, die „self-executing" sind; sie fehlt bei Gesetzen, die einer Behörde einen Eingriff nur erlauben, ohne ihn selbst anzuordnen.

> Beispiel: Muss das gesetzliche Rauchverbot in Gaststätten noch durch einen konkreten Behördenakt umgesetzt werden, trifft das Gesetz den Gastwirt zunächst nur mittelbar. Er muss den Behördenakt abwarten.

IV. Das Gebot der Rechtswegerschöpfung

Die Verfassungsbeschwerde ist ein außerordentlicher Rechtsbehelf[868]; als „Grundrechtsklage" zum Bundesverfassungsgericht ist sie Ultima Ratio. Sie setzt die Erschöpfung des fachgerichtlichen Rechtsweges voraus (§ 90 Abs. 2 Satz 1 BVerfGG). Die Fachgerichte (ordentliche Gerichte, Verwaltungsgerichte) haben vorrangig Rechtsschutz gegen Verfassungsverletzungen zu gewähren[869]. Individualrechtsschutz durch das (Bundes-)Verfassungsgericht ist erst dann zulässig und geboten, wenn der Beschwerdeführer die von ihm behauptete Grundrechtsverletzung zuvor erfolglos im Instanzenzug geltend gemacht hat.

---

[867] BVerfGE 97, 157 (164); 108, 370 (384); 110, 141 (151).
[868] BVerfGE 98, 106 (116); 107, 395 (413).
[869] BVerfGE 68, 376 (380); 104, 65 (73); 107, 395 (414); 115, 81 (91 f.); 120, 180 (209).

Bezüglich der Inanspruchnahme eines Landesverfassungsgerichts besteht ein solcher Vorbehalt nicht (vgl. § 90 Abs. 3 BVerfGG).

Auf das Gebot der fachgerichtlichen Rechtswegerschöpfung braucht sich der Beschwerdeführer nicht verweisen zu lassen, wenn die Erschöpfung des Rechtswegs unzumutbar ist (§ 90 Abs. 2 Satz 2 BVerfGG)[870].

V. Die Subsidiarität der Verfassungsbeschwerde

Vom Gebot der Rechtswegerschöpfung im engeren Sinne zu unterscheiden ist der Grundsatz der Subsidiarität der Verfassungsbeschwerde[871]. Es handelt sich um die komplizierteste Verfahrensvoraussetzung überhaupt; sozusagen um die hohe Schule der Jurisprudenz, die auch gestandenen Prozessrechtlern einiges an Kapriolen abverlangt. Der Grundsatz erlangt Bedeutung namentlich bei der Rechtssatzverfassungsbeschwerde. Im Falle einer Verfassungsbeschwerde unmittelbar gegen ein Gesetz kommt eine Rechtswegerschöpfung selbst nicht in Betracht; gegen Gesetze im formellen Sinne – das sind solche, die das Parlament beschlossen hat – gibt es keinen fachgerichtlichen Rechtsweg, weil die prinzipale Rechtssatzkontrolle des formellen Gesetzgebers allein Aufgabe der Verfassungsgerichtsbarkeit ist[872]. Gleichwohl kann eine Rechtssatzverfassungsbeschwerde, auch wenn der Beschwerdeführer selbst, gegenwärtig und unmittelbar beschwert ist, nach der Rechtsprechung des Bundesverfassungsgerichts unzulässig sein, weil die Verfassungsmäßigkeit des Gesetzes aus Anlass von Ausführungsakten der Verwaltung in Rechtsstreitigkeiten vor den Fachgerichten problematisiert werden kann.

Beispiel: Die gesetzliche Anordnung einer beitragspflichtigen Zwangsmitgliedschaft von Arbeitnehmern in Arbeitskammern betrifft die Arbeitnehmer selbst, gegenwärtig und unmittelbar. Das formelle Gesetz selbst kann aber vor den Fachgerichten nicht angegriffen werden. Eine Rechtswegerschöpfung kommt insoweit nicht in Frage. Doch kann die Verfassungsmäßigkeit des Gesetzes Vorfrage z. B. in einem verwaltungsgerichtlichen Verfahren gegen die Heranziehung zu einem Beitrag werden: Der Beitragsbescheid ist rechtswidrig, wenn das Gesetz verfassungswidrig ist. Dann muss der Betroffene diesen Prozess führen und es dem Verwaltungsgericht überlassen, ggf. beim Bundesverfassungsgericht eine konkrete Normenkontrolle nach Art. 100 Abs. 1 GG bezüglich des Gesetzes herbeizuführen[873].

---

[870] BVerfGE 56, 363 (380); 108, 370 (386).
[871] BVerfGE 95, 163 (171).
[872] BVerfGE 70, 35 (55); 74, 69 (74).
[873] BVerfGE 74, 69 (74 f.); 104, 1 (7); 108, 370 (386).

VI. Sonstiges

Die Verfassungsbeschwerde ist form- und fristgebunden (§§ 23 Abs. 1, 92, 93 BVerfGG). Das Bundesverfassungsgericht darf mehrere Verfassungsbeschwerden zur gemeinsamen Entscheidung verbinden[874]. Ein letztes: Nur ca. 5% aller Verfassungsbeschwerden sind erfolgreich! Trotzdem ist das Vertrauen des Bürgers auf das Bundesverfassungsgericht zu recht ungebrochen.

---

[874] BVerfGE 102, 1 (2); 105, 1 (2); siehe auch BVerfGE 118, 168 ff.

3. Teil
Übungsklausuren mit Lösungshinweisen

Die folgenden Fälle richten sich ihrem Schwierigkeitsgrad nach an Studenten, die Verfassungsrecht im Nebenfach (also z.B. als Teil eines Studiums der Betriebs- oder Kulturwirtschaft) mindestens ein Semester studiert haben. Ausgelegt sind sie auf eine Bearbeitungszeit von 120 Minuten.

Fall 1:
Die Ausgleichsabgabe

A. Sachverhalt und Fragestellung

Anton (A) ist Inhaber eines Einzelhandelsgeschäftes, in dem er 20 Arbeitnehmer beschäftigt.

Gem. § 71 des Sozialgesetzbuches IX (SGB IX) müssen Arbeitgeber mit mindestens 20 Arbeitnehmern auf mindestens 5% der Arbeitsplätze Schwerbehinderte beschäftigen. Sofern sie dies nicht tun, haben sie gem. § 77 SGB IX eine Ausgleichsabgabe zu zahlen.

Schwerbehinderte beschäftigt A nicht. Da er auch die Ausgleichsabgabe nicht, wie gesetzlich vorgesehen, von sich aus zahlt, erlässt die dafür zuständige Behörde ("Hauptfürsorgestelle") einen Bescheid, nach dem A die bisher nicht geleisteten Beträge zahlen muss. Dagegen klagt A vergeblich bis zur letzten gerichtlichen Instanz. Vier Wochen nach der letzten Gerichtsentscheidung legt er per Telefax Verfassungsbeschwerde zum Bundesverfassungsgericht ein. Darin führt er aus, er sei durch die gesetzliche Pflicht zur Beschäftigung von Schwerbehinderten in seiner Freiheit eingeschränkt, den Beruf des Einzelhändlers nach seinen eigenen Vorstellungen gestalten zu können. Gleiches gelte für die Zahlungspflicht. Durch diese werde zudem in verfassungswidriger Weise in sein Vermögen und damit in sein Eigentum eingegriffen. Zusätzlich sei sein Recht verletzt, dass man prinzipiell tun und lassen könne, was man wolle. Schließlich sei die vom Gesetzgeber zur Gleichstellung von Schwerbehinderten angeordnete Beschäftigungs- bzw. Zahlungspflicht auch gleichheitswidrig, da sein Freund B, der ein ähnliches Geschäft mit 10 Angestellten betreibe, der Beschäftigungspflicht nicht unterliege.

Frage 1:
Stimmt das Gesetz mit den Grundrechten des Grundgesetzes überein?

Von der formellen Verfassungsmäßigkeit des SGB IX ist auszugehen.

Frage 2:
Prüfen Sie die Zulässigkeit der Verfassungsbeschwerde des A!

B. Hinweise zur Lösung

Zum Aufbau der Lösung: Aufgrund der eindeutigen Fragestellung sollte nicht in der Reihenfolge 1. Zulässigkeit ... 2. Begründetheit vorgegangen werden. Zwar geht es der

Sache nach um die Erfolgsaussichten einer Verfassungsbeschwerde, bei der die formelle Verfassungsmäßigkeit des SGB IX nicht erörtert werden soll. Die Fragen sind aber bewusst separat gestellt, so dass nicht blindlings das vermeintlich „übliche" Schema abgeklappert werden soll.

Frage 1:

Stimmt das Gesetz mit den Grundrechten des Grundgesetzes überein?

Gefragt ist hier nach der Grundrechtskonformität **des Gesetzes.** *Es ist daher nicht korrekt, auch den Bescheid zu überprüfen.*

Eine erste Aufbauschwierigkeit stellen die gestaffelten Rechtsfolgen dar, die das SGB IX anordnet: primär die Pflicht zur Beschäftigung Schwerbehinderter, ersatzweise die Zahlungspflicht. Diese beiden Konsequenzen können zusammen oder getrennt auf ihre Grundrechtskonformität überprüft werden. Im ersten Fall ist die Rechtsfolge „Beschäftigungspflicht mit ersatzweiser Zahlungspflicht", im zweiten Fall die Beschäftigungspflicht und zusätzlich die Zahlungspflicht. Näherliegend ist die erste Sichtweise.

Aufgrund der im Sachverhalt vorgebrachten Argumente sollte auf Art. 12 Abs. 1 GG, Art. 14 GG, Art. 2 Abs. 1 GG sowie Art. 3 Abs. 1 GG eingegangen werden.

Fraglich ist, ob die durch das SGB IX angeordnete Beschäftigungs- bzw. Zahlungspflicht gegen Grundrechte des Grundgesetzes verstößt.

I. Art. 12 Abs. 1 GG

Die genannten Vorschriften des SGB IX könnten gegen das Grundrecht auf Berufsfreiheit aus Art. 12 Abs. 1 GG verstoßen.

Darauf spielt A mit dem Hinweis auf sein Recht an, seinen Beruf nach seinen eigenen Vorstellungen gestalten zu können.

1. Eröffnung des Schutzbereichs

Ein Beruf ist jede erlaubte *(str.)*, auf Dauer angelegte Tätigkeit, die der Schaffung und Erhaltung einer Lebensgrundlage dient. „Einzelhändler" ist ein Beruf in diesem Sinne.

Vom sachlichen Schutzbereich umfasst ist die Entscheidung, ob bzw. welche Arbeitnehmer beschäftigt werden sollen. Dazu zählt auch die Entscheidung, keine Schwerbehinderten zu beschäftigen.

A ist als Deutscher (vgl. Art. 116 Abs. 1 GG) in persönlicher Hinsicht Träger dieses Grundrechts.

Da die Fragestellung nicht zwingend nur auf A gemünzt ist, kann die Lösung hier auch abstrakt, also ohne konkreten Bezug auf A formuliert werden.

2. Eingriff in den Schutzbereich

a) Vorliegen eines Eingriffs

Ein Eingriff in den Schutzbereich eines Grundrechts ist jede staatliche Maßnahme, die ein vom Schutzbereich umfasstes Verhalten unmöglich macht oder wesentlich erschwert. Bei Art. 12 Abs. 1 GG muss es sich hierbei zusätzlich um eine **berufsbezogene** Maßnahme handeln.

Den vom Gesetz erfassten Arbeitgebern – unter anderem A – wird eine Pflicht zur Beschäftigung von Schwerbehinderten auferlegt bzw., sofern sie dieser nicht nachkommen, eine Zahlungspflicht. Das greift in ihre Entscheidungsfreiheit über die zu beschäftigenden Arbeitnehmer ein, da ihnen vorgeschrieben wird, Schwerbehinderte zu beschäftigen. Das Gesetz knüpft dabei gerade an eine berufliche Tätigkeit an und ist deshalb berufsbezogen.

b) Qualifikation des Eingriffs anhand der „Drei-Stufen-Theorie"

Nach der sog. „Drei-Stufen-Theorie" sind Eingriffe in die Berufsfreiheit entweder Berufsausübungs- oder Berufszulassungsregelungen, wobei Letztere in subjektive und objektive unterteilt werden. Berufsausübungsregelungen regeln das „Wie", Berufszulassungsregelungen das „Ob" eines Berufs.

Hier wird das „Wie" geregelt. Wer im Rahmen seiner Tätigkeit Arbeitnehmer beschäftigt, muss ab einer bestimmten Zahl Schwerbehinderte beschäftigen bzw. die Ausgleichsabgabe zahlen. Es handelt sich also um eine Berufsausübungsregelung.

3. Rechtfertigung des Eingriffs

a) Schranke

Das einheitliche Grundrecht der Berufsfreiheit steht insgesamt unter dem Regelungsvorbehalt des Art. 12 Abs. 1 Satz 2 GG, der wie ein Gesetzesvorbehalt verstanden wird.

Beim SGB IX handelt es sich um ein Gesetz, das sich folglich auf Art. 12 Abs. 1 Satz 2 GG stützen lässt.

b) Schranken-Schranken

aa) Formelle Verfassungsmäßigkeit

Von ihr ist lt. Bearbeitervermerk auszugehen.

Der Punkt muss daher nicht genannt werden. Will man aber zeigen, dass man weiß, wo der Punkt hingehört, sollte es mit einer solchen kurzen Feststellung sein Bewenden haben.

bb) Zitiergebot

Der Wortlaut des Art. 19 Abs. 1 GG („eingeschränkt") weicht von dem des Art. 12 Abs. 1 GG („geregelt") ab, so dass das Zitiergebot bei Art. 12 Abs. 1 GG nicht gilt.

cc) Übermaßverbot (Verhältnismäßigkeit)

Das Gesetz dient dem verfassungslegitimen Ziel, Beschäftigungsverhältnisse für Schwerbehinderte zu schaffen.

aaa) Wertigkeit des Ziels

Berufsausübungsregelungen sind aus vernünftigen Gemeinwohlüberlegungen heraus zulässig. Diesem Kriterium wird das gesetzgeberische Anliegen gerecht.

bbb) Geeignetheit

Das Gesetz ist zur Erreichung des mit ihm verfolgten Ziels geeignet, wenn es die Zielerreichung zumindest fördert. Arbeitgeber werden ihrer grundsätzlichen Beschäftigungspflicht in etlichen Fällen nachkommen, sei es auch nur zur Vermeidung der Zahlungspflicht, so dass von der Geeignetheit des Gesetzes auszugehen ist.

ccc) Erforderlichkeit

Damit das Gesetz erforderlich ist, dürfte es kein milderes, aber gleich wirksames Mittel geben.

Milder wäre die Inpflichtnahme nur größerer Betriebe, da durch ein solches Gesetz weniger Arbeitgeber belastet würden. Jedoch wäre dies zur Zielerreichung nicht gleich wirksam, da weniger Schwerbehinderte eingestellt werden müssten. Ein milderes, gleich wirksames Mittel ist nicht ersichtlich.

Hier geht es darum, alternative Maßnahmen zu prüfen. Wichtiger als die gefundene Alternative ist dabei, dass jeweils sauber zwischen „milder" und „gleich wirksam" getrennt wird.

ddd) Angemessenheit (Verhältnismäßigkeit i. e. S.)

Zwischen dem Ziel und der Belastung des einzelnen Arbeitgebers besteht kein unerträgliches Missverhältnis. Anders wäre dies eventuell bei Kleinstbetrieben, diese werden aber vom Gesetz gerade nicht erfasst.

Mangels Angabe einer Summe gilt die Angemessenheit auch für die Höhe der Ausgleichsabgabe.

Das Gesetz ist daher verhältnismäßig.

dd) Sonstige Schranken-Schranken

Die sonstigen Schranken-Schranken (Parlamentsvorbehalt, Bestimmtheitsgrundsatz etc.) sind beachtet.

Sie können kurz (!) angesprochen werden, zwingend ist dies freilich nicht.

Die Reihenfolge der Prüfungspunkte bei den Schranken-Schranken ist beliebig.

4. Zwischenergebnis

Das Gesetz ist mit Art. 12 Abs. 1 GG vereinbar.

II. Art. 14 Abs. 1 GG

1. Eröffnung des Schutzbereichs

Art. 14 GG schützt das Eigentum. Von der Beschäftigungspflicht an sich wird das verfassungsrechtliche Eigentum jedoch nicht berührt. Insbesondere der eingerichtete und ausgeübte Gewerbebetrieb ist nicht in seiner Substanz betroffen. Gleiches gilt für die Zahlungspflicht. Bloße Zahlungspflichten werden von Art. 14 Abs. 1 GG bereits thematisch nicht erfasst, da es dem Normadressaten selbst überlassen bleibt, aus welchen Mitteln er ihnen nachkommt. Art. 14 GG schützt das vermögenswerte Recht, nicht das Vermögen als solches. Insofern ist keine einzelne Eigentumsposition – auch nicht der eingerichtete und ausgeübte Gewerbebetrieb – betroffen.

Hinsichtlich der vom Gesetz angeordneten Rechtsfolgen kommt eine Eröffnung des Schutzbereichs mithin nicht in Betracht.

2. Zwischenergebnis

Art. 14 Abs. 1 GG wird durch das Gesetz nicht berührt.

III. Art. 2 Abs. 1 GG

Mit seinem Hinweis, man könne prinzipiell tun und lassen, was man wolle, spielt A auf die allgemeine Handlungsfreiheit des Art. 2 Abs. 1 GG an.

Bei diesem Grundrecht handelt es sich um ein subsidiäres Auffanggrundrecht im Bereich der Freiheitsgrundrechte. Mit Art. 12 Abs. 1 GG ist bereits der Schutzbereich eines spezielleren Grundrechts eröffnet, so dass Art. 2 Abs. 1 GG thematisch verbraucht ist.

Eine Prüfung von Art. 2 Abs. 1 GG wäre daher ein systematischer Fehler. Wegen der subsidiären Funktion des Art. 2 Abs. 1 GG kommt es auf die Vorschrift auch nicht mit Blick auf die – im Falle fehlender Spezialregelungen (hier: Art. 12 Abs. 1 GG!) auf Art. 2 Abs. 1 GG gestützte – Vertragsfreiheit an. Sofern dies doch geprüft wird, ist zu bedenken: Keinem Arbeitgeber wird der Abschluss eines Vertrages mit einem bestimmten Schwerbehinderten vorgeschrieben.

IV. Art. 3 Abs. 1 GG

Dass die Beschäftigungspflicht Arbeitgeber erst ab einer bestimmten Zahl von Arbeitnehmern betrifft (im konkreten Fall den A, nicht aber den B), könnte gegen den allgemeinen Gleichheitssatz verstoßen. Dafür müsste eine verfassungsrechtlich relevante und nicht gerechtfertigte Ungleichbehandlung vorliegen.

1. Ungleichbehandlung wesentlich gleicher Sachverhalte

Gemeinsames Merkmal der vom SGB IX erfassten und der nicht erfassten Personen ist die Beschäftigung von Arbeitnehmern als Arbeitgeber. Dies ist der wesentlich gleiche Sachverhalt.

Zum Teil wird den Arbeitgebern eine Pflicht zur Beschäftigung von Schwerbehinderten auferlegt, zum Teil nicht. Darin liegt eine Ungleichbehandlung.

2. Rechtfertigung der Ungleichbehandlung

Die Anforderungen an die Rechtfertigung dieser Ungleichbehandlung sind nicht in allen Anwendungsfällen des Art. 3 Abs. 1 GG identisch. Sie liegen vielmehr auf einer Skala: Auf der einen Seite dieser Skala kommt dem Gleichheitssatz die Bedeutung eines bloßen Willkürverbotes zu. Auf der anderen Seite der Skala verlangt der Gleichheitssatz eine Abwägung zwischen dem Maß der Unterschiede zwischen den Personengruppen und deren Ungleichbehandlung durch den Gesetzgeber (sog. „neue Formel"). Je intensiver eine Ungleichbehandlung die Betroffenen beeinträchtigt, desto höher werden die Anforderungen an die Rechtfertigung der Ungleichbehandlung. Für eine intensive Beeinträchtigung sprechen fehlende Einflussmöglichkeiten auf die eigene Betroffenheit, die Nähe der Differenzierungskriterien zu den als solche von Art. 3 Abs. 3 GG ausgeschlossenen Merkmalen und eine eher gruppen- als situationsbezogene Unterscheidung. Hier haben die Arbeitgeber – speziell die knapp ober- oder unterhalb der Grenze liegenden – die Möglichkeit, durch Einstellung oder Entlassung von Arbeitnehmern darauf Einfluss zu nehmen, ob sie von der Regelung erfasst werden oder nicht. Die Grenzziehung betrifft die Merkmale aus Art. 3 Abs. 3 GG nicht einmal entfernt; zudem ist sie eher situations- als gruppenbezogen. Das alles spricht dafür, dass die Ungleichbehandlung hier bereits gerechtfertigt ist, wenn sie auf sachlichen Gründen beruht.

Der sachliche Grund für die Ungleichbehandlung liegt darin, dass der Gesetzgeber Arbeitgeber mit einer sehr geringen Zahl von Arbeitnehmern von der Beschäftigungspflicht freihalten will. Irgendwo muss dann aber die Grenze gezogen werden. Zudem würde die Beschäftigungspflicht den Inhaber eines Kleinstbetriebes mit z.B. einem oder zwei Arbeitnehmern deutlich härter treffen als z.B. den A, da die Anzahl der frei auswählbaren Arbeitnehmer viel geringer wäre. Und schließlich lässt sich die Quote von 5% aus rechnerischen Gründen erst ab einer Betriebsgröße von 20 Arbeitnehmern realisieren.

Mit dem Hinweis auf Teilstellen (1/3-Stelle, 1/2-Stelle etc.) lässt sich dieses letzte Argument freilich widerlegen.

Damit beruht die Ungleichbehandlung auf einem sachlichen Grund. Art. 3 Abs. 1 GG ist nicht verletzt.

V. Ergebnis

Die hier relevanten Vorschriften des SGB IX stimmen mit den Grundrechten des Grundgesetzes überein.

Frage 2:

Prüfen Sie die Zulässigkeit der Verfassungsbeschwerde des A!

Die Zulässigkeit der Verfassungsbeschwerde bestimmt sich nach Art. 93 Abs. 1 Nr. 4a GG, §§ 13 Nr. 8a, 90 ff. BVerfGG.

I. Beschwerdefähigkeit, § 90 Abs. 1 BVerfGG

Beschwerdefähig ist „jedermann". Das ist jeder Grundrechtsträger. A als natürliche Person ist Grundrechtsträger.

Möglich ist auch, bereits hier darauf abzustellen, dass A in Bezug auf das konkret geltend gemachte Grundrecht Grundrechtsträger sein muss. Das ist hier hinsichtlich aller als verletzt gerügten Grundrechte der Fall. Art. 12 Abs. 1 GG ist ein Deutschengrundrecht.

II. Beschwerdegegenstand

Die Verfassungsbeschwerde muss sich gegen einen Akt hoheitlicher Gewalt richten, womit alle drei Staatsgewalten, d.h. Legislative, Exekutive und Judikative, gemeint sind. Mit der Verfassungsbeschwerde wird hier die (letztinstanzliche) gerichtliche Entscheidung, ein Judikativakt, angegriffen. Darüber hinaus kann sich die Verfassungsbeschwerde auch gegen das Gesetz selbst richten.

III. Beschwerdebefugnis, § 90 Abs. 1 BVerfGG

1. Mögliche Grundrechtsverletzung

Die – für die Beschwerdebefugnis ausreichende – **Möglichkeit** einer Verletzung in den angesprochenen Grundrechten besteht. Dass tatsächlich keine Verletzung vorliegt *(s.o.)*, ist eine Frage der Begründetheit.

Unter Hinweis auf Frage 1 ist im Rahmen der Klausur auch die Verneinung der Beschwerdebefugnis möglich, sofern erkennbar vertreten wird, dass es sogar an der bloßen Möglichkeit einer Verletzung fehlt.

Wer bei der Beschwerdefähigkeit die abstrakte Grundrechtsträgerschaft genügen lässt, muss an dieser Stelle darauf hinweisen, dass A auch mit Blick auf Art. 12 Abs. 1 GG Grundrechtsträger ist, so dass eine Grundrechtsverletzung in seiner Person insofern möglich ist.

2. Betroffenheit

a) selbst

A muss selbst Schwerbehinderte beschäftigen bzw. zahlen. Das folgt bereits aus dem Gesetz, die Zahlungspflicht zudem aus dem Urteil.

b) gegenwärtig

Diese Rechtsfolgen treffen ihn jetzt.

c) unmittelbar

Eines weiteren Umsetzungsaktes bedarf es nicht mehr; A ist unmittelbar betroffen.

IV. Rechtswegerschöpfung, § 90 Abs. 2 Satz 1 BVerfGG

A hat den Rechtsweg laut Sachverhalt erschöpft („bis zur letzten gerichtlichen Instanz").

Gegen das Gesetz selbst gibt es allerdings keinen Rechtsweg, arg. e. § 93 Abs. 3 BVerfGG.

V. Subsidiarität

Weitere Möglichkeiten, die geltend gemachte Grundrechtsverletzung auszuräumen, gibt es nicht mehr.

Anders wäre dies nur gewesen, wenn A seine Verfassungsbeschwerde gegen das Gesetz ohne vorhergehende fachgerichtliche Klage gegen den Zahlungsbescheid erhoben hätte. Aufgrund des Subsidiaritätsgrundsatzes war diese Klage erforderlich.

VI. Form

Gem. § 23 Abs. 1 Satz 1 BVerfGG ist die Verfassungsbeschwerde schriftlich zu erheben. Ein Fax wahrt dieses Formerfordernis, da es angesichts der immerhin auf dem Original vorhandenen Unterschrift den Urheber sowie den Willen, dass das Schriftstück nicht nur einen Entwurf darstellt, erkennen lässt.

Gem. §§ 23 Abs. 1 Satz 2, 92 BVerfGG sind die als verletzt gerügten Grundrechte anzugeben. Diese müssen nicht in ihrer juristisch korrekten Bezeichnung, schon gar nicht unter Angabe des Artikels genannt werden. Ausreichend ist eine laienhafte Beschreibung, die das gemeinte Recht erkennen lässt. Die Darstellungen des A genügen diesen Anforderungen.

VII. Frist

Gem. § 93 Abs. 1 BVerfGG beträgt die Frist zur Einlegung der Verfassungsbeschwerde einen Monat ab der letzten Gerichtsentscheidung. Durch die Einlegung binnen vier Wochen ist diese Frist gewahrt.

Die Verfassungsbeschwerde direkt gegen das Gesetz würde am Ablauf der Frist des § 93 Abs. 3 BVerfGG scheitern.

VIII. Ergebnis

Die Verfassungsbeschwerde ist zulässig.

Fall 2:
Grundrechtsprobleme

A. Sachverhalt und Fragestellung

Frage 1:
Eine Aktiengesellschaft A mit Sitz in Brüssel möchte in Berlin Bücher produzieren und verkaufen.

Auf welche Grundrechte des Grundgesetzes kann sich die A für diese Tätigkeiten berufen?

Frage 2:
Der Bayerische Rundfunk (BR), eine Anstalt des öffentlichen Rechts, möchte eine Programmzeitschrift herausgeben.

Kann sich der BR auf Grundrechte des Grundgesetzes berufen?

Frage 3:
Der Bund erlässt kompetenzgerecht im ordentlichen Gesetzgebungsverfahren ein Gesetz folgenden Inhalts: „Ärzte, die das 65. Lebensjahr erreicht haben, müssen ihre Berufsausübung einstellen."

Verstößt das Gesetz gegen Art. 12 GG?

B. Hinweise zur Lösung

> Frage 1:
>
> Auf welche Grundrechte des Grundgesetzes kann sich die A für diese Tätigkeiten berufen?

Als relevantes Grundrecht kommt zunächst Art. 12 Abs. 1 GG, die Berufsfreiheit, in Betracht. A als Aktiengesellschaft kann sich unter den Voraussetzungen des **Art. 19 Abs. 3 GG** auf Grundrechte berufen.

A ist eine **juristische Person**. Problematisch ist jedoch, ob sie „inländisch" ist. Dagegen spricht, dass sie ihren Sitz in Brüssel – mithin im Ausland – hat, und sich das Merkmal „inländisch" nach Art. 19 Abs. 3 GG ausweislich vieler Literaturstellen nach dem Sitz der juristischen Person bemessen soll.

Üblicherweise wird unter Sitz im Sinne dieser Definition jedoch der Schwerpunkt der Tätigkeit verstanden. Aufgrund der angestrebten Tätigkeit im Inland kann man einerseits annehmen, dass die A bereits aus diesem Grund Inländer im Sinne von Art. 19 Abs. 3 GG ist.

Ein anderes Resultat ergibt sich hingegen auch dann nicht, wenn man von einem Sitz der A im Ausland ausgeht. Aufgrund des europarechtlichen Diskriminierungsverbots aus Art. 18 Abs. 1 AEUV, wonach EU-Bürger – und daher auch Unternehmen mit Sitz in der EU – in Deutschland nicht schlechter behandelt werden dürfen als Inländer, sind alle juristischen Personen mit Sitz in der EU inländisch i.S.v. Art. 19 Abs. 3 GG, also auch die A.

Weiterhin müsste die Berufsfreiheit wesensmäßig auf A anwendbar sein. Die **wesensmäßige Anwendbarkeit** setzt voraus, dass das betreffende Grundrecht nicht an Eigenschaften und Qualitäten anknüpft, die der Mensch gerade als natürliche Person hat. Die Ausübung eines Berufs, also einer nachhaltigen, auf die Schaffung und Erhaltung einer Lebensgrundlage ausgerichteten Tätigkeit, knüpft nicht an derartige Qualitäten an. Sie kann vielmehr auch von einer juristischen Person ausgeübt werden.

Die A kann sich daher auf die Berufsfreiheit berufen.

Zudem unterfallen die Herstellung und der Verkauf von Büchern der Pressefreiheit des Art. 5 Abs. 1 Satz 2 GG.

Art. 2 Abs. 1 GG, die allgemeine Handlungsfreiheit, ist hingegen aufgrund der tatbestandlichen Einschlägigkeit eines Spezialgrundrechts thematisch verbraucht.

Frage 2:

Kann sich der BR auf Grundrechte des Grundgesetzes berufen?

In Betracht kommen hier die Pressefreiheit sowie die Rundfunkfreiheit, jeweils verbürgt in Art. 5 Abs. 1 Satz 2 GG.

Ob sich der BR auf eines dieser Grundrechte berufen kann, richtet sich wiederum nach **Art. 19 Abs. 3 GG.**

Der BR ist als Anstalt des öffentlichen Rechts eine juristische Person. Er ist auch inländisch.

Die **zentrale Problematik** liegt im **Merkmal der wesensmäßigen Anwendbarkeit**. Sowohl das Herausgeben eines Presseprodukts als auch die Veranstaltung von Rundfunk sind Tätigkeiten, die von einer juristischen Person ausgeübt werden können. Nach allgemeinen Kriterien stünde der wesensmäßigen Anwendbarkeit beider Grundrechte daher nichts im Wege.

Zu beachten ist jedoch, dass der BR eine juristische Person gerade des öffentlichen Rechts ist. Grundsätzlich sind derartige juristische Personen keine Grundrechtsträger. Juristische Personen des öffentlichen Rechts sind nämlich Adressaten der Grundrechte und können als solche nicht zugleich Träger von Grundrechten sein, da niemand aus derselben Rechtsposition gleichzeitig berechtigt und verpflichtet sein kann (sog. Konfusionsargument). Hinter juristischen Personen des öffentlichen Rechts steht außerdem der Staat, keine natürliche Person. Es fehlt bei ihnen damit am „personalen Substrat" und an der

„grundrechtstypischen Gefährdungslage". Der Staat wird aufgrund von Kompetenzen und nicht auf der Grundlage von Freiheiten tätig.

Von diesem Grundsatz der fehlenden Grundrechtsfähigkeit juristischer Personen des öffentlichen Rechts sind allerdings Ausnahmen anerkannt. Eine davon sind die öffentlich-rechtlichen Rundfunkanstalten. Ihnen ist eine grundrechtlich geschützte Tätigkeit zur eigenverantwortlichen Ausübung dergestalt zugewiesen, dass sie nicht Teil der Staatsgewalt sind, sondern sich in einem staatsdistanzierten bzw. staatsfernen Bereich bewegen. Daraus ergibt sich, dass sich der BR auf die Rundfunkfreiheit berufen kann, nicht hingegen auf die Pressefreiheit.

Die Herausgabe einer Programmzeitschrift ist jedoch eine Hilfstätigkeit, welche die Rundfunkveranstaltung gewissermaßen abrundet, so dass dies sachlich noch von der Rundfunkfreiheit erfasst wird.

Frage 3:

Verstößt das Gesetz gegen Art. 12 GG?

I. Eröffnung des Schutzbereichs

Ein Beruf ist jede auf Dauer angelegte Tätigkeit, die der Schaffung und Erhaltung einer Lebensgrundlage dient. Die Tätigkeit als Arzt ist ein Beruf i.S.v. Art. 12 Abs. 1 GG. Der Schutzbereich des Art. 12 Abs. 1 GG ist eröffnet.

II. Eingriff in den Schutzbereich

1. Vorliegen eines Eingriffs

Einen Eingriff in den Schutzbereich eines Grundrechts stellt jede staatliche Maßnahme dar, die ein vom Schutzbereich umfasstes Verhalten unmöglich macht oder wesentlich erschwert. Das Gesetz greift in den Schutzbereich ein, indem es Ärzten die (weitere) Berufsausübung ab dem Erreichen des 65. Lebensjahres untersagt.

2. Qualifikation des Eingriffs anhand der „Drei-Stufen-Theorie"

Das Gesetz knüpft an Eigenschaften an, die in der Person des Berufsbewerbers begründet liegen. In den Kategorien der so genannten Drei-Stufen-Theorie, wonach Eingriffe in die Berufsfreiheit entweder Berufsausübungs- oder Berufszulassungsregelungen sind, wobei Letztere in subjektive und objektive unterteilt werden, handelt es sich hier um eine so genannte subjektive Berufswahlregelung (subjektive Berufszulassungsregelung). Das Gesetz betrifft nämlich nicht das „Wie" des Arztberufs (sog. Berufsausübungsregelung), sondern das „Ob".

Zudem knüpft es mit dem Alter an persönliche Eigenschaften des Betroffenen an.

III. Rechtfertigung des Eingriffs

1. Schranke

Der Regelungsvorbehalt des Art. 12 Abs. 1 Satz 2 GG, der wie ein Gesetzesvorbehalt verstanden wird, bezieht sich entgegen dem Wortlaut des Art. 12 Abs. 1 GG nicht nur auf die Berufsausübungsfreiheit, sondern auf die Berufsfreiheit insgesamt. Das vorliegende Gesetz lässt sich folglich auf Art. 12 Abs. 1 Satz 2 GG stützen.

2. Schranken-Schranken

a) Formelle Verfassungsmäßigkeit

Von ihr ist ausweislich des Sachverhaltes auszugehen.

b) Zitiergebot

Der Wortlaut des Art. 19 Abs. 1 GG („eingeschränkt") weicht von dem des Art. 12 Abs. 1 GG („geregelt") ab, das Zitiergebot gilt daher bei Art. 12 Abs. 1 GG nicht.

c) Übermaßverbot (Verhältnismäßigkeit)

Über die Intention des Gesetzgebers besagt der Sachverhalt nichts. Es ist davon auszugehen, dass die Altersgrenze für Ärzte die Qualität der medizinischen Versorgung sicherstellen soll. Gegebenenfalls soll so auch jüngeren Ärzten eine ausreichende Tätigkeitsgrundlage gesichert werden. Das Gesetz dient damit einem verfassungslegitimen Ziel.

aa) Wertigkeit des Ziels

Subjektive Berufswahlregelungen sind zulässig zur Wahrung wichtiger Gemeinwohlbelange. Indem der Gesetzgeber die gleichbleibende Qualität der medizinischen Versorgung (auch durch die Sicherung einer ausreichenden Tätigkeitsgrundlage für die jüngeren Ärzte) sicherstellen will, dient das Gesetz der Bewahrung der Gesundheit der Bevölkerung und damit einem wichtigen Gemeinwohlbelang.

Hinsichtlich beider Ziele lässt sich die Wertigkeit i. S. der Drei-Stufen-Theorie jedoch auch bezweifeln. Insofern sind bei entsprechender Argumentation beide Lösungen vertretbar.

bb) Geeignetheit

Die gesetzgeberische Maßnahme fördert die Erreichung beider Zielsetzungen zumindest und ist damit geeignet.

cc) Erforderlichkeit

Die Erforderlichkeit ist hingegen *(mit entsprechender Argumentation)* bestreitbar. Beispielsweise sorgt eine Qualitätskontrolle der Arbeit bei älteren Ärzten in gleich wirksamer, die einzelnen Ärzte aber nicht ebenso belastender Weise auch für das gewünschte Ergebnis. *(a. A. vertretbar) dd) Angemessenheit (Verhältnismäßigkeit i. e. S.)*

Das Gesetz verbietet ohne Ausnahme jede Form von ärztlicher Tätigkeit ab dem 65. Lebensjahr und schreibt nicht etwa nur ein Ende der Kassenzulassung fest. *Hinsichtlich der Angemessenheit der Maßnahme sind also zumindest ernste Zweifel veranlasst. Gut vertretbar ist daher die Schlussfolgerung:* Zwischen dem Ziel und der Belastung der betroffenen Ärzte besteht ein unerträgliches Missverhältnis.

Das Gesetz ist daher nicht verhältnismäßig. *(a. A. vertretbar)*

IV. Ergebnis

Das Gesetz verstößt gegen Art. 12 Abs. 1 GG.

Fall 3:
Schüler zum Amtsarzt

A. Sachverhalt und Fragestellung

Der Bundestag beschließt mit Zustimmung des Bundesrats das folgende vom Bundespräsidenten nach Gegenzeichnung der Bundesregierung ausgefertigte und im Bundesgesetzblatt verkündete Gesetz:

> „Alle Schüler müssen in den ersten vier Schuljahren
> mindestens einmal im Jahr von einem von der jeweiligen Gemeinde
> ausgewählten und finanzierten Amtsarzt untersucht werden."

Frage 1 a):
Besitzt der Bund die Gesetzgebungskompetenz?

Frage 1 b):
Die Regierung des Landes X möchte diese Frage vom Bundesverfassungsgericht klären lassen. Kann sie das Bundesverfassungsgericht anrufen?

Frage 2:
Hätte der Bundespräsident die Ausfertigung dieses Gesetzes verweigern dürfen?

Frage 3:
Der Bundesverband „Eltern und Kind", ein privatrechtlicher Verein (e.V.), protestiert in seiner von ihm herausgegebenen Verbandszeitschrift gegen solche „Zwangsuntersuchungen".

Kann sich der Bundesverband für diese Verlautbarung auf den Schutz eines Grundrechts berufen?

B. Hinweise zur Lösung

Frage 1 a):

Besitzt der Bund die Gesetzgebungskompetenz?

I. Grundsatz

Grundsätzlich liegt gemäß Art. 30, 70 GG die Gesetzgebungskompetenz bei den Ländern.

II. Ausnahmsweise Zuweisung an den Bund

Der Bund ist nur zur Gesetzgebung zuständig, wenn ihm das Grundgesetz eine Kompetenz verleiht, Art. 70 GG.

1. Ausschließliche Gesetzgebungskompetenz gem. Art. 71, 73 GG

Weder im Katalog des Art. 73 GG noch an anderer Stelle im Grundgesetz findet sich eine passende Kompetenzregelung.

2. Konkurrierende Gesetzgebungskompetenz gem. Art. 72, 74 GG

a) Art. 74 Abs. 1 Nr. 7 GG (öffentliche Fürsorge)

In Betracht kommt ein Recht zur Gesetzgebung aus Art. 74 Abs. 1 Nr. 7 GG. Danach hat der Bund die konkurrierende Kompetenz für Regelungen der öffentlichen Fürsorge. Dieser Kompetenztitel umfasst im Kern die öffentliche Hilfe bei wirtschaftlicher Notlage, d.h. in erster Linie die Sozialhilfe. Regelmäßige Untersuchungen der Grundschüler fallen nicht unter diesen Kompetenztitel.

Dieser Kompetenztitel muss nicht erörtert werden. Ganz abwegig ist er aber gerade für fachfremde Studenten nicht.

b) Art. 74 Abs. 1 Nr. 19 Var. 1 GG (Maßnahmen gegen gemeingefährliche oder übertragbare Krankheiten bei Menschen)

Dafür, dass die regelmäßigen Untersuchungen der Grundschüler als Maßnahmen gegen gemeingefährliche oder übertragbare Krankheiten eingeführt werden sollen, fehlen jegliche Hinweise im Sachverhalt. Auch dieser Kompetenztitel ist abzulehnen.

c) Zwischenergebnis

Ein Kompetenztitel aus den Katalogen der Art. 73 und 74 GG ist nicht einschlägig. Daher verbleibt es bei dem Grundsatz der Länderkompetenz aus Art. 30, 70 GG. Vorliegend geht es um Schulrecht und um Kommunalrecht (die Gemeinden sollen den jeweiligen Amtsarzt auswählen und finanzieren); diese Materien fallen in den klassischen Bereich der Länderkompetenzen.

d) Art. 84 Abs. 1 Satz 7 GG

Dieses Ergebnis ergibt sich auch aus Art. 84 Abs. 1 Satz 7 GG. Danach dürfen durch Bundesgesetz den Gemeinden keine Aufgaben übertragen werden. Die Auswahl des jeweiligen Amtsarztes und dessen Finanzierung können als Aufgabenübertragung in diesem Sinne angesehen werden.

Zu dem Streit, ob Art. 84 Abs. 1 Satz 7 GG eine formelle Regelung (negative Kompetenz) oder aber eine materielle Regelung darstellt, muss nicht Stellung genommen werden.

III. Ergebnis

Der Bund besitzt keine Kompetenz zum Erlass des Gesetzes.

> **Frage 1 b):**
>
> Die Regierung des Landes X möchte diese Frage vom Bundesverfassungsgericht klären lassen. Kann sie das Bundesverfassungsgericht anrufen?

In Betracht kommen drei Verfahrensarten: Die abstrakte Normenkontrolle nach Art. 93 Abs. 1 Nr. 2 GG, die abstrakte Normenkontrolle nach Art. 93 Abs. 1 Nr. 2a GG und der Bund-Länder-Streit nach Art. 93 Abs. 1 Nr. 3 GG.

Dass konkrete Verfahrensarten zu überprüfen sind, folgt daraus, dass es keine allgemeine Generalklausel für das Bundesverfassungsgericht zur Entscheidung aller verfassungsrechtlichen Streitigkeiten gibt. Vielmehr ist die Prüfung einzelner Verfahrensarten die notwendige Konsequenz des Enumerationsprinzips. Gefragt ist nach Möglichkeiten, das Gericht anzurufen. Daher ist nur auf die Zulässigkeit ggf. einschlägiger Verfahren einzugehen; Ausführungen zur Begründetheit sind nicht veranlasst.

I. Abstrakte Normenkontrolle, Art. 93 Abs. 1 Nr. 2 GG, §§ 13 Nr. 6, 76 ff. BVerfGG

Hierbei handelt es sich um ein so genanntes objektives Beanstandungsverfahren, bei dem es auf eine subjektive Rechtsverletzung des Antragstellers nicht ankommt. Ein Antragsgegner darf nicht benannt werden.

1. Antragsberechtigung, Art. 93 Abs. 1 Nr. 2 GG

Antragsberechtigt ist auch eine Landesregierung.

Da es sich bei der abstrakten Normkontrolle um ein objektives Verfahren handelt, das von subjektiven Rechtspositionen der potentiellen Antragsteller unabhängig ist, wäre die Regierung des Landes auch dann antragsberechtigt, wenn sie vorher im Bundesrat dem Gesetzesvorhaben zugestimmt hätte.

2. Prüfungsgegenstand, Art. 93 Abs. 1 Nr. 2 GG

Bei dem Gesetz handelt es sich um Bundesrecht, so dass es ein tauglicher Prüfungsgegenstand ist.

3. Antragsgrund, Art. 93 Abs. 1 Nr. 2 GG

Es bestehen Meinungsverschiedenheiten bzw. Zweifel über die Gesetzgebungskompetenz des Bundes und damit über die förmliche Vereinbarkeit des Gesetzes mit dem Grundgesetz.

§ 76 Abs. 1 Nr. 1 BVerfGG verlangt sogar die Überzeugung von der Verfassungswidrigkeit. Ob diese (strengere) Voraussetzung vorliegt, lässt sich dem Sachverhalt nicht entnehmen. Es wäre vertretbar, aus diesem Grund den Antrag für unzulässig zu erklären.

4. Klarstellungsinteresse

Von einem objektiven Klarstellungsinteresse ist auszugehen.

5. Form

Der Antrag muss entsprechend den Formerfordernissen des § 23 Abs. 1 BVerfGG gestellt werden.

6. Zwischenergebnis

Die abstrakte Normenkontrolle ist ein zulässiger Rechtsbehelf.

II. Abstrakte Normenkontrolle, Art. 93 Abs. 1 Nr. 2a GG, §§ 13 Nr. 6a, 76 ff. BVerfGG

Auch nach diesen Vorschriften hat die Landesregierung des Landes ein Antragsrecht.

Voraussetzung wäre aber weiter, dass Meinungsverschiedenheiten darüber bestünden, ob ein Gesetz den Voraussetzungen des Art. 72 Abs. 2 GG entspricht. Insofern enthält der Sachverhalt keine Anhaltspunkte. Ein Antrag nach Art. 93 Abs. 1 Nr. 2a GG wäre daher unzulässig.

III. Bund-Länder-Streit, Art. 93 Abs. 1 Nr. 3 GG, §§ 13 Nr. 7, 68 ff. BVerfGG

1. Antragsteller – Antragsgegner, § 68 BVerfGG

Ein einzelnes Land, hier das Land X, ist vertreten durch die Landesregierung, antragsberechtigt. Antragsgegner wäre der Bund, vertreten durch die Bundesregierung, § 68 BVerfGG.

2. Streitgegenstand, §§ 69, 64 Abs. 1 BVerfGG

Der Erlass eines Gesetzes ist eine konkrete, rechtserhebliche Maßnahme und kann folglich streitgegenständlich sein. Zwischen den Beteiligten wird über die Rechtmäßigkeit der Inanspruchnahme einer Kompetenz zur Gesetzgebung gestritten und damit über konkrete Rechte und Pflichten aus dem Grundgesetz.

3. Antragsbefugnis, §§ 69, 64 Abs. 1 BVerfGG

Soweit es um die Frage geht, ob der Bund eine Gesetzgebungskompetenz besitzt, ist das Land auch antragsbefugt, da es insoweit eine Verletzung in eigenen, ihm durch das Grundgesetz übertragenen Rechten geltend machen kann.

4. Frist und Form

Das Land muss die sechsmonatige Frist der §§ 69, 64 Abs. 3 BVerfGG sowie die Formerfordernisse der §§ 69, 64 Abs. 2, 23 Abs. 1 BVerfGG wahren.

5. Zwischenergebnis

Auch der Bund-Länder-Streit ist eine zulässige Rechtsschutzmöglichkeit.

IV. Ergebnis

Demnach bieten die abstrakte Normenkontrolle und der Bund-Länder-Streit dem Land (bzw. der Landesregierung) die Möglichkeit, das Bundesverfassungsgericht anzurufen.

> Frage 2:
>
> Hätte der Bundespräsident die Ausfertigung des Gesetzes verweigern dürfen?

Es kommt darauf an, ob der Bundespräsident sich auf formelle oder materielle Gesichtspunkte beruft.

I. Verweigerung der Ausfertigung unter Berufung auf die formelle Verfassungswidrigkeit

Der Bundespräsident darf die Ausfertigung des Gesetzes verweigern, wenn er die ihm vorgelegten Gesetze auf formelle Verfassungsmäßigkeit hin untersuchen darf (I.) und wenn das Gesetz tatsächlich formell verfassungswidrig ist (II.).

1. Existenz eines formellen Prüfungsrechts

Gem. Art. 82 Abs. 1 GG fertigt der Bundespräsident „die nach den Vorschriften dieses Grundgesetzes zu Stande gekommenen Gesetze" aus. Vorschriften dieses Grundgesetzes sind u.a. die Vorschriften über die Gesetzgebungskompetenz und das Gesetzgebungsverfahren. Insbesondere die Verwendung derselben Formulierung wie in Art. 78 GG, der das Zustandekommen von Gesetzen regelt, spricht für ein formelles Prüfungsrecht des Bundespräsidenten (systematisches Argument). Daher darf der Bundespräsident die formelle Verfassungsmäßigkeit des Gesetzes überprüfen.

2. Formelle Verfassungswidrigkeit

Wie oben bei Frage 1 erörtert wurde, verstößt das Gesetz gegen die Kompetenzordnung gem. Art. 30, 70 GG und gegen Art. 84 Abs. 1 Satz 7 GG. Die Frage der Gesetzgebungskompetenz zählt zur formellen Verfassungsmäßigkeit.

3. Zwischenergebnis

Der Bundespräsident darf die Ausfertigung des Gesetzes unter Berufung auf die Kompetenzwidrigkeit verweigern.

II. Verweigerung der Ausfertigung unter Berufung auf materielle Verfassungswidrigkeit

*Da im Sachverhalt nur formelle Aspekte angesprochen sind, wird **nicht** verlangt, dass auch auf das materielle Prüfungsrecht eingegangen wird. Die nachfolgenden Ausführungen dienen nur als Anhaltspunkte für den Fall, dass man auch darauf eingehen will.*

1. Wortlaut des Art. 82 Abs. 1 GG

Der Wortlaut des Art. 82 Abs. 1 GG ist insofern nicht eindeutig. „Vorschriften dieses Grundgesetzes" sind auch materielle Verfassungsnormen. Allerdings kann man die Verwendung des Merkmals „zu Stande gekommen", das an Art. 78 GG anknüpft, auch so verstehen, dass dem Bundespräsidenten nur ein formelles Prüfungsrecht zustehen soll. Der Wortlaut ist daher nicht aussagekräftig.

2. Amtseid des Bundespräsidenten

Für ein materielles Prüfungsrecht könnte der Amtseid des Bundespräsidenten sprechen. Gem. Art. 56 GG schwört der Bundespräsident bei seinem Amtsantritt, das Grundgesetz zu wahren. Gegen diesen Eid könnte er bei Ausfertigung eines materiell verfassungswidrigen Gesetzes verstoßen.

Dies ist jedoch ein Zirkelschlussargument: Wenn er nach dem Grundgesetz Gesetze gar nicht auf deren materielle Verfassungsmäßigkeit prüfen darf, so kann er auch das Grundgesetz nicht verletzen, wenn er ein materiell verfassungswidriges Gesetz ausfertigt, ohne es zu prüfen. Ob ihm ein materielles Prüfungsrecht zusteht, gilt es gerade zu beantworten.

3. Präsidentenanklage

Ähnlich verhält es sich mit diesem Argument. Der Bundespräsident kann gem. Art. 61 GG angeklagt werden, wenn er vorsätzlich gegen die Verfassung verstößt. Wenn ihm aber gar kein materielles Prüfungsrecht zusteht, verstößt er auch nicht gegen die Verfassung, wenn er ein materiell verfassungswidriges Gesetz ausfertigt, ohne es zu prüfen. Auch dieser Ansatz hilft nicht weiter.

4. Normenkontrolle als Aufgabe des Bundesverfassungsgerichts

Gegen ein materielles Prüfungsrecht könnte sprechen, dass es alleinige Aufgabe des Bundesverfassungsgerichts ist, formelle Gesetze zu verwerfen (Verwerfungsmonopol des Bundesverfassungsgerichts). Doch ist hierbei zu differenzieren: Das Bundesverfassungsgericht ist allein zur Verwerfung existierender (bereits ausgefertigter und verkündeter) Gesetze zuständig. Vorliegend handelt es sich aber um ein anderes Problem, nämlich ob der Bundespräsident das Inkrafttreten einer Norm schon im Vorfeld verhindern darf. Hier geht es nicht um die Verwerfung einer existierenden Norm, sondern um die Verhinderung des Inkrafttretens einer Norm.

5. Bindung aller Staatsorgane an das Grundgesetz

Aus der Bindung aller Staatsorgane an das Grundgesetz (Art. 20 Abs. 3, 1 Abs. 3 GG) ergibt sich ein Ansatz für ein materielles Prüfungsrecht des Bundespräsidenten. Der Bundespräsident dürfte daher nur Gesetze ausfertigen, die mit dem Grundgesetz in Einklang stehen. Um die Verfassungsmäßigkeit von Gesetzen herausfinden zu können, muss ihm ein materielles Prüfungsrecht zugebilligt werden.

Aber auch das Parlament ist in gleicher Weise an Recht und Gesetz gebunden (Art. 20 Abs. 3, 1 Abs. 3 GG). Vor dem Hintergrund der Gewaltenteilung (Art. 20 Abs. 2 Satz 2 GG) und dem Demokratieprinzip (stärkere demokratische Legitimation des Parlaments) zeigt sich nun aber ein Vorrangverhältnis zu Gunsten des Parlaments als Legislativorgan, die Verfassungsmäßigkeit seiner eigenen Gesetze zu beurteilen. Daher steht dem Bundespräsidenten nur ein eingeschränktes materielles Prüfungsrecht zu. Das Prüfungsrecht des Bundespräsidenten ist beschränkt auf evidente Verfassungsverstöße (bloße Evidenzkontrolle).

Sowohl die Ablehnung eines materiellen Prüfungsrechts insgesamt als auch das Zugestehen eines umfassenden Prüfungsrechts ist mit entsprechender Begründung ebenso vertretbar.

> Frage 3:
> Kann sich der Bundesverband für die Verlautbarung auf den Schutz eines Grundrechts berufen?

I. Meinungsfreiheit, Art. 5 Abs. 1 Satz 1 Var. 1 GG

Möglicherweise kann sich der Bundesverband auf die durch Art. 5 Abs. 1 Satz 1 Var. 1 GG gewährleistete Meinungsfreiheit berufen.

Dazu müsste der persönliche und sachliche Schutzbereich der Meinungsfreiheit eröffnet sein.

1. Sachlicher Schutzbereich

Vom Schutzbereich der Meinungsfreiheit sind vor allem Werturteile erfasst.

Ein Werturteil ist anzunehmen, wenn die Äußerung durch Elemente der subjektiven Stellungnahme, des Dafürhaltens oder Meinens geprägt ist, wenn die Richtigkeit oder Unrichtigkeit der Behauptung eine Sache der persönlichen Überzeugung bleibt.

Von Werturteilen sind Tatsachenbehauptungen zu unterscheiden. Eine Tatsache ist ein innerer oder äußerer Vorgang, der dem Beweis zugänglich ist. Tatsachenbehauptungen unterfallen ebenfalls der Meinungsfreiheit, wenn sie mit einer Meinung verbunden sind oder die Voraussetzung für die Bildung von Meinungen sind.

Vorliegend geht es um den Protest gegen die als „Zwangsuntersuchungen" bezeichneten im Gesetz vorgesehenen ärztlichen Kontrollen.

In dem Wort „Zwangsuntersuchung" wird deutlich, wie der sich Äußernde, also der Verband, die Untersuchungen einschätzt. Sie werden mit einem negativen Beigeschmack verbunden. Dadurch kommt die subjektive Haltung des Verbands zum Ausdruck. Bei dem Protest geht es insgesamt um eine wertende Stellungnahme. Diese ist von Art. 5 Abs. 1 Satz 1 Var. 1 GG geschützt.

Der sachliche Schutzbereich ist eröffnet.

2. Persönlicher Schutzbereich

Der Verband müsste in den persönlichen Schutzbereich des Grundrechts fallen. Der Verband ist keine natürliche Person.

Art. 19 Abs. 3 GG bestimmt, dass die Grundrechte auch für inländische juristische Personen gelten, soweit sie ihrem Wesen nach auf diese anwendbar sind.

a) Inländische juristische Person

Als „eingetragener Verein" und damit rechtsfähige juristische Person des Privatrechts gilt Art. 19 Abs. 3 GG grundsätzlich für den Bundesverband.

Inländisch ist eine juristische Person, wenn sie ihr tatsächliches Aktionszentrum, d.h. den tatsächlichen Mittelpunkt ihrer Tätigkeit, im Inland hat. Davon ist bei einem „Bundesverband" auszugehen.

b) Wesensmäßige Anwendbarkeit

Das Grundrecht der Meinungsfreiheit müsste seinem Wesen nach auf die juristische Person anwendbar sein. Ein Grundrecht ist nur dann wesensmäßig anwendbar, wenn es nicht ausschließlich und eindeutig auf das Individuum abstellt, indem es an natürliche Qualitäten des Menschen anknüpft, die allen juristischen Personen fehlen. Das Grundrecht muss also von der betreffenden juristischen Person ausgeübt werden können. Die wesensmäßige Anwendbarkeit wird nach dem Vorhandensein eines personalen Substrats bei der juristischen Person oder nach dem Vorliegen einer grundrechtstypischen Gefährdungslage bestimmt. Die Lage der juristischen Person muss dann der Lage einer natürlichen Person, die den Schutz des Grundrechts in Anspruch nimmt, vergleichbar sein.

Meinungen im Sinne des Art. 5 Abs. 1 Satz 1 Var. 1 GG können auch von juristischen Personen geäußert werden. Auch diese können Beiträge zur Meinungsbildung leisten. Als Sprachrohr der in ihnen zusammengeschlossenen Klientel ist ihre Lage der einer natürlichen Person vergleichbar.

Auch der persönliche Schutzbereich ist also eröffnet.

3. Ergebnis

Der Bundesverband kann sich auf den Schutz der Meinungsfreiheit berufen.

II. Pressefreiheit, Art. 5 Abs. 1 Satz 2 Var. 1 GG

Möglicherweise kann sich der Verband auch auf die Pressefreiheit berufen.

Eine Auseinandersetzung zu Konkurrenzfragen zwischen der Meinungs- und der Pressefreiheit wird nicht erwartet.

1. Sachlicher Schutzbereich

Der Begriff der Presse umfasst alle zur Verbreitung an die Allgemeinheit bestimmten Vervielfältigungen.

Eine Zeitschrift gehört als Erzeugnis der Druckpresse grundsätzlich zur „Presse" in diesem Sinn.

Vorliegend handelt es sich um eine Verbandszeitschrift. Deshalb könnte das Merkmal der „Allgemeinheit" problematisch sein. Allerdings ist dem Merkmal der Allgemeinheit Genüge getan, wenn sich die Zeitschrift an eine unbestimmte Zahl von Personen richtet. Wie groß die Abnehmerzahl dann ist, spielt keine Rolle.

Die Verbandszeitschrift fällt also in den sachlichen Anwendungsbereich der Pressefreiheit.

2. Persönlicher Schutzbereich

Auch hier ist wieder auf Art. 19 Abs. 3 GG einzugehen. Dass es sich bei dem Bundesverband um eine inländische juristische Person handelt, wurde bereits festgestellt. Auch die Pressefreiheit knüpft weder an die physische Existenz natürlicher Personen noch an die natürlichen Eigenschaften des Menschen an. Wie die Meinungsfreiheit ist also auch die Pressefreiheit wesensmäßig auf den Bundesverband anwendbar.

III. Allgemeine Handlungsfreiheit, Art. 2 Abs. 1 GG

Die allgemeine Handlungsfreiheit ist thematisch verbraucht, da spezielle Grundrechte einschlägig sind.

IV. Ergebnis

Der Bundesverband kann sich für die Verlautbarung auf die Meinungsfreiheit, Art. 5 Abs. 1 Satz 1 Var. 1 GG und die Pressefreiheit, Art. 5 Abs. 1 Satz 2 Var. 1 GG berufen.

Fall 4:
Die vorzeitige Parlamentsauflösung

A. Sachverhalt und Fragestellung

Der Bundeskanzler verfügt über eine sichere absolute Mehrheit im Bundestag. „Abweichler" in den Reihen der ihn stützenden Fraktionen hat es seit Beginn der Legislaturperiode nicht gegeben; auch für die Zukunft gibt es keinerlei Anzeichen für mangelnde Unterstützung. Zwei Jahre nach Beginn der Legislaturperiode, in der es im Bundestag zehn Überhangmandate gibt, erfährt der Kanzler aus Umfragen, dass er im Falle einer sofortigen Bundestagswahl gute Chancen hätte, seine Mehrheit deutlich auszubauen. Daher stellt er die Vertrauensfrage. In der Abstimmung sprechen ihm von den 438 anwesenden Abgeordneten 303 das Vertrauen aus, die übrigen verweigern ihm das Vertrauen. Daraufhin löst der Bundespräsident auf Vorschlag des Bundeskanzlers den Bundestag auf.

1. Der Abgeordnete A ist damit nicht einverstanden. Er möchte sein Mandat über eine volle Legislaturperiode von vier Jahren ausüben. A ist der Auffassung, die Auflösung des Parlaments verletze ihn in seinen Abgeordnetenrechten. Schon angesichts der überwältigenden Mehrheit, mit der der Bundestag dem Kanzler das Vertrauen ausgesprochen habe, sei der Bundespräsident nicht zur Auflösung des Parlaments berechtigt gewesen. A stellt per Telefax einen Antrag an das Bundesverfassungsgericht, die Verfassungswidrigkeit der Parlamentsauflösung festzustellen.

2. Auch dem Bürger B missfällt die Auflösung des Bundestages. Er plant eine Protestdemonstration in Berlin, die an einem Werktag während des abendlichen Berufsverkehrs auf einer Hauptverkehrsstraße stattfinden soll. Um unnötige Beeinträchtigungen der Verkehrsteilnehmer zu verhindern, macht die zuständige Behörde die Versammlung unter Hinweis auf § 15 Abs. 1 VersammlG von der Auflage abhängig, dass sich die Teilnehmer nur auf dem Bürgersteig aufhalten und die Fahrbahn nicht blockieren. B möchte jedoch auch auf der Fahrbahn demonstrieren, um mehr Aufmerksamkeit zu erregen. Er fühlt sich durch die Auflage in seinem Grundrecht auf Versammlungsfreiheit verletzt.

Bearbeitervermerk: Beantworten Sie die folgenden Fragen!

Frage 1:
Ist der Antrag des A zulässig?

Frage 2:
Verletzt die Auflage den B in seinem Grundrecht aus Art. 8 Abs. 1 GG? Von der formellen Verfassungsmäßigkeit des VersammlG ist auszugehen.

B. Hinweise zur Lösung

Frage 1:

Zulässigkeit des Antrags des A

Beim Antrag des A handelt es sich um einen Organstreit gem. Art. 93 Abs. 1 Nr. 1 GG, §§ 13 Nr. 5, 63 ff. BVerfGG.

Eine Verfassungsbeschwerde ist hier nicht einschlägig, weil sich A nicht auf Grundrechte beruft, die ihm als Bürger zustehen, sondern auf organschaftliche Rechte als Abgeordneter.

I. Beteiligtenfähigkeit/Parteifähigkeit (Art. 93 Abs. 1 Nr. 1 GG, § 63 BVerfGG)

1. Antragsteller

A ist als Abgeordneter tauglicher Antragsteller eines Organstreits. Begründen lässt sich dieses unstreitige Ergebnis auf zwei Weisen. Man kann argumentieren, dass A ein im Grundgesetz (Art. 38 Abs. 1 Satz 2 GG) mit eigenen Rechten ausgestatteter Teil des obersten Bundesorgans Bundestag ist (vgl. 63 BVerfGG).

Die zweite mögliche Lösung liegt darin, den einzelnen Abgeordneten nicht als Teil des Bundestags im Sinne des Organstreits, sondern als anderen Beteiligten mit eigenen Rechten aus dem Grundgesetz bzw. aus der Geschäftsordnung des Bundestages anzusehen, dessen Beteiligtenfähigkeit dann unmittelbar aus Art. 93 Abs. 1 Nr. 1 GG folgt.

2. Antragsgegner

Der Bundespräsident ist als Antragsgegner beteiligtenfähig im Organstreit gem. § 63 BVerfGG.

II. Verfahrensfähigkeit/Prozessfähigkeit

Der Punkt betrifft im Wesentlichen die Vertretung von Kollegialorganen durch die gesetzlich Berufenen. Er spielt für den hier zu prüfenden Sachverhalt keine Rolle und muss nicht geprüft werden.

III. Antragsgegenstand (§ 64 Abs. 1 BVerfGG)

Der Antrag muss sich gegen eine konkrete, rechtserhebliche Maßnahme (oder Unterlassung) des Antragsgegners richten.

Ausgeschlossen sind damit insbesondere bloße Meinungsäußerungen. Rechtserheblich ist eine Maßnahme, wenn sie den Antragsteller in seiner Rechtsstellung berühren kann.

Die Auflösung des Bundestages durch den Bundespräsidenten ist tauglicher Antragsgegenstand. Sie ist namentlich rechtserheblich, da sie den Abgeordneten in seiner spezifischen Rechtsstellung berührt.

IV. Antragsbefugnis (§ 64 Abs. 1 BVerfGG)

Der Antragsteller muss die Möglichkeit einer Verletzung oder unmittelbaren Gefährdung eines eigenen Rechts aus dem Grundgesetzes hinreichend plausibel geltend machen. Das Recht muss aus dem Grundgesetz ableitbar sein und organschaftlichen Charakter besitzen (nicht: Grundrechte, Rechte aus der Geschäftsordnung des Bundestages).

Das maßgebliche Recht des A sind die Abgeordnetenrechte aus Art. 38 Abs. 1 Satz 2 GG (nicht die verfassungsbeschwerdefähigen Rechte des Art. 38 Abs. 1 Satz 1 GG – das pauschale Zitat „Art. 38 Abs. 1 GG" oder gar „Art. 38 GG" ist also ungenau) i. V.m. Art. 39 GG, durch den die Rechtsstellung des Abgeordneten in zeitlicher Hinsicht näher determiniert wird. Aus diesen Vorschriften erhält A als gewählter Abgeordneter das Recht, prinzipiell vier Jahre lang am parlamentarischen Willensbildungsprozess teilhaben zu können.

Eine Verletzung dieses Rechts ist jedenfalls dann nicht von vornherein auszuschließen, wenn die Möglichkeit besteht, dass die Voraussetzungen für die Auflösung des Bundestags nicht vorlagen.

Für eine mögliche Verletzung der Rechte des A sind daher zwei Ansatzpunkte ersichtlich. A trägt vor, der Bundestag habe dem Kanzler das Vertrauen nicht verweigert. In der Sache behauptet er damit, dass bereits die formelle Voraussetzung für die Auflösung gefehlt habe. Zudem verfügt der Kanzler ausweislich des Sachverhalts über eine stabile Mehrheit, so dass es am ungeschriebenen Tatbestandsmerkmal des Art. 68 GG, der „materiellen Auflösungslage" fehlen könnte.

Aufbautechnisch ergibt sich hier die Schwierigkeit, dass diese Gesichtspunkte im Rahmen einer vollständigen Prüfung primär in der Begründetheit anzusprechen wären. Da hier nur nach der Zulässigkeit des Antrags gefragt ist, wäre es gut vertretbar, auf diese Aspekte nur relativ kurz einzugehen. Allerdings zeugen etwas umfangreichere Ausführungen von einer geschickten Sachverhaltsauswertung: Beide Punkte sind im Sachverhalt ausdrücklich angesprochen.

1. Die vermeintlich fehlende Verweigerung des Vertrauens

Nach Art. 68 Abs. 1 Satz 1 GG setzt die (verfassungsmäßige) Auflösung des Bundestags voraus, dass der Antrag des Bundeskanzlers, ihm das Vertrauen auszusprechen, nicht die Zustimmung der Mehrheit der Mitglieder des Bundestages findet.

Der Bundestag besteht aus 608 Mitgliedern (598 gem. § 1 BWahlG zuzüglich zehn im Sachverhalt erwähnter Überhangmandate). Die Mehrheit der Mitglieder sind daher 305.

Bei der Abstimmung über die Vertrauensfrage haben jedoch nur 303 Abgeordnete dem Kanzler das Vertrauen ausgesprochen. Die Mehrheit der Mitglieder ist damit nicht erreicht.

Da dieses Ergebnis offensichtlich ist, ist eine Verletzung von Rechten des A unter diesem Gesichtspunkt von vornherein ausgeschlossen. A ist insofern nicht antragsbefugt.

Verfehlt wäre es, unter Hinweis auf das Abstimmungsergebnis von 303 : 135 anzunehmen, der Bundestag habe dem Kanzler das Vertrauen ausgesprochen. Erreicht wurde lediglich die Mehrheit der **abgegebenen Stimmen,** *nicht aber die Mehrheit* **der Mitglieder.**

2. Der Zweck der Vertrauensfrage

Das Bundesverfassungsgericht hat in seiner ersten Entscheidung zur Auflösung des Bundestags im Jahr 1982 (BVerfGE 62, 1 ff.) in Art. 68 Abs. 1 GG ein häufig als „materielle Auflösungslage" bezeichnetes ungeschriebenes Tatbestandsmerkmal hineingelesen. Danach setzt die Auflösung des Parlaments voraus, dass die Person und das Sachprogramm des Bundeskanzlers nicht mehr von einer stabilen Mehrheit im Parlament getragen werden. 2005 hat es diesen Aspekt anders formuliert (BVerfGE 114, 121 ff.): Die Auflösung auf eine gescheiterte Vertrauensfrage hin sei nur zulässig, wenn mit dieser eine handlungsfähige Regierung erstrebt werde. Die „auflösungsgerichtete Vertrauensfrage" soll daher nur dann eine tragfähige Grundlage für die anschließende Auflösung des Bundestages bilden, wenn die Handlungsfähigkeit der Regierung verloren gegangen sei, weil der Bundeskanzler keine Mehrheit der Abgeordneten mehr hinter sich weiß.

An dieser Voraussetzung scheint es im vorliegenden Fall zu fehlen. Dies näher zu untersuchen, muss jedoch der Begründetheit vorbehalten bleiben. Zumindest ist es nicht von vornherein ausgeschlossen, dass A in seinen Rechten als Abgeordneter verletzt ist, weil der Bundestag trotz des Fehlens der materiellen Voraussetzungen aufgelöst wurde.

A ist antragsbefugt.

Die Gegenauffassung ist mit entsprechender Begründung vertretbar.

V. Form

Das Fax genügt der von § 23 Abs. 1 Satz 1 BVerfGG geforderte Schriftform, weil es die Zwecke des Formerfordernisses (Erkennbarkeit des Antragstellers; Ernsthaftigkeit der Antragstellung) wahrt.

Gem. § 23 Abs. 1 Satz 2 BVerfGG bedarf der Antrag der Begründung. Diese muss nach § 64 Abs. 2 BVerfGG die Bezeichnung der als verletzt gerügten Norm enthalten.

Da der Sachverhalt insofern keine Angaben enthält, ist es vertretbar, das Begründungserfordernis als erfüllt anzusehen. Ebenso vertretbar ist ein bloßer Hinweis auf die Notwendigkeit der Begründung.

VI. Frist

Der Antrag ist gem. § 64 Abs. 3 BVerfGG innerhalb von sechs Monaten, nachdem die beanstandete Maßnahme oder Unterlassung dem Antragsteller bekannt geworden ist, zu stellen (Fristbeginn bei Unterlassungen: Eindeutige Erfüllungsverweigerung).

VII. Rechtsschutzbedürfnis

Das Rechtsschutzbedürfnis wird i.d.R. durch das Vorliegen der Antragsbefugnis indiziert. So liegt der Fall auch hier.

VIII. Ergebnis

Der Antrag des A ist – vorbehaltlich der ordnungsgemäßen Begründung – zulässig.

Frage 2:

Verletzung des B in seinem Grundrecht aus Art. 8 Abs. 1 GG?

Das Grundrecht des B aus Art. 8 Abs. 1 GG ist verletzt, wenn die Auflage einen nicht gerechtfertigten Eingriff in den Schutzbereich des Grundrechts darstellt.

I. Schutzbereich

Sachlich geschützt sind friedliche, waffenlose Versammlungen. Die geplante Demonstration erfüllt als Zusammenkommen mehrerer Personen zur gleichen Zeit am gleichen Ort mit dem Ziel der gemeinsamen Meinungskundgabe in öffentlich interessierenden Angelegenheiten auch nach dem engsten Versammlungsbegriff eine Versammlung. Sie ist mangels entgegenstehender Angaben auch friedlich und waffenlos. Vom Schutzbereich umfasst ist auch die Entscheidung über den Ort einer Versammlung. Der sachliche Schutzbereich ist damit eröffnet.

Da keine Angaben zur Nationalität des B (bzw. der potenziellen Mitdemonstranten) vorhanden sind, darf davon ausgegangen werden, dass es sich um Deutsche handelt. Damit ist auch der persönliche Schutzbereich eröffnet.

II. Eingriff

Eingriff ist jede staatliche Maßnahme, die ein vom Schutzbereich umfasstes Verhalten unmöglich macht oder wesentlich erschwert. Die Auflage verbietet die Durchführung der Versammlung auf der Fahrbahn. Da auch die Entscheidung über den (genauen) Versammlungsort vom Schutzbereich des Grundrechts umfasst ist, handelt es sich um einen Eingriff.

III. Rechtfertigung

Der Eingriff ist gerechtfertigt, wenn er von den Schranken des Grundrechts unter Berücksichtigung der Schranken-Schranken gedeckt ist.

1. Prüfung des zum Eingriff ermächtigenden Gesetzes

a) Schranken

Art. 8 Abs. 2 GG ermöglicht die Beschränkung von Versammlungen unter freiem Himmel durch (formelles) Gesetz oder aufgrund eines (formellen) Gesetzes. Das Versammlungsgesetz (VersammlG) – und damit auch der hier einschlägige § 15 Abs. 1 VersammlG – ist ein formelles Gesetz. § 15 Abs. 1 VersammlG gilt zudem ausweislich seiner systematischen Stellung im dritten Abschnitt nur für Versammlungen unter freiem Himmel. Die Vorschrift kann daher auf den Gesetzesvorbehalt des Art. 8 Abs. 2 GG gestützt werden.

b) Schranken-Schranken

aa) Formelle Verfassungsmäßigkeit

Das Gesetz ist laut Sachverhalt formell verfassungsmäßig.

c) Verhältnismäßigkeit

Die Möglichkeit von Auflagen im Fall von Gefahren für die öffentliche Sicherheit und Ordnung müsste verhältnismäßig sein.

aa) Geeignetheit

§ 15 Abs. 1 VersammlG dient dazu, Gefahren für die öffentliche Sicherheit und Ordnung zu vermeiden. Zur Förderung dieses Zwecks ist das eingesetzte Mittel, die Möglichkeit von Auflagen, geeignet.

bb) Erforderlichkeit

Die Möglichkeit von Auflagen müsste das mildeste aller gleich wirksamen Mittel sein. Milder wären z.B. bloße Ermahnungen etc. Jedoch wären diese nicht gleich effektiv.

cc) Angemessenheit

Die Möglichkeit von Auflagen ist auch angemessen. Zwischen dem Eingriff in die Versammlungsfreiheit und dem Schutz der öffentlichen Sicherheit und Ordnung besteht kein unerträgliches Missverhältnis.

Die Behandlung weiterer Schranken-Schranken (etwa: Bestimmtheitsgrundsatz, Parlamentsvorbehalt etc.) erscheint angesichts fehlender Angaben im Sachverhalt nicht veranlasst.

2. Prüfung der konkreten Auflage

a) Erfüllung der tatbestandlichen Voraussetzungen des § 15 Abs. 1 VersammlG

Die zu befürchtende Behinderung des Straßenverkehrs stellt eine Gefahr für die öffentliche Sicherheit und Ordnung dar.

Vernünftige Ausführungen sind hier positiv zu werten. Nicht erwartet werden kann eine präzise Definition dieser spezifisch sicherheitsrechtlichen Begriffe.

b) Verhältnismäßigkeit

Die Auflage dient der Verhinderung von Verkehrsbeeinträchtigungen.

Zur Erreichung dieses Ziels ist die Auflage geeignet.

Sie ist auch erforderlich. Zwar sind mildere Maßnahmen denkbar. Beispielsweise könnte den Versammlungsteilnehmern aufgegeben werden, eine Gasse für die durchfahrenden Fahrzeuge zu bilden, alle zehn Minuten die Fahrbahn zu räumen o.ä. Dies wären durchweg mildere Mittel, die jedoch sämtlich nicht gleich wirksam sind. Daher ist die Auflage im konkreten Fall erforderlich.

Es besteht auch kein unerträgliches Missverhältnis zwischen der Auflage und dem verfolgten Zweck.

IV. Ergebnis

Der Grundrechtseingriff ist gerechtfertigt. B ist nicht in seinem Grundrecht aus Art. 8 Abs. 1 GG verletzt.

Stichwortverzeichnis